今注本二十四史

後漢書

南朝宋 范曄 撰 唐 李賢等 注

卜憲群 周天游 主持校注

中國社會科學出版社

二二 志〔二〕

後漢書　志第八

祭祀中

北郊　明堂　辟雍　靈臺　迎氣　增祀　六宗　老子

是年初營北郊，[1]明堂、[2]辟雍、[3]靈臺未用事。[4]遷呂太后于園。上薄太后尊號曰高皇后，當配地郊高廟。[5]語在《光武紀》。[6]

[1]【今注】是年：東漢光武帝建武中元元年（56）。此承本書《祭祀志上》末文言之。本書《祭祀志上》篇末云："四月己卯，大赦天下，以建武三十二年爲建武中元元年。"

[2]【劉昭注】《周禮·考工記》曰"周人明堂，度九尺之筵，東西九筵，南北七筵，堂崇一筵，五室，凡室二筵"，鄭玄曰："明堂者，明政教之堂。周度以筵，亦王者相改。周堂高九尺，殷三尺，則夏一尺矣。相參之數也。"《孝經援神契》曰："明堂上圓下方，八窗四達，布政之宮，在國之陽。"《晏子春秋》曰："明堂之制（堂，殿本作'三'），下之温濕不能及也，上之寒暑不能入也。木工不鏤（工，殿本作'二'），示民知節也。"《吕氏春秋》曰："周明堂茅茨蒿柱，土階三等，以見儉節也。"

《前志》武帝欲治明堂奉高旁，未明其制度。濟南人公玉帶上《黃帝時明堂圖》，圖中有一殿，四面無壁，以茅蓋，通水，水圜宮垣爲復道；上有樓，從西南入，名曰崑崙，以拜禮上帝。於是作明堂汶上（大德本、殿本"汶"後有"水"字），如帶圖。《新論》曰："天稱明，故命曰明堂。上圜法天，下方法地，八窗法八風，四達法四時，九室法九州，十二坐法十二月，三十六戶法三十六雨，七十二牖法七十二風。"《東京賦》曰"復廟重屋，八達九房"，薛綜注曰："八達謂室有八窗也。堂後有九室，所以異於周制也。"王隆《漢官篇》曰"是古者清廟茅屋"，胡廣曰："古之清廟，以茅蓋屋，所以示儉也。今之明堂，茅蓋之，乃加瓦其上，不忘古也。"

[3]【劉昭注】《白虎通》曰："辟雍，所以行禮樂，宣德化也。辟者，象璧圜，以法天也。雍者，雍之以水，象教化流行也。辟之爲言積也，積天下之道德；雍之爲言壅也，壅天下之儀則：故謂辟雍也。《王制》曰：'天子辟雍，諸侯泮宮。'外圜者，欲使觀者平均也。又欲言外圜內方，明德當圜，行當方也。"

[4]【劉昭注】《禮含文嘉》曰："禮，天子靈臺，所以觀天人之際，陰陽之會也。揆星度之驗，徵六氣之端，應神明之變化，覩日氣之所驗，爲萬物獲福於無方之原，招太極之清泉，以與稼穡之根。倉廩實，知禮節；衣食足，知榮辱。天子得靈臺之則，五車三柱，明制可行，不失其常。水泉川流，無滯寒暴暑之災，陸澤山陵，禾盡豐穰（禾，紹興本作'木'）。"故《東京賦》曰"左制辟雍，右立靈臺"，薛綜注曰："於之班教曰明堂，大合樂射饗者辟雍，司曆記候節氣者曰靈臺。"蔡邕《明堂論》曰："明堂者，天子太廟，所以崇禮其祖，以配上帝者也。夏后氏曰世室，殷人曰重屋，周人曰明堂。東曰青陽，南曰明堂，西曰總章，北曰玄堂，中曰太室。《易》曰離也者，明也，南方之卦也。聖人南面而聽天下，嚮明而治。人君之位，莫正於此焉，故雖有五名而

主以明堂也。其正中焉，皆曰太廟。謹承天隨時之令，昭令德宗祀之禮，明前功百辟之勞，起尊老敬長之義，顯教幼誨稚之學。朝諸侯選造士於其中以制度。生者乘其能而至，死者論其功而祭。故爲大教之宮，而四學具焉，官司備焉。譬如北辰，居其所而衆星拱之，萬象翼之。教之所由生專（殿本無‘專’字），受作之所自來，明一統也。故言明堂，事之大，義之深也。取其宗祀之清貌，則曰清廟。取其正室之貌，則曰太廟。取其尊崇矣，則曰太室。取其堂（堂，殿本作‘向明’），則曰明堂。取其四門之學，則曰太學。取其四面周水圓如璧（璧，紹興本作‘壁’，大德本作‘辟’），則曰辟雍。異名而同事，其實一也。《春秋》因魯取宋之姦略，則顯之太廟，以明聖王建清廟明堂之義。經曰：‘取郜大鼎于宋，納于太廟（太，大德本作“大”）。’傳曰：‘非禮也。君人者，將昭德塞違，故昭令德以示子孫。是以清廟茅屋，昭其儉也。夫德，儉而有度，升降有數，文物以紀之，聲明以發之，以臨照百官（臨照，大德本、殿本作“照臨”），百官於是戒懼，而不敢易紀律。’所以大明教也。以周清廟論曰，魯太廟皆明堂也。魯禘祀周公於太廟明堂，猶周宗祀文王於清廟明堂也。《禮記·檀弓》曰‘王齋禘於清廟明堂’也。《孝經》曰：‘宗祀文王於明堂。’《禮記·明堂位》曰：‘太廟，天子曰明堂。’又曰：‘成王幼弱，周公踐天子位以治天下，朝諸侯於明堂，制禮作樂，頒度量，而天下大服。成王以周公爲有勳勞於天下，命魯公世世禘祀周公於太廟（世世，紹興本作“世曰”），以天子禮樂，升歌清廟，下管象舞，所以異魯於天下（殿本“下”後有“也”字）。’取周清廟之歌歌於魯太廟。明堂（殿本無‘堂’字），魯之廟（殿本‘廟’前有‘太’字），猶周清廟也，皆所以昭文王、周公之德，以示子孫者也。《易傳·太初篇》曰：‘天子旦入東學（天，大德本、殿本作“太”），晝入南學，暮入西學。在中央曰太學，天子之所自學也。’《禮記·保傅篇》曰：‘帝入東學，上親而貴仁；入西學，上賢而貴德；入南學，上齒而貴信；入北學，上貴而尊爵；入太學，承師而問道。'與《易傳》同。魏文侯《孝經傳》曰：'太學者，中學明堂之位也。'《禮記·古大明堂之禮》曰：'膳夫是相禮，日中出南闈，見九侯門子（門子，殿本作"反問于桐"）。日側出西闈，視五國之事。日闇出北闈，視帝節猶。'《爾雅》曰：'宮中之門謂之闈。'王居明堂之禮，又別陰陽門，南門稱門，西門稱闈，故《周官》有門闈之學。師氏教以三德守王門，保氏教以六藝守王闈。然則師氏居東門、南門，保氏居西門、北門也。知掌教國子，與《易傳》《保傳》王居明堂之禮參相發明，爲四學焉。《文王世子篇》曰：'凡大合樂，則遂養老。天子至，乃命有司行事，興秩節，祭先師、先聖焉。始之養也，適東序，釋奠於先老，遂設三老位焉（三老位焉，殿本作"三老五更之席位言教學始之於養老由東方歲始也又"）。春夏學干戈，秋冬學羽籥，皆於東序。凡祭與養老、乞言、合語之禮，皆小樂正詔之於東序。'又曰：'大司成論説在東序。'然則詔學皆在東序。東序，東之堂也，學者詔焉，故稱太學。仲夏之月，令祀百辟卿士之有德於民者。《禮記·太學志》曰：'禮，士大夫學於聖人、善人，祭于明堂，其無位者祭於太學。'《禮記·昭穆篇》曰：'祀先賢于西學，所以教諸侯之德也。'即所以顯行國禮之處也。太學，明堂之東序也，皆在明堂、辟雍之內。《月令記》曰：'明堂者，所以明天氣，統萬物。'明堂上通於天，象日辰，故下十二宮象日辰也。水環四周，言王者動作法天地，德廣及四海。方此水也，名曰辟雍。'《王制》曰：'天子出征，執有罪，反舍奠於學，以訊馘告。'《樂記》曰：'武王伐殷，爲俘馘于京太室（爲，殿本作"薦"）。'《詩·魯頌》云：'矯矯虎臣，在泮獻馘。'京，鎬京也。太室，辟雍之中明堂太室也。與諸侯泮宮俱獻馘焉，即《王制》所謂'以訊馘告'者也。《禮記》曰：'祀乎明堂，所以教諸侯之孝也。'《孝經》曰：'孝悌之至，通於神明，光于四海，無所不通。《詩》云："自西自東，自南自北，無思不服。"'言行孝者則曰明堂，行悌者則曰太學，故《孝經》合以爲一義，而稱鎬京之詩以明之。凡此皆明堂、太室、辟雍、太學事通合之義也。其制度數各有所法。堂方百四十四尺，坤之策也。屋圓屋徑二百一十六尺，乾之策也。太廟明堂方三十六丈，通天屋徑九丈，陰陽九六之變。且圓蓋方載，六九之道也。八闥以象八卦，九室以象九州，十二宮以應辰。三十六戶七十二牖，以四戶九牖乘九室之數也。戶皆外設而不閉，示天下不藏也。通天屋高八十一尺，黃鍾九九之實也。二十八柱列於四方，亦七宿之象也。堂高三丈，亦應三統。四鄉五色者，象其行。外廣二十四丈，應一歲二十四氣。四周以水，象四海。王者之大禮也。"

【今注】是年初營北郊明堂辟雍靈臺未用事：本書卷一下《光武帝紀下》："（中元元年）是歲，初起明堂、靈臺、辟雍，及北郊兆域。"北郊，祭地之所。明堂，禮制建築。在經典之中，明堂是王者發布德教政令的地方。東漢光武帝建明堂於雒陽南郊，以祀五帝。靈臺，禮制建築。在經典之中，靈臺是周文王所建之高臺。東漢在雒陽南郊起靈臺，用於望氣。辟雍，禮制建築。在經典中，辟雍本是周天子所設立的大學。後在東漢，辟雍主要被用作宣揚天子德教的場所。未用事，當年未行祭祀。本書《光武帝紀下》："（建武中元）二年春正月辛未，初立北郊，祀后土。"本書卷二《明帝紀》："（永平）二年春正月辛未，宗祀光武皇帝於明堂，帝及公卿列侯始服冠冕、衣裳、玉佩、絢屨以行事。禮畢，登靈臺。使尚書令持節詔驃騎將軍、三公曰：'今令月吉日，宗祀光武皇帝於明堂，以配五帝。禮備法物，樂和八音，詠祉福，舞功德，班時令，勑群后。事畢，升靈臺，望元氣，吹時律，觀物變。群僚藩輔，宗室子孫，衆郡奉計，百蠻貢職，烏桓、濊貊咸來助祭，單于侍子、骨都侯亦皆陪位。斯固聖祖功德之所致也。朕以闇陋，奉承大業，親執珪璧，恭祀天地。仰惟先帝受命中興，撥亂反正，以寧天下，封泰山，建明堂，立辟雍，起靈臺，恢弘大道，被之八極；而胤子無成康之質，群臣無呂旦之謀，盥洗進爵，踧踖惟惡。素性頑鄙，臨事益懼，故“君子坦蕩蕩，小人長戚戚”。其令天下自殊死已下，謀反大逆，皆赦除之。百僚師尹，其勉修厥職，順行時令，敬若昊天，以綏兆人。’三月，臨辟雍，初行大射禮。冬十月壬子，幸辟雍，初行養老禮。詔曰：‘光武皇帝建三朝之禮，而未及臨饗。’”李賢注：“三朝之禮謂中元元年初起明堂、辟雍、靈臺也。”

[5]【今注】“遷呂太后于園”至“高廟”：本書《光武帝紀下》：“（建武中元元年夏四月）甲申，使司空告祠高廟曰：‘高皇帝與群臣約，非劉氏不王。呂太后賊害三趙，專王呂氏，賴社稷之靈，祿、產伏誅，天命幾墜，危朝更安。呂太后不宜配食高廟，同祧至尊。薄太后母德慈仁，孝文皇帝賢明臨國，子孫賴福，延祚至今。其上薄太后尊號曰高皇后，配食地祇。遷呂太后廟主于園，四時上祭。’”

[6]【劉昭注】《袁宏紀》曰：“夫越人而臧否者，非憎於彼也。親戚而加譽者，非優於此也。處情之地殊，故公私之心異也。聖人知其如此，故明彼此之理，開公私之塗，則隱諱之義著，而親尊之道長矣。古之人以爲先君之體，猶今君之體，推近以知遠，則先後義鈞也。而況彰其大惡，以爲貶黜者乎！”

北郊在雒陽城北四里，[1]爲方壇四陛。[2]三十三年正月辛未，[3]郊。[4]別祀地祇，[5]位南面西上，高皇后配，西面北上，皆在壇上，地理群神從食，皆在壇下，如元始中故事。[6]中嶽在未，[7]四嶽各在其方孟辰之地，[8]中營內。[9]海在東；四瀆河西，濟北，淮東，江南；[10]他山川各如其方，皆在外營內。四陛醊及中外營門封神如南郊。[11]地祇、高后用犢各一頭，[12]五嶽共牛一頭，海、四瀆共牛一頭，群神共二頭。奏樂亦如南郊。既送神，[13]瘞俎實于壇北。[14]

[1]【今注】雒陽：東漢國都。在今河南洛陽市東北。　城北四里：曹金華《後漢書稽疑》：“劉昭注引《張璠記》云‘城北六里’，《御覽》卷五二七引《東觀記》作‘北郊四里’，《光武帝紀》注引《漢官儀》作‘北郊壇在城西北角，去城一里所’。又本志注引《月令章句》‘東郊去邑八里，因木數也’，‘南郊七里，因火數也’，‘西郊九里，因金數也’，‘北郊六里，因水數也’；注引《皇覽》作‘天子迎冬于北堂，距邦六里’。故疑東漢有所變故。”（第1372頁）楊英認爲“應以劉昭注的六里爲是。因爲東漢郊壇離洛陽城的遠近是按照河圖數定的，既然南郊離洛陽七里，是取南七之數，那麼，北郊離洛陽城應爲六里而不是四里。”（參見氏著《祈望和諧：周秦兩漢王朝祭禮的演進及其規律》，商務印書館2009年版，第638頁）案，當以六里爲是。《月令章句》所言四方金木水火之數，亦與《河圖》合。

[2]【劉昭注】《張璠記》云：“城北六里。”《袁山松書》曰：“行夏之時，殷祭之日，犧牲尚黑耳。”【今注】方壇四陛：方形的祭壇，設有四處臺階。案，東漢南郊爲圓壇八陛祭天，詳見本書《祭祀志上》。

[3]【今注】三十三年：此就東漢光武帝建武年號而言。案，本書卷一下《光武帝紀下》：“（建武三十二年）夏四月癸酉，車駕還宮。己卯，大赦天下。復嬴、博、梁父、奉高，勿出今年田租芻稾。改年爲中元。”故此“三十三年”當爲建武中元二年（57）。

[4]【今注】郊：本書《光武帝紀下》：“（建武中元）二年春正月辛未，初立北郊，祀后土。”

[5]【今注】別祀地祇：在南郊圜丘之外，另立地祇以祀。《漢書·郊祀志下》載西漢平帝元始五年（5）王莽奏言，云：“今

稱天神曰皇天上帝，泰一兆曰泰畤，而稱地祇曰后土，與中央黄靈同，又兆北郊未有尊稱。宜令地祇稱皇墬后祇，兆曰廣畤。”案，東漢起北郊兆域，如元始中故事。是亦當在南郊圜丘之外，另立“皇墬后祇”於北郊。墬，即古“地”字。“皇墬后祇”乃后土與地祇相糅合而成，故有本書《光武帝紀下》稱“初立北郊，祀后土”，而本志言“別祀地祇”。二者異名，其實則一。

　　[6]【今注】如元始中故事：按照西漢平帝元始年間北郊祭地的儀式進行。《漢書·郊祀志下》引元始五年王莽奏言，云：“陰陽有離合，《易》曰‘分陰分陽，迭用柔剛’。以日冬至使有司奉祠南郊，高帝配而望群陽，日夏至使有司奉祭北郊，高后配而望群陰，皆以助致微氣，通道幽弱。當此之時，后不省方，故天子不親而遣有司，所以正承天順地，復聖王之制，顯太祖之功也。”

　　[7]【今注】中嶽在未：中嶽神位在南偏西的方向。

　　[8]【今注】四嶽各在其方孟辰之地：孟辰，孟即首之意，一周有十二辰，每邊有四辰，孟辰就是每邊的首辰。如此，東嶽在子丑寅之子位（正北），南嶽在卯辰巳之卯位（正東），西嶽在午未申之午位（正南），北嶽在酉戌亥之酉位（正北）。（説參楊英《祈望和諧：周秦兩漢王朝祭禮的演進及其規律》，第638頁）

　　[9]【今注】中營：祭壇之下有四周環繞的矮墙。營是這些矮墙圍隔出的不包含祭壇的環形區域。東漢南北郊兆域都有兩層矮墙，是以對應的營域也有兩重。內者稱“中營”，外者稱“外營”。

　　[10]【今注】四瀆河西濟北淮東江南：四瀆的神位按照黄河在西，濟水在北，淮河在東，長江在南的方位安排。

　　[11]【今注】四陛酹及中外營門封神如南郊：本書《祭祀志上》：“八陛，陛五十八酹，合四百六十四酹……中營四門，門封神四，外營四門，門封神四，合三十二神。”四陛酹（zhuì），四處臺階每處臺階以酒酹地凡五十八次，祭五十八神。酹，以酒酹地祭神。封神，營門內外左右壘起的土堆以爲神祇，或有守護庇佑之意。

[12]【今注】犢：小牛。

[13]【今注】送神：祭祀完畢，請神離去。

[14]【今注】瘞（yì）：埋葬。　俎實：俎案上的祭品。俎，古代祭祀盛放祭品的器物，形似案板而略凹，下有四足。

　　明帝即位，[1]永平二年正月辛未，[2]初祀五帝於明堂，[3]光武帝配。[4]五帝坐位堂上，各處其方。黃帝在未，皆如南郊之位。[5]光武帝位在青帝之南少退，西面。牲各一犢，奏樂如南郊。[6]卒事，遂升靈臺，以望雲物。[7]

　　[1]【今注】明帝：東漢明帝劉莊，公元57年至75年在位。紀見本書卷二。

　　[2]【今注】永平：東漢明帝劉莊年號（58—75）。

　　[3]【今注】五帝：指東方青帝、南方赤帝、西方白帝、北方黑帝、中土黃帝五方天帝。

　　[4]【劉昭注】《孝經》云"宗祀文王於明堂以配上帝"，故鄭玄曰"上帝者，天之別名。神無二主，故異其處，避后稷也"。【今注】光武帝：東漢開國皇帝劉秀，公元25年至57年在位。紀見本書卷一。

　　[5]【今注】五帝坐位堂上各處其方黃帝在未皆如南郊之位：本書《祭祀志上》："其外壇上爲五帝位。青帝位在甲寅之地，赤帝位在丙巳之地，黃帝位在丁未之地，白帝位在庚申之地，黑帝位在壬亥之地。"未，南偏西的方向。

　　[6]【今注】奏樂如南郊：本書《祭祀志上》："（郊祀）凡樂奏《青陽》《朱明》《西皓》《玄冥》，及《雲翹》《育命》舞。"

　　[7]【劉昭注】杜預注《傳》曰："雲物，氣色災變也。素察妖祥（妖，大德本作'效'），逆爲之備。"【今注】望雲物：觀

察天地之間雲物的氣色，以判斷是否有災變妖祥發生，好作預備。本書《明帝紀》："（永平）二年春正月辛未，宗祀光武皇帝於明堂……禮畢，登靈臺。使尚書令持節詔驃騎將軍、三公曰：'今令月吉日，宗祀光武皇帝於明堂，以配五帝。禮備法物，樂和八音，詠祉福，舞功德，班時令，勑群后。事畢，升靈臺，望元氣，吹時律，觀物變。'"

　　迎時氣，五郊之兆。[1]自永平中，以《禮讖》及《月令》有五郊迎氣服色，[2]因采元始中故事，兆五郊于雒陽四方。[3]中兆在未，壇皆三尺，階無等。[4]

　　[1]【今注】迎時氣五郊之兆：在五郊的祭壇按時令迎氣。
　　[2]【今注】以禮讖及月令有五郊迎氣服色：《太平御覽》卷五二七《禮儀部六》引《禮緯含文嘉》"五祀，南郊，北郊，西郊，東郊，中郊，兆正謀。五者，天子公侯伯子男卿大夫士，所以承天也"，又引注云："東郊去都城八里，南郊九里，西郊七里，北郊六里，中郊西南去城五里，兆者作封畔，兆，域也，謀者方欲迎氣，齊戒自端正，謀慮其事也。"案，志文"《禮讖》"者，或指《禮緯》。上引《含文嘉》佚文是其依據而今殘存者。又《禮記·月令》："先立春三日，大史謁之天子曰：'某日立春，盛德在木。'天子乃齊。立春之日，天子親帥三公、九卿、諸侯、大夫以迎春於東郊。"又曰："先立夏三日，大史謁之天子曰：'某日立夏，盛德在火。'天子乃齊。立夏之日，天子親帥三公、九卿、大夫以迎夏於南郊。"又曰："先立秋三日，大史謁之天子曰：'某日立秋，盛德在金。'天子乃齊。立秋之日，天子親帥三公、九卿、諸侯、大夫以迎秋於西郊。"又曰："先立冬三日，大史謁之天子曰：'某日立冬，盛德在水。'天子乃齊。立冬之日，天子親帥三公、九卿、大夫以迎冬於北郊。"案，《禮記·月令》有"郊迎四時"之文，

不言“迎氣”，亦無“迎中夏”。

[3]【今注】因采元始中故事兆五郊于雒陽四方：五郊迎氣禮最初可追溯至西漢元始中，但實際作爲成熟制度固定下來，却是東漢明帝以後的事情。《漢書·郊祀志下》載西漢平帝元始五年（5）王莽奏言，云：“謹案《周官》‘兆五帝於四郊’，山川各因其方，今五帝兆居在雍五時，不合於古……《易》曰‘方以類聚，物以群分’。分群神以類相從爲五部，兆天墬之別神：中央帝黃靈后土時及日廟、北辰、北斗、填星、中宿中宮於長安城之未墬兆；東方帝太昊青靈勾芒時及靁公、風伯廟、歲星、東宿東宮於東郊兆；南方炎帝赤靈祝融時及熒惑星、南宿南宮於南郊兆；西方帝少皞白靈蓐收時及太白星、西宿西宮於西郊兆；北方帝顓頊黑靈玄冥時及月廟、雨師廟、辰星、北宿北宮於北郊兆。”案，據此奏言，元始中祇確定了五郊分祀，尚沒有涉及迎氣的內容。據《漢書》卷九九上《王莽傳上》，孺子嬰居攝元年（6），王莽“迎春於東郊”，迎氣之禮始見記載。王先謙《後漢書集解》引黃山曰：“《前書》十二紀無五郊迎氣之事。《郊祀志》載莽議群望，雖及五郊，有祀無迎。惟《莽傳》居攝元年，迎春於東郊，始創爲之，則固非元始中所有也。”是也。本書卷七九下《儒林傳下》：“（董）鈞博通古今，數言政事。永平初，爲博士。時草創五郊祭祀，及宗廟禮樂，威儀章服，輒令鈞參議，多見從用，當世稱爲通儒。”以上傳文所謂“時草創五郊祭祀”，得其實也。是以楊英指出，新莽時期，五時迎氣剛開始走入國家禮典，到東漢時期終於成爲制度化的禮儀（《祈望和諧：周秦兩漢王朝祭禮的演進及其規律》，第601頁）。

[4]【今注】階無等：陛道沒有臺階。

立春之日，迎春于東郊，祭青帝句芒。[1]車旗服飾皆青。歌《青陽》，[2]八佾舞《雲翹》之舞。[3]及因賜文官太傅、司徒以下縑各有差。[4]

[1]【劉昭注】《月令章句》曰："東郊去邑八里，因木數也。"【今注】青帝句芒：《禮記·月令》"（孟春之月）其帝大皞，其神句芒"，鄭玄注："此蒼精之君，木官之臣，自古以來，著德立功者也。大皞，宓戲氏。句芒，少皞氏之子，曰重，爲木官。"案，西漢平帝元始中的五祀設計尚依照《禮記·月令》安排了"五人帝+五神"的組合。參見上段注釋[3]《漢書·郊祀志下》所引王莽奏言。而東漢迎氣時則徑將《月令》中的"五神"稱爲五色帝進行祭祀。（參見薛夢瀟《早期中國的月令與"政治時間"》，上海古籍出版社2018年版，第148頁）

[2]【今注】青陽：《青陽》及下文迎夏及黄靈歌《朱明》，迎秋歌《西皓》，迎冬歌《玄冥》，這四者是漢代四季郊祀之樂。《史記·樂書》："漢家常以正月上辛祠太一甘泉，以昏時夜祠，到明而終。常有流星經於祠壇上。使僮男僮女七十人俱歌。春歌《青陽》，夏歌《朱明》，秋歌《西暤》，冬歌《玄冥》。"暤，同"皓"。案，漢代起初在甘泉泰畤祭天，故《史記》言"以正月上辛祠太一甘泉"。西漢成帝以降，受經學影響，祭天之所，始遷至國都南郊。然期間三十餘年，反復五次。詳見《漢書·郊祀志》。

[3]【今注】八佾：天子舞陣之數，凡八八六十四人爲舞。古時舞蹈，以其行數言佾。天子用八，諸侯六，大夫四，士二。而每佾人數則有二説：一説舞陣宜方，佾數與每佾人數相同；另一説每佾八人數不變。然而無論以何説爲準，八佾均爲八八六十四人之舞陣。　雲翹：此及下文所言《育命》，二者皆是東漢祭天所用舞蹈。本書《祭祀志上》言郊祭，云："隴、蜀平後，乃增廣郊祀，高帝配食，位在中壇上，西面北上。天、地、高帝、黄帝各用犢一頭，青帝、赤帝共用犢一頭，白帝、黑帝共用犢一頭，凡用犢六頭。日、月、北斗共用牛一頭，四營群神共用牛四頭，凡用牛五頭。凡樂奏《青陽》《朱明》《西皓》《玄冥》，及《雲翹》《育命》舞。"祭五帝，青帝、赤帝用《雲翹》，白帝、黑帝用《育命》。而因祭

黄帝后土在五郊迎氣中地位獨尊，故同時使用二舞。

[4]【今注】太傅：官名。東漢太傅位居百官之首，秩萬石。明帝以後，皇帝即位時置，兼録尚書事，行宰相職權，有缺則不補。　司徒：官名。東漢時司徒職掌民政，凡教民孝悌、遜順、謙儉，養生送死之事，則議其制，建其度，與太尉、司空並列"三公"。　縑（jiān）各有差：賜雙絲織的淺黄色細絹按級別各有等差。

立夏之日，迎夏于南郊，祭赤帝祝融。[1]車旗服飾皆赤。歌《朱明》，八佾舞《雲翹》之舞。

[1]【劉昭注】《月令章句》曰："南郊七里，因火數也。"【今注】赤帝祝融：《禮記・月令》"（孟夏之月）其帝炎帝，其神祝融"，鄭玄注："此赤精之君，火官之臣，自古以來，著德立功者也。炎帝，大庭氏也。祝融，顓頊氏之子，曰黎，爲火官。"

先立秋十八日，迎黄靈于中兆，[1]祭黄帝后土。[2]車旗服飾皆黄。歌《朱明》，[3]八佾舞《雲翹》《育命》之舞。[4]

[1]【今注】黄靈：中央帝之神名。《漢書・郊祀志下》："稱地祇曰后土，與中央黄靈同"，又云："中央帝黄靈后土畤及日廟、北辰、北斗、填星、中宿中宮於長安城之未墜兆。"案，后土本是最大的地神之名，與皇天上帝相對。在西漢平帝元始中的五方分祀設計中，后土與原本的中央帝黄靈相歸併。黄靈、后土在東漢的五郊迎氣中，遂互爲別稱。

[2]【劉昭注】《月令章句》曰："去邑五里（去邑，殿本作

'南郊'），因土數也。"【今注】黃帝后土：《禮記·月令》"（中央土）其帝黃帝，其神后土"，鄭玄注："此黃精之君，土官之神，自古以來，著德立功者也。黃帝，軒轅氏也。后土，亦顓頊氏之子，曰黎，兼爲土官。"

　　［3］【今注】歌朱明：本書《禮儀志中》作"歌《帝臨》"。

　　［4］【劉昭注】魏氏繆襲議曰："漢有《雲翹》《育命》之舞，不知所出。舊以祀天，今可兼以《雲翹》祀圓丘，兼以《育命》祀方澤。"

　　立秋之日，迎秋于西郊，祭白帝蓐收。[1]車旗服飾皆白。歌《西皓》，八佾舞《育命》之舞。使謁者以一特牲先祭先虞于壇，[2]有事，[3]天子入圃射牲，[4]以祭宗廟，名曰貙劉。[5]語在《禮儀志》。

　　［1］【劉昭注】《月令章句》曰："西郊九里，因金數也。"【今注】白帝蓐收：《禮記·月令》"（孟秋之月）其帝少皞，其神蓐收"，鄭玄注："此白精之君，金官之臣，自古以來，著德立功者也。少皞，金天氏。蓐收，少皞氏之子，曰該，爲金官。"

　　［2］【今注】特牲：祭祀祇用一種牲畜作爲供品。　先虞：掌管山林川澤的神。立秋之日，天子射牲、祭廟，並使軍隊演武，名曰"貙劉"。在此之前，使謁者以一特牲先祭先虞於壇。詳見本書《禮儀志上》。貙劉禮有斬牲嘗鮮之意，故在秋天舉行，祭先虞，以示感謝。

　　［3］【今注】有事：謂軍隊演武。本書《禮儀志中》："立秋之日，白郊禮畢，始揚威武，斬牲於郊東門，以薦陵廟。其儀：乘輿御戎路，白馬朱鬣，躬執弩射牲。牲以鹿麏。太宰令、謁者各一人，載以獲車，馳送陵廟。於是乘輿還宮，遣使者齎束帛以賜武官。武官肄兵，習戰陣之儀、斬牲之禮，名曰貙劉。兵、官皆肄

孫、吳兵法六十四陣，名曰乘之。"

[4]【今注】囿：苑囿。皇家蓄養禽獸的林苑。

[5]【今注】貙劉：古時天子在立秋之日射牲、祭廟，並使軍隊演武的系列禮儀活動。

立冬之日，迎冬于北郊，祭黑帝玄冥。[1]車旗服飾皆黑。歌《玄冥》，八佾舞《育命》之舞。[2]

[1]【劉昭注】《月令章句》曰："北郊六里，因水數也。"【今注】黑帝玄冥：《禮記·月令》"（孟冬之月）其帝顓頊，其神玄冥"，鄭玄注："此黑精之君，水官之臣，自古以來，著德立功者也。顓頊，高陽氏也。玄冥，少皞氏之子，曰脩，曰熙，爲水官。"

[2]【劉昭注】《獻帝起居注》曰："建安八年，公卿迎氣北郊，始復用八佾。"《皇覽》曰："迎禮春、夏、秋、冬之樂，又順天道（順，紹興本字殘，疑作'炅'），是故距冬至日四十六日，則天子迎春於東堂，距邦八里，堂高八尺，堂陛三等。青稅八乘，旗旄尚青，田車載矛，號曰助天生。唱之以角，舞之以羽翟，此迎春之樂也。自春分數四十六日，則天子迎夏於南堂，距邦七里，堂高七尺。堂陛二等。赤稅七乘（七，紹興本、大德本作'十'），旗旄尚赤，田車載戟，號曰助天養。唱之以徵，舞之以鼓鞄，此迎夏之樂也。自夏至數四十六日，則天子迎秋於西堂，距邦九里，堂高九尺，堂陛九等。白稅九乘，旗旄尚白，田車載兵，號曰助天收。唱之以商，舞之以干戚，此迎秋之樂也。自秋分數四十六日，則天子迎冬於北堂，距邦六里，堂高六尺，堂陛六等。黑稅六乘，旗旄尚黑，田車載甲鐵鍪，號曰助天誅。唱之以羽，舞之以干戈，此迎冬之樂也。"

章帝即位，[1]元和二年正月，[2]詔曰："山川百神，應祀者未盡。其議增修群祀宜享祀者。”[3]

[1]【今注】章帝：東漢章帝劉炟，公元 75 年至 88 年在位。紀見本書卷三。

[2]【今注】元和：東漢章帝劉炟年號（84—87）。

[3]【劉昭注】《東觀書》：詔曰“經稱‘秩元祀，咸秩無文’。《祭法》‘功施於民則祀之，以死勤事則祀之，以勞定國則祀之，能禦大災則祀之。日月星辰，民所瞻仰也；山林川谷丘陵，民所取財用也。非此族也，不在祀典’。傳曰：‘聖王先成民而後致力於神（後，紹興本作“致”）。’又曰：‘山川之神，則水旱癘疫之災，於是乎禜之。日月星辰之神，則雪霜風雨之不時，於是乎禜之（禜，紹興本作“榮”）。’孝文十二年令曰：‘比年五穀不登，欲有以增諸神之祀。’《王制》曰：‘山川神祇有不舉者，爲不敬。’今恐山川百神應典祀者尚未盡秩，其議增修群祀宜享祀者，以祈豐年，以致嘉福，以蕃兆民。《詩》不云乎：‘懷柔百神，及河喬嶽。’有年報功，不私幸望，豈嫌同辭，其義一焉”。

二月，上東巡狩，[1]將至泰山，道使使者奉一太牢祠帝堯於濟陰成陽靈臺。[2]上至泰山，修光武山南壇兆。[3]辛未，柴祭天地群神如故事。壬申，宗祀五帝於孝武所作汶上明堂，[4]光武帝配，如雒陽明堂祀。癸酉，更告祀高祖、太宗、世宗、中宗、世祖、顯宗於明堂，[5]各一太牢。卒事，遂覲東后。[6]饗賜王侯群臣。[7]因行郡國，幸魯，[8]祠東海恭王，[9]及孔子、七十二弟子。[10]四月，還京都。庚申，告至，[11]祠高廟、世祖，各一特牛。又爲靈臺十二門作詩，各以其月祀而奏之。[12]和帝無所增改。[13]

[1]【今注】巡狩：天子出行，視察地方州郡。

[2]【今注】太牢：祭牲用一牛、一羊、一豕。豕，豬。　帝堯：傳説中的上古帝王。名放勳。初居於陶，後遷居於唐，故稱陶唐氏，又稱唐堯。　濟陰成陽靈臺：《漢書·地理志上》：“（濟陰郡）成陽，有堯冢、靈臺。”《水經注》卷二四《瓠子河》引《地理志》，謂“今成陽城西二里有堯陵，陵南一里有堯母慶都陵，于城爲西南，稱曰靈臺”。楊守敬疏云：“靈臺爲堯冢。據後漢《堯母碑》文云，堯母慶都，感赤龍而生堯，遂以侯伯，恢踐帝宫。慶都仙殁，蓋葬于兹，欲人莫知，名曰靈臺。則靈臺，堯母冢也。”濟陰，郡名。治定陶，在今山東菏澤市定陶區西北。成陽，縣名。治所在今山東菏澤市東北。

[3]【今注】光武山南壇兆：東漢光武帝建武三十二年（56），光武帝封禪時先在泰山南面山腳祭天所用的祭壇。本書《祭祀志上》：“（建武三十二年）二十二日辛卯晨，燎祭天於泰山下南方，群神皆從。”

[4]【今注】孝武所作汶上明堂：西漢武帝元封二年（前109），武帝令奉高依據方士公王帶（《漢書·郊祀志下》作“公玉帶”）所上《皇帝時明堂圖》在汶上所建。《史記·封禪書》：“初，天子封泰山，泰山東北阯古時有明堂處，處險不敞。上欲治明堂奉高旁，未曉其制度。濟南人公王帶上《黄帝時明堂圖》。《明堂圖》中有一殿，四面無壁，以茅蓋，通水，圜宫垣爲複道，上有樓，從西南入，命曰昆侖，天子從之入，以拜祠上帝焉。於是上令奉高作明堂汶上，如帶圖。及五年脩封，則祠太一、五帝於明堂上坐，令高皇帝祠坐對之。祠后土於下房，以二十太牢。天子從昆侖道入，始拜明堂如郊禮。禮畢，燎堂下。而上又上泰山，自有祕祠其巔。而泰山下祠五帝，各如其方，黄帝并赤帝，而有司侍祠焉。山上舉火，下悉應之。”《漢書·地理志上》：“（泰山郡）奉高，有明堂，在西南四里武帝元封二年造。”汶，河名。即今大汶河。其源出山東萊蕪市北，西南流經古嬴縣南，又西南會牟汶、北

汶、石汶、柴汶，至今山東東平縣戴村壩。自此以下，古汶水西流經東平縣南，至梁山東南入濟水。

[5]【今注】高祖：西漢高祖劉邦，公元前206年至前195年在位。紀見《史記》卷八、《漢書》卷一。　太宗：西漢文帝劉恒，公元前180年至前157年在位。廟號太宗，謚號孝文。紀見《史記》卷一〇、《漢書》卷四。　世宗：西漢武帝劉徹，公元前141年至前87年在位。世宗是其廟號。紀見《史記》卷一二、《漢書》卷六。　中宗：西漢宣帝劉詢，公元前74年至前49年在位。中宗是其廟號。紀見《漢書》卷八。　世祖：東漢光武帝劉秀。世祖是其廟號。　顯宗：東漢明帝劉莊，公元57年至75年在位。顯宗是其廟號。紀見本書卷二。

[6]【今注】東后：東方青帝。后，王。

[7]【今注】饗賜：設宴以賞賜群臣。

[8]【今注】魯：漢王國。治所在今山東曲阜市。

[9]【今注】東海恭王：劉彊。東漢光武帝長子，郭皇后所生。曾被立爲太子。郭后被廢，劉彊不自安，請出就藩國。受封爲東海王，卒謚恭。傳見本書卷四二。

[10]【劉昭注】《漢晉春秋》曰：“闕里者，仲尼之故宅也。在魯城中。帝升廟西面；群臣中庭北面，皆再拜。帝進爵而後坐。”《東觀書》曰：“祠禮畢，命儒者論難。”【今注】七十二弟子：相傳孔子門下較優秀的弟子有七十二人。《史記》卷四七《孔子世家》：“孔子以詩書禮樂教，弟子蓋三千焉，身通六藝者七十有二人。”

[11]【今注】告至：即飲至禮。古時天子、諸侯外出，返回京師之後，需要祭告祖廟並與群臣飲酒爲樂。《左傳》桓公二年“冬，公至自唐，告于廟也。凡公行，告于宗廟；反行，飲至、舍爵、策勳焉，禮也”，孔穎達《正義》：“孝子之事親也。出必告，反必面，事死如事生，故出必告廟，反必告至……行言告廟，反言

飲至，以見至有飲，而行無飲也。飲至者，嘉其行至，故因在廟中飲酒爲樂也。"

［12］【今注】各以其月祀而奏之：以每月所宜進行的祭祀作爲主題作詩奏上。

［13］【今注】和帝：東漢和帝劉肇，公元 88 年至 105 年在位。紀見本書卷四。

安帝即位，[1]元初六年，[2]以《尚書》歐陽家説，[3]謂六宗者，在天地四方之中，爲上下四方之宗。以元始中故事，謂六宗《易》六子之氣日、月、雷公、風伯、山、澤者爲非是。[4]三月庚辰，初更立六宗，祀於雒陽西北戌亥之地，禮比太社也。[5]

［1］【今注】安帝：東漢安帝劉祜，公元 106 年至 125 年在位。紀見本書卷五。

［2］【今注】元初：東漢安帝劉祜年號（114—120）。

［3］【今注】尚書歐陽家説：漢代今文經學説解《尚書》的一派，由西漢人歐陽生所傳。其學西漢武帝時立爲博士，後延續至東漢。《漢書》卷五八《儒林傳》："歐陽生字和伯，千乘人也。事伏生，授兒寬。寬又受業孔安國，至御史大夫，自有傳。寬有俊材，初見武帝，語經學。上曰：'吾始以《尚書》爲樸學，弗好，及聞寬説，可觀。'乃從寬問一篇。歐陽、大小夏侯氏學皆出於寬。寬授歐陽生子，世世相傳，至曾孫高子陽，爲博士。高孫地餘長賓以太子中庶子授太子，後爲博士，論石渠。元帝即位，地餘侍中，貴幸，至少府。戒其子曰：'我死，官屬即送汝財物，慎毋受。汝九卿儒者子孫，以廉絜著，可以自成。'及地餘死，少府官屬共送數百萬，其子不受。天子聞而嘉之，賜錢百萬。地餘少子政爲王莽講學大夫。由是《尚書》世有歐陽氏學。"

[4]【今注】六宗易六子之氣日月雷公風伯山澤者：《漢書·祭祀志》西漢平帝元始五年（5），王莽奏言改革郊祀，謂“日、月、靁、風、山、澤，《易》卦六子之尊氣，所謂六宗也”。靁，古同“雷”。

[5]【劉昭注】《月令》“孟冬祈于天宗”，盧植注曰：“天宗，六宗之神。”《李氏家書》曰：“司空李郃侍祠南郊，不見六宗祠，奏曰：‘案《尚書》“肆類于上帝，禋于六宗”。六宗者，上不及天，下不及地，傍不及四方，在六合之中，助陰陽，化成萬物。漢初甘泉、汾陰天地亦禋六宗。孝成之時，匡衡奏立南北郊祀，復祠六宗。及王莽謂六宗，《易》六子也。建武都雒陽，制祀不道祭六宗，由是廢不血食。今宜復舊制度。’制曰：‘下公卿議。’五官將行弘等三十一人議可祭，大鴻臚龐雄等二十四人議不可當祭。上從郃議，由是遂祭六宗。”六宗之義，自伏生及乎後代，各有不同，今並抄集以證其論云。《虞書》曰：“肆類于上帝，禋于六宗，望于山川。”伏生、馬融曰：“萬物非天不覆，非地不載，非春不生，非夏不長，非秋不收，非冬不藏。禋于六宗，此之謂也（殿本無‘此’字）。”歐陽和伯、夏侯建曰：“六宗上不謂天，下不謂地，傍不謂四方，在六者之間，助陰陽變化者也。”孔安國曰：“精意以享謂之禋。宗，尊也。所尊祭其祀有六：埋少牢于太昭，祭時也；祖迎於坎壇（祖迎，紹興本、大德本、殿本作‘相近’），祭寒暑也；王宮，祭日也；夜明，祭月也；幽禜，祭星也；雩禜，祭水旱也。禋于六宗，此之謂也。”《孔叢》曰，宰我問六宗於夫子，夫子荅如安國之說。臣昭以此解若果是夫子所說，則後儒無復紛然。文秉案劉歆曰：“六宗謂水、火、雷、風、山、澤也（山，大德本、殿本作‘川’）。”賈逵曰：“六宗謂日宗、月宗、星宗、岱宗、海宗、河宗也。”鄭玄曰：“六宗，星、辰、司中、司命、風伯、雨師也。星，五緯也。辰謂日月所會十二次也。司中、司命，文昌第五、第四星也。風師，

箕也。雨師，畢也。"晉武帝初，司馬紹統表駁之，曰："臣以爲帝在于類，則禋者非天。山川屬望，則海岱非宗。宗猶包山，則望何秩焉？伏與歆、逵失其義也。六合之間，非制典所及；六宗之數，非一位之名。陰陽之説，又非義也。并五緯以爲一，分文昌以爲二，箕、畢既屬於辰，風師、雨師復特爲位，玄之失也。安國案祭法爲宗，而除其天地於上，遺其四方於下，取其中以爲六宗。四時寒署日月衆星并水旱，所宗者八，非但六也。傳曰：'山川之神，則水旱癘疫之災，於是乎禜之。日月星辰之神，則雪霜風雨之不時，於是乎禜之。'又曰：'龍見而雩。'如此，禜者，祀日月星辰山川之名；雩者，周人四月祭天求雨之稱也。雪霜之災，非夫禜之所禳；雩祭之禮，非正月之所祈。周人之後説有虞之典，故於學者未盡喻也。且類于上帝，即禮天也。望于山川，禜所及也。案《周禮》之昊天上帝（之，大德本、殿本作'云'），日月星辰，司中司命，風師雨師，社稷五祀五嶽，山林川澤，四方百物。又曰：'兆五帝於四郊，四類四望亦如之。'無六宗之兆。《祭法》之祭天（之，大德本、殿本作'云'），祭地，祭時，祭寒署日月星，祭水旱，祭四方，及山林川谷丘陵能出雲爲風雨、見怪物，皆是。有天下者祭百神，非此族也，不在祀典，復無六宗之文。明六宗所禋，即《祭法》之所及，《周禮》之所祀，即《虞書》之所宗，不宜特復立六宗之祀也。春官大宗伯之職，掌玉作六器，以禮天地四方。以蒼璧禮天，以黃琮禮地，以青圭禮東方，以赤璋禮南方，以白琥禮西方，以玄璜禮北方。天宗，日月星辰寒署之屬也；地宗，社稷五祀之屬也；四方之宗者，四時五帝之屬也。如此，則群神咸秩而無廢，百禮徧修而不瀆，於理爲通。"幽州秀才張氂又上疏曰："禋於六宗，禮祖考所尊者六也。何以考之？《周禮》及《禮記·王制》，天子將出，類于上帝，宜於社，造于禰。巡狩四方，覲諸侯，歸格於祖禰，用特。《堯典》亦曰：'肆類于上帝，禋于六宗，望于山川，徧於群神，班瑞于群后，肆覲東后。叶時月正日，同律度量衡。’巡狩一歲以周（一，紹興本作‘萬’），爾乃‘歸格于藝祖，用特’。臣以《尚書》與《禮·王制》，同事一義，符契相合。禋于六宗，正謂祀祖考宗廟也。文祖之廟六宗，即三昭三穆也。若如十家之說，既各異義，上下違背，且没乎祖之禮。考之禮，考之祀典，尊卑失序。若但類于上帝，不禋祖禰而行，去時不告，歸何以格？以此推之，較然可知也。《禮記》曰：‘夫政必本於天，殽以降命。命降于社之謂殽地（謂，殿本作“爲”），降於祖廟之謂仁義，降於山川之謂興作，降於五祀之謂制度。’又曰：‘祭帝於郊，所以定天位也；祀社於國，所以列地利也；祭祖於廟，所以本仁也；山川所以儐鬼神也；五祀所以本事也。’又曰：‘禮行於郊，而百神受職焉；禮行於社，而百貨可極焉；禮行於祖廟，而孝慈服焉；禮行於五祀，而正法則焉。故自郊、社、祖廟、五祀，義之修而禮之藏也。’凡此皆孔子所以祖述堯舜，紀三代之教，著在祀典。首尾相證，皆先天地，次祖宗，而後山川群神耳（大德本無‘耳’字）。故《禮·祭法》曰：‘七代之所更變者，禘郊宗祖。’明舜受終文祖之廟，察璇璣，考七政，審已天命之定，遂上郊廟，當義合《堯典》，則周公其人也。郊祀后稷以配天，宗祀文王於明堂以配上帝，是以四海之内各以其職來祭者也。居其位，攝其事，郊天地，供群神之禮，巡狩天下而遺其祖宗，恐非有虞之志也。五嶽視三公，四瀆視諸侯，皆以案先儒之説，而以水旱風雨先五嶽四瀆，後祖考而次上帝（後，大德本、殿本作‘從’），錯於肆類而亂祀典，臣以十一家皆非也。”太學博士吴商以爲“禋之言煙也。三祭皆積柴而實牲體焉，以升煙而報陽，非祭宗廟之名也。鄭所以不從諸儒之説者，將欲據《周禮》禋祀皆天神也。日、月、星、辰、司中、司命、風師、雨師凡八，而日、月并從郊，故其餘爲六宗也。以《書》‘禋于六宗’，與《周禮》事相符，故據以爲説也。且文昌雖有大體，而星名異，其日不同，故隨事祭之。而言文昌七星，不得偏祭其第四第五，此爲《周禮》。復不知文昌之體，而又妄引以爲司中、司命。箕、畢二星，既不係於辰，且同是隨事而祭之例，又無嫌於所係者"。范甯注《虞書》曰："考觀衆議，各有説難。鄭氏證據最詳，是以附之。案六宗衆議，未知孰是。"虞喜《別論》云："地有五色，太社象之（太，大德本作‘大’）。總五爲一則成六，六爲地數。推校經句（校，大德本作‘按’，殿本作‘案’），闕無地祭，則祭地。"臣昭曰：六宗紛紜，衆釋互起，竟無全通，亦難偏折。歷辨碩儒，終未挺正。康成見宗，是多附焉。盡各爾志，宣尼所許，顯其一説，亦何傷乎！竊以爲祭祀之敬，莫大天地，《虞典》首載，彌久彌盛，此宜學者各盡所求。臣昭謂虞喜以祭地，近得其實。而分彼五色，合五爲六，又不通裡，更成疑昧。尋《虞書》所稱"肆類于上帝"，是祭天。天不言天而曰上帝，帝是天神之極，舉帝則天神斯盡，日月星辰從可知也。"禋於六宗"，是實祭地。地不言地而曰六宗，是地數之中，舉中是以該數，社稷等祀從可知也。天稱神上，地表數中，仰觀俯察，所以爲異。宗者，崇尊之稱，斯亦盡敬之謂也。禋也者，埋祭之言也，實瘞埋之異稱，非周煙之祭也。夫置字涉神，必以今之示，今之示即古之神，所以社稷諸字，莫不以神爲體。《虞書》不同，祀名斯隔。《周禮》改煙，音形兩異。《虞書》改土，正元祭義。此焉非疑，以爲可了，豈六置宗更爲傍祭乎？《風俗通》曰："《周禮》以爲櫮燎，祀司命（命，大德本作‘中’）。司命，文昌上六星也。櫮者，積薪燔柴也。今民猶祠司命耳，刻木長尺二寸爲人像，行者署篋中，居者別作小居。齊地大尊重之，汝南諸郡亦多有者，皆祀以豬，率以春秋之月。"【今注】禮比太社：比照太社祭祀的禮儀進行安排。

延光三年，[1]上東巡狩，至泰山，柴祭，及祠汶上明堂，如元和三年故事。[2]順帝即位，[3]修奉常祀。[4]

[1]【今注】延光：東漢安帝劉祜年號（122—125）。

[2]【今注】元和三年：據本卷上文，當爲元和二年（85）。
又本書卷三《章帝紀》元和二年亦載肅宗東巡狩至泰山祭祀諸事，
可參看。

[3]【今注】順帝：東漢順帝劉保，公元125年至144年在位。
紀見本書卷六。

[4]【今注】修奉常祀：將上述延光三年的這套祭祀活動確立
爲常規祭祀以遵循奉行。

桓帝即位十八年，[1]好神僊事。[2]延熹八年，[3]初
使中常侍之陳國苦縣祠老子。[4]九年，親祠老子於濯
龍。[5]文罽爲壇，[6]飾淳金釦器，[7]設華蓋之坐，[8]用郊
天樂也。[9]

[1]【今注】桓帝即位十八年：東漢質帝本初元年（146）閏
六月崩，桓帝即位，逾年改元。嗣後十八年，即延熹七年，公元
164年。桓帝，東漢桓帝劉志，公元146年至167年在位。紀見本
書卷七。

[2]【今注】神僊事：修道求仙。

[3]【今注】延熹：東漢桓帝劉志年號（158—167）。

[4]【今注】中常侍：官名。初稱常侍，西漢元帝以後改稱中
常侍。中常侍在東漢的職責主要爲侍從皇帝，顧問應對，贊導宮内
諸事。秩比二千石。　陳國：東漢王國。治所在今河南淮陽縣。
苦縣：縣名。治所在今河南鹿邑縣。

[5]【今注】濯龍：園名。故址在今河南洛陽市東北漢魏故城
西北角。本書卷一〇上《皇后紀上》"（明）帝幸濯龍中"，李賢注

引《續漢志》曰："濯龍，園名也，近北宮。"

　　[6]【今注】文罽（jì）：有紋飾的毛氈。

　　[7]【今注】淳金釦器：鑲嵌有純金裝飾的祭器。淳，古同"醇"。

　　[8]【今注】華蓋：帝王所用的傘蓋。一般設置在車輿之上。

　　[9]【今注】用郊天樂：本書《祭祀志上》：郊天"凡樂奏《青陽》《朱明》《西皓》《玄冥》，及《雲翹》《育命》舞"。

後漢書　志第九

祭祀下

宗廟　社稷　靈星　先農　迎春

　　光武帝建武二年正月，[1]立高廟于雒陽。[2]四時祫祀，[3]高帝爲太祖，文帝爲太宗，武帝爲世宗，如舊。[4]餘帝四時春以正月，夏以四月，秋以七月，冬以十月及臘，[5]一歲五祀。三年正月，立親廟雒陽，[6]祀父南頓君以上至舂陵節侯。[7]時寇賊未夷，方務征伐，祀儀未設。至十九年，盜賊討除，戎事差息，於是五官中郎將張純與太僕朱浮奏議：[8]“禮，爲人子事大宗，降其私親。[9]禮之設施，不授之與自得之異意。[10]當除今親廟四。[11]孝宣皇帝以孫後祖，[12]爲父立廟於奉明，曰皇考廟，[13]獨群臣侍祠。願下有司議先帝四廟當代親廟者及皇考廟事。”下公卿、博士、議郎。大司徒涉等議：[14]“宜奉所代，[15]立平帝、哀帝、成帝、元帝廟，代今親廟。兄弟以下，使有司祠。宜爲南頓君立皇考廟，祭上至舂陵節侯，群臣奉祠。”時議有異，不著。[16]上可涉等議，[17]詔曰："以宗廟處所未定，且祫祭高廟。其成、哀、平且祠祭長安故高廟。[18]其南陽舂陵歲時各且因故園廟祭祀。[19]園廟去太守治所遠者，在所令長行太守事侍祠。[20]惟孝宣帝有功德，[21]其上尊號曰中宗。"於是雒陽高廟四時加祭孝宣、孝元，凡五帝。其西廟成、哀、平三帝主，四時祭於故高廟。東廟京兆尹侍祠，[22]冠衣車服如太常祠陵廟之禮。[23]南頓君以上至節侯，皆就園廟。南頓君稱皇考廟，鉅鹿都尉稱皇祖考廟，[24]鬱林太守稱皇曾祖考廟，[25]節侯稱皇高祖考廟，在所郡縣侍祠。

[1]【今注】光武帝：東漢開國皇帝劉秀，公元25年至57年在位。紀見本書卷一。　建武：東漢光武帝劉秀年號（25—56）。

[2]【劉昭注】《漢舊儀》曰："故孝武廟。"《古今注》曰："於雒陽校官立之。"【今注】高廟：祭祀漢高祖劉邦的祖廟。東漢在長安、雒陽各有一高廟。在長安者，即下文所言"故高廟"。雒陽：東漢國都。治所在今河南洛陽市東北。

[3]【今注】祫（xiá）祀：合祭祖先。指將所有祖宗的神主集合在太祖廟中進行祭祀。《漢書》卷七三《韋玄成傳》："祫祭者，毀廟與未毀廟之主皆合食於太祖，父爲昭，子爲穆，孫復爲昭，古之正禮也。"

[4]【今注】高帝爲太祖文帝爲太宗武帝爲世宗如舊：指按照西漢確立的高祖、文帝、武帝爲一祖二宗的廟制舊例。《漢書》卷七三《韋玄成傳》："初，高祖時，令諸侯王都皆立太上皇廟。至惠帝尊高帝廟爲太祖廟，景帝尊孝文廟爲太宗廟，行所嘗幸郡國各立太祖、太宗廟。至宣帝本始二年，復尊孝武廟爲世宗廟，行所巡狩亦立焉。"不過最初這些祖廟不僅立於國都，地方上的郡國亦有設

立。至元帝時，始罷郡國廟。案，據經典，周禮天子七廟。其中，一祖二宗爲不遷之廟，世世供奉。餘下立親廟四，供奉當世天子以上四代皇帝神主。五世親盡則毁。西漢韋玄成依此設計廟制，漢無始封祖，高皇帝劉邦以受命爲太祖。文帝、武帝皆以有大功德而爲二宗。

［5］【今注】臘：本書《禮儀志中》：“季冬之月，星迴歲終，陰陽以交，勞農大享臘。”農曆十二月八日，爲了酬勞一年的辛苦農事，所以舉行合祭先王的大享禮與合祭衆神的臘祭。

［6］【今注】親廟：供奉與天子親緣未盡的先祖神位的祖廟。案，此時所立親廟是光武帝血親廟，並非宗法意義上的親廟。

［7］【今注】祀父南頓君以上至春陵節侯：祭祀光武帝的生父南頓君併以上三代血親至漢春陵節侯。本書卷一上《光武帝紀上》：“世祖光武皇帝諱秀，字文叔，南陽蔡陽人，高祖九世之孫也，出自景帝生長沙定王發。發生春陵節侯買，買生鬱林太守外，外生鉅鹿都尉回，回生南頓令欽，欽生光武。”南頓，縣名。治所在今河南項城市西南。春陵，西漢侯國。《漢書·地理志上》“（南陽郡）春陵，侯國。故蔡陽白水鄉。上唐鄉，故唐國”，顏師古注：“《漢記》云元朔五年以零陵泠道之春陵鄉封長沙王子買爲春陵侯。至戴侯仁，以春陵地形下溼，上書徙南陽。元帝許之，以蔡陽白水鄉徙仁爲春陵侯。”泠道，治所在今湖南寧遠縣東南。蔡陽白水鄉，在今湖北棗陽市南。

［8］【今注】五官中郎將：官名。隸屬光禄勳，職掌宿衞殿門，出充車騎。秩比二千石。　張純：字伯仁，京兆杜陵（今陝西西安市）人。傳見本書卷三五。　太僕：官名。九卿之一。掌供皇帝車馬，兼管兵器製作、織綬。秩中二千石。　朱浮：字叔元，沛國蕭（今安徽蕭縣西北）人。傳見本書卷三三。

［9］【今注】爲人子事大宗降其私親：《春秋公羊傳》成公十五年“爲人後者，爲之子也”，意思是説在宗法中，作爲誰的後嗣，就應當被視爲誰的兒子，而不應按照血親骨肉來判斷。所以文中張

純與朱浮的意思是，劉秀既然以中興漢室自命，尊奉西漢諸皇帝作爲祖宗，那也就是將自己作爲漢王朝劉氏大宗的繼承人，所以在祭祀時就應降等對待自己的血親。

〔10〕【今注】禮之設施不授之與自得之異意：設立與施行禮儀，對於那些身份未被授予的（指光武帝血親）和那些身份是天然獲得的對象（指西漢皇帝），處理方式是不同的。

〔11〕【今注】今親廟四：指當時設置的四所血親廟。

〔12〕【今注】孝宣皇帝以孫後祖：漢宣帝是武帝曾孫，被廢的戾太子孫。他在武帝子漢昭帝之後，即位爲帝，在宗法上是以自己作爲後嗣尊奉自己的祖輩爲父親。

〔13〕【今注】爲父立廟於奉明曰皇考廟：《漢書》卷八《宣帝紀》“（元康元年）夏五月，立皇考廟。益奉明園戶爲奉明縣”，顏師古注：“奉明園即皇考史皇孫之所葬也，本名廣明，後追改也。”

〔14〕【今注】大司徒涉：戴涉，字叔平。光武帝建武十五年（39），任大司徒。後因殺太倉令奚何罪，下獄死。大司徒，官名。建武二十七年，去“大”字，後僅稱司徒。東漢時司徒職掌民政，凡教民孝悌、遜順、謙儉，養生送死之事，則議其制，建其度，與太尉、司空並列“三公”。

〔15〕【今注】奉所代：尊奉自己所代爲後人的祖宗，即祖廟供奉西漢皇帝進行祭祀。

〔16〕【今注】時議有異不著：當時的集議有其他意見，此處不寫出來。

〔17〕【今注】可：表示批准議奏之辭。

〔18〕【今注】其成哀平且祠祭長安故高廟：之所以針對同樣親緣未盡的成、哀、平三帝與元帝做不同的調整，是因爲從血緣輩分上說，成帝於劉秀爲兄弟輩，而漢元帝則是劉秀父執輩。劉秀因爲自己血緣上平輩和長輩的身份，而不願作爲宗法上的後輩去祭祀成、哀、平三帝。故祇將他們的神主安排在長安故高廟，使有司代祠。因此，元帝就是雒陽高廟中所奉的最後一個皇帝。（參見巫鴻

《禮儀中的美術：中國古代美術史文編》，生活·讀書·新知三聯書店 2005 年版，第 565 頁）

[19]【劉昭注】《古今注》曰："建武十八年七月，使中郎將耿遵治皇祖廟舊廬稻田。"【今注】其南陽春陵歲時各且因故園廟祭祀：指光武帝血親，南頓令劉欽以上至春陵節侯劉買四代在南陽春陵當地祭祀。本書卷一下《光武帝紀下》："（十九年春正月庚子，始祠）春陵節侯以下四世於章陵。"本書《郡國志四》："（南陽郡）章陵故春陵，世祖更名。"南陽，郡名。治宛縣（今河南南陽市）。

[20]【劉昭注】如淳曰："宗廟在章陵，南陽太守稱使者往祭。不使侯王祭者，諸侯不得祖天子，凡臨祭宗廟，皆爲侍祠。"【今注】園廟去太守治所遠者在所令長行太守事侍祠：光武帝四代血親的園廟如果遠離郡治所，可以讓園廟所在地的縣令代郡守行祭祀職事。

[21]【今注】孝宣帝：西漢宣帝劉詢，公元前 74 年至前 49 年在位。紀見《漢書》卷八。

[22]【今注】東廟：指雒陽高廟，相對於西都長安的故高廟，稱東廟。 京兆尹：案，此處前言東廟，與長安故高廟相別，故疑爲"河南尹"之誤。京兆尹，官名。西漢都長安，京畿地區設"三輔"進行管轄。其中京兆地區大約在今陝西西安市以東至渭南市華州區之間。京兆尹是京兆地區的最高行政官員，秩中二千石。東漢中興，改都洛陽，但以陵廟所在，故不變稱號，惟減其秩爲二千石。河南尹，官名。東漢都洛陽，改河南郡爲尹，設同名官員一人，作爲河南尹地區的最高行政官員。秩二千石。

[23]【今注】太常：官名。位列九卿之首，職掌禮樂祭祀。秩中二千石。

[24]【今注】鉅鹿都尉：劉回，光武帝祖父。鉅鹿，郡名。西漢治鉅鹿縣（今河北平鄉縣西南），東漢移治廮陶縣（今河北寧晉縣西南）。都尉，即郡都尉，官名。佐郡守典武事，掌治安，防

盗賊。秩比二千石。

[25]【今注】鬱林太守：劉外，光武帝曾祖。鬱林，郡名。治布山縣（今廣西桂平縣西南）。太守，官名。郡的最高行政長官。東漢太守掌治民，進賢勸功，決訟檢姦。秩二千石。

二十六年，[1]有詔問張純，禘祫之禮不施行幾年。[2]純奏：“禮，三年一祫，五年一禘。[3]毀廟之主，陳於太祖；未毀廟之主，皆升合食太祖；五年再殷祭。[4]舊制，三年一祫，毀廟主合食高廟，存廟主未嘗合。元始五年，[5]始行禘禮。父爲昭，南嚮；子爲穆，北嚮。父子不並坐，而孫從王父。[6]禘之爲言諦。諦諟昭穆，[7]尊卑之義。以夏四月陽氣在上，陰氣在下，故正尊卑之義。祫以冬十月，五穀成熟，故骨肉合飲食。祖宗廟未定，且合祭。今宜以時定。”語在《純傳》。[8]上難復立廟，[9]遂以合祭高廟爲常。後以三年冬祫五年夏禘之時，但就陳祭毀廟主而已，謂之殷。太祖東面，惠、文、武、元帝爲昭，景、宣帝爲穆。[10]惠、景、昭三帝非殷祭時不祭。[11]光武皇帝崩，明帝即位，[12]以光武帝撥亂中興，[13]更爲起廟，尊號曰世祖廟。[14]以元帝於光武爲穆，故雖非宗，不毀也。[15]後遂爲常。

[1]【今注】二十六年：建武二十六年，公元50年。

[2]【今注】禘祫：禘祭與祫祭都是集合祖先神主的大型祭祀活動。祫祭已詳上段注釋。禘，大祭始祖，同時集合其他祖先神主以配祀。《禮記·喪服小記》：“王者禘其祖之所自出，以其祖

配之。”

[3]【今注】禮三年一祫五年一禘：《南齊書·禮志上》引《禮緯·稽命徵》曰：“三年一祫，五年一禘。”又《詩·商頌·長發》《正義》引鄭玄駁《五經異義》：“三年一祫，五年一禘，百王通義。”

[4]【今注】案，“毀廟之主陳於太祖”數句說本《春秋公羊傳》。《公羊傳》文公二年“大祫者何？合祭也。其合祭奈何？毀廟之主，陳于大祖；未毀廟之主，皆升合食于大祖。五年而再殷祭”，何休注“陳者，就陳列大祖前。大祖東鄉，昭南鄉，穆北鄉，其餘孫從王父。父曰昭，子曰穆，昭取其鄉明，穆取其北面，尚敬”，“自外來曰升”，“殷，盛也。謂三年祫，五年禘”。意思是三年祫祭，將親盡而毀廟的祖先神主陳列在太祖神主前，同時又將平時獨立設廟供奉的祖先神主皆請入太祖廟中，與太祖一同祭祀。祫祭之後，隔年再舉行禘祭。

[5]【今注】元始：西漢平帝劉衎年號（1—5）。

[6]【劉昭注】《決疑要注》曰：“凡昭穆，父南面，故曰昭。昭，明也。子北面，故曰穆。穆，順也。始祖特於北，其後以次夾始祖而南，昭在西，穆在東，相對。”【今注】王父：祖父。

[7]【今注】諦諟（shì）：詳細審查。

[8]【今注】語在純傳：本書卷三五《張純傳》：“二十六年，詔純曰：‘禘、祫之祭，不行已久矣。“三年不爲禮，禮必壞；三年不爲樂，樂必崩”。宜據經典，詳爲其制。’純奏曰：‘禮，三年一祫，五年一禘。《春秋傳》曰：“大祫者何？合祭也。”毀廟及未毀廟之主皆登，合食乎太祖，五年而再殷。漢舊制三年一祫，毀廟主合食高廟，存廟主未嘗合祭。元始五年，諸王公列侯廟會，始爲禘祭。又前十八年親幸長安，亦行此禮。禮說三年一閏，天氣小備；五年再閏，天氣大備。故三年一祫，五年一禘。禘之爲言諦，諦定昭穆尊卑之義也。禘祭以夏四月，夏者陽氣在上，陰氣在下，故正

尊卑之義也。祫祭以冬十月，冬者五穀成孰，物備禮成，故合聚飲食也。斯典之廢，於茲八年，謂可如禮施行，以時定議。’帝從之，自是禘、祫遂定。”

[9]【今注】復立廟：長安已有祖廟，故謂在雒陽建廟爲復立廟。

[10]【今注】景宣帝爲穆：曹金華《後漢書稽疑》：“據文，‘景、宣帝爲穆’疑作‘景、昭、宣帝爲穆’。”（中華書局 2014 年版，第 1378 頁）案，曹氏所疑可從。

[11]【劉昭注】《漢舊儀》曰：“宗廟三年大祫祭，子孫諸帝以昭穆坐於高廟，諸隳廟神皆合食，設左右坐。高祖南面，幄繡帳，望堂上西北隅。帳中坐長一丈，廣六尺，繡絪厚一尺，著之以絮四百斤。曲几，黃金釦器。高后右坐，亦幄帳，却六寸。白銀釦器。每牢中分之，左辨上帝，右辨上后。俎餘委肉積於前數千斤，名曰惟俎。子爲昭，孫爲穆。昭西面，曲屏風，穆東面，皆曲几，如高祖。饌陳其右，各配其左（左，殿本作‘祖’），坐如祖妣之法。太常導皇帝入北門。群臣陪者，皆舉手班辟抑首伏。大鴻臚、大行令、九儐傳曰：‘起。’復位。而皇帝上堂盥，侍中以巾奉觶酒從。帝進拜謁。贊饗曰：‘嗣曾孫皇帝敬再拜。’前上酒。却行，至昭穆之坐次上酒。子爲昭，孫爲穆，各父子相對也。畢，却西面坐，坐如乘輿坐。贊饗奉高祖賜壽，皇帝起再拜，即席以太牢之左辨賜皇帝（即席以，大德本作‘即以畢’），如祠。其夜半入行禮，平明上九卮，畢，群臣皆拜，因賜胙。皇帝出，即更衣中，詔罷，當從者奉承。”丁孚《漢儀》有桓帝祠恭懷皇后祝文曰：“孝曾孫皇帝志，使有司臣太常撫，夙興夜處，小心畏忌，不墮其身，一不寧。敢用絜牲一元大武，柔毛剛鬣，商祭明視，薌其嘉薦，普淖鹹醓，豐本明粢，醪用薦酎，事于恭懷皇后。尚饗。”嘏辭賜皇帝福：“恭懷皇后命工祝承致多福無疆于爾孝曾孫皇帝（工，大德本作‘上’），使爾受禄于天，宜稼

于田，眉壽萬年。介爾景福，俾守爾民，勿替引之。"太常再拜
（太，大德本作'大'），太牢左辨以致皇帝。

[12]【今注】明帝：東漢明帝劉莊，公元 57 年至 75 年在位。
紀見本書卷二。

[13]【今注】撥亂中興：謂光武帝結束了新莽以來的混亂局
面，建立起東漢，使劉氏再受命。

[14]【劉昭注】蔡邕《表志》曰："孝明立世祖廟，以明再
受命祖有功之義，後嗣遵儉，不復改立，皆藏主其中。聖明所制，
一王之法也。自執事之吏，下至學士，莫能知其所以兩廟之意，
誠宜具録本事。建武乙未、元和丙寅詔書，下宗廟儀及齋令，宜
入《郊祀志》，永爲典式。"《東觀書》曰："永平三年八月丁卯，
公卿奏議世祖廟登歌八佾舞功名。東平王蒼議，以爲'漢制舊典，
宗廟各奏其樂，不皆相襲（襲，大德本作"冀"），以明功德。
秦爲無道，殘賊百姓，高皇帝受命誅暴，元元各得其所，萬國咸
熙，作《武德》之舞。孝文皇帝躬行節儉，除誹謗，去肉刑，澤
施四海，孝景皇帝制《昭德》之舞。孝武皇帝功德茂盛，威震海
外，開地置郡，傳之無窮，孝宣皇帝制《盛德》之舞。光武皇帝
受命中興，撥亂反正，武暢方外，震服百蠻，戎狄奉貢，宇内治
平，登封告成（成，大德本作"誠"），修建三雍，肅穆典祀
（穆，大德本、殿本作"修"），功德巍巍，比隆前代。以兵平
亂，武功盛大。歌所以詠德，舞所以象功，世祖廟樂名宜曰《大
武》之舞。《元命包》曰："緣天地之所雜樂爲之文典。"文王之
時（王，大德本作"工"），民樂其興師征伐，而詩人稱有武功
（有，大德本、殿本作"其"）。《樞機鈐》曰："有帝漢出，德洽
作樂（德，大德本作'隱'）。"各與虞《韶》、禹《夏》、湯
《護》、周《武》無異（各與，殿本作"名予"；禹夏，大德本作
"夏禹"），不宜以名舞。《叶圖徵》曰（叶，大德本作"洽"）：
"大樂必易。"《詩傳》曰："頌言成也，一章成篇，宜列德，故登

歌《清廟》一章也。"《漢書》曰："百官頌所登御者，一章十四句。"依書《文始》《五行》《武德》《昭真修》之舞，節損益前後之宜，六十四節爲舞，曲副八佾之數。十月烝祭始御（烝，大德本作"蒸"），用其《文始》《五行》之舞如故（舞，殿本作"數"）。勿進《武德舞歌詩》曰："於穆世廟，肅雍顯清，俊乂翼翼，秉文之成。越序上帝，駿奔來寧，建立三雍，封禪泰山，章明圖讖，放唐之文。休矣惟德，罔射協同，本支百世，永保厥功"'。詔書曰：'驃騎將軍議可。'進《武德》之舞如故。"

[15]【今注】以元帝於光武爲穆故雖非宗不毁也：案，上文云元帝爲昭，與此牴牾。《後漢紀》卷二六"穆"作"禰"。《公羊傳》隱公元年"惠公者何，隱之考也"，何休注："生稱父，死稱考，入廟稱禰。"當從《後漢紀》作"禰"。本來依禮制，明帝須尊立成、哀、平及光武帝四親廟。但從血親而論，明帝與哀帝、平帝爲兄弟。與光武帝一樣，明帝同樣不願直接將兄弟輩的哀、平二帝當作祖先進行祭祀。又成帝與光武帝同輩，明帝祭祀光武帝，亦不願再祭祀成帝。此前，光武帝不祭兄弟以下，常祭者，太祖以下，有文、武二宗，及宣、元二帝一穆一昭。明帝在此效法光武帝，去宣帝，而以元帝爲昭，光武帝爲穆，使合祭於一祖二宗。這樣的安排固然不合乎禮學，但表現了制度向現實政治妥協的一面。

明帝臨終遺詔，遵儉無起寢廟，藏主於世祖廟更衣。[1]孝章即位不敢違，[2]以更衣有小別，上尊號曰顯宗廟，間祠於更衣，四時合祭於世祖廟。[3]語在《章紀》。[4]章帝臨崩，遺詔無起寢廟，廟如先帝故事。和帝即位不敢違，[5]上尊號曰肅宗。[6]後帝承尊，皆藏主于世祖廟，積多無別，[7]是後顯宗但爲陵寢之號。[8]永元中，[9]和帝追尊其母梁貴人曰恭懷皇后，[10]陵以竇后配食章帝，[11]恭懷后別就陵寢祭之。[12]和帝崩，上尊號曰穆宗。[13]殤帝生三百餘日而崩，[14]鄧太后攝政，[15]以尚嬰孫，故不列于廟，就陵寢祭之而已。安帝以清河孝王子即位，[16]建光元年，[17]追尊其祖母宋貴人曰敬隱后，[18]陵曰敬北陵。亦就陵寢祭，太常領如西陵。[19]追尊父清河孝王曰孝德皇，母曰孝德后，[20]清河嗣王奉祭而已。[21]安帝以讒害大臣，廢太子，及崩，無上宗之奏。[22]後以自建武以來無毁者，故遂常祭，因以其陵號稱恭宗。[23]順帝即位，[24]追尊其母曰恭愍后，[25]陵曰恭北陵。就陵寢祭，如敬北陵。順帝崩，上尊號曰敬宗。[26]沖質帝皆小崩，[27]梁太后攝政，[28]以殤帝故事，就陵寢祭。凡祠廟訖，三公分祭之。[29]桓帝以河閒孝王孫蠡吾侯即位，[30]亦追尊祖考，王國奉祀。語在《章和八王傳》。帝崩，[31]上尊號曰威宗，[32]無嗣。靈帝以河間孝王曾孫解瀆侯即位，[33]亦追尊祖考。語在《章和八王傳》。靈帝時，京都四時所祭高廟五主，[34]世祖廟七主，[35]少帝三陵，[36]追尊后三陵，凡牲用十八太牢，[37]皆有副倅。[38]故高廟三主親毁之後，[39]亦但殷祭之歲奉祠。[40]靈帝崩，獻帝即位。[41]初平中，[42]相國董卓、左中郎將蔡邕等以和帝以下，[43]功德無殊，而有過差，不應爲宗，[44]及餘非宗者追尊三后，皆奏毁之。[45]四時所祭，高廟一祖二宗，[46]及近帝四，凡七帝。

[1]【今注】藏主於世祖廟更衣：謂明帝不爲自己死後別立廟，而令人將自己的神主安放在世祖廟之便殿。更衣，園廟之偏

殿。本書卷三《章帝紀》李賢注引《續漢書》曰："更衣者,非正處也。園中有寢,有便殿。寢者,陵上正殿。便殿,寢側之別殿,即更衣也。"

[2]【今注】孝章:東漢章帝劉炟,公元 75 年至 88 年在位。紀見本書卷三。

[3]【今注】案,"以更衣有小別"四句,本書《章帝紀》載明帝永平十八年(75)十二月癸巳,有司奏言:"孝明皇帝聖德淳茂,勍勞日昃,身御浣衣,食無兼珍。澤臻四表,遠人慕化,僬僥、儋耳,款塞自至。克伐鬼方,開道西域,威靈廣被,無思不服。以烝庶爲憂,不以天下爲樂。備三雍之教,躬養老之禮。作登歌,正予樂,博貫六蓺,不舍晝夜。聰明淵塞,著在圖讖。至德所感,通於神明。功烈光於四海,仁風行於千載。而深執謙謙,自稱不德,無起寢廟,埽地而祭,除日祀之法,省送終之禮,遂藏主於光烈皇后更衣別室。天下聞之,莫不悽愴。陛下至孝烝烝,奉順聖德。臣愚以爲更衣在中門之外,處所殊別,宜尊廟曰顯宗,其四時禘祫,於光武之堂,閒祀悉還更衣,共進《武德》之舞,如孝文皇帝祫祭高廟故事。"章帝制曰:"可。"

[4]【劉昭注】《東觀書》曰:"章帝初即位,賜東平憲王蒼書曰:'朕夙夜伏思,念先帝躬履九德,對於八政勞謙克己終始之度,比放三宗誠有其美。今迫遺詔,誠不起寢廟,臣子悲結,僉以爲雖於更衣,猶宜有所宗之號,以克配功德。宗廟至重,朕幼無知,寤寐憂懼。先帝每有著述典義之事,未嘗不延問王,以定厥中。願王悉明處,乃敢安之。公卿議駁,今皆并送。及有可以持危扶顛,宜勿隱。思有所承,公無困哉(哉,大德本、殿本作"我")。'太尉憙等奏:'禮,祖有功,宗有德。孝明皇帝功德茂盛,宜上尊號曰顯宗,四時祫食於世祖廟,如孝文皇帝在高廟之禮,奏《武德》《文始》《五行》之舞。'蒼上言:'昔者孝文廟樂曰《昭德》之舞,孝武廟樂曰《盛德》之舞,今皆祫食於高廟,

《昭德》《盛德》之舞不進，與高廟同樂。今孝明皇帝主在世祖廟，當同樂，《盛德》之樂無所施；如自立廟當作舞樂者，不當與世祖廟《盛德》之舞同名，即不改作舞樂，當進《武德》之舞。臣愚慧鄙陋，廟堂之論，誠非所當聞所宜言。陛下體純德之妙，奮至謙之意，猥歸美於載列之臣，故不敢隱蔽愚情，披露腹心。誠知愚鄙之言，不可以仰四門賓于之議（大德本"仰"前有"向"字）。伏惟陛下以至德當成康之隆，天下乂安刑措之時也。百姓盛歌元首之德，股肱貞良，庶事寧康。臣欽仰聖化，嘉美盛德，危顛之備，非所宜稱。'上復報曰：'有司奏上尊號曰顯宗，藏主更衣，不敢違詔。祫食世祖，廟樂皆如王議。以正月十八日始祠。仰見榱桷，俯視几筵，眇眇小子，哀懼戰慄，無所奉承。愛而勞之，所望於王也。'"《謝沈書》曰："上以公卿所奏明德皇后在世祖廟坐位駁議示蒼，上言：'文、武、宣、元祖祫食高廟，皆以配，先帝所制，典法設張。《大雅》曰："昭哉來御，慎其祖武。"又曰："不愆不忘，帥由舊章（帥，大德本、殿本作'率'）。"明德皇后宜配孝明皇帝於世祖廟，同席而供饌。'"

[5]【今注】和帝：東漢和帝劉肇，公元 88 年至 105 年在位。紀見本書卷四。

[6]【今注】肅宗：東漢章帝劉炟廟號。

[7]【今注】積多無別：此前有司奏將明帝神主移至世祖廟中門外之便殿，尊廟曰顯宗。詳本段注釋[3]。然而神主多了之後，便殿有限，所以無法再一一以廟號名便殿。

[8]【今注】顯宗但爲陵寢之號：以"顯宗"廟號僅代指帝陵。

[9]【今注】永元：東漢和帝劉肇年號（89—105）。

[10]【今注】和帝追尊其母梁貴人曰恭懷皇后：本書卷四《和帝紀》："（永元九年九月）甲子，追尊皇妣梁貴人爲皇太后。冬十月乙酉，改葬恭懷梁皇后于西陵。"梁貴人，漢和帝劉肇生母，

褒親愍侯梁竦之女。事見本書卷一〇上《皇后紀上》。貴人，皇帝的配偶之一。光武帝始置，在後宮地位僅次於皇后。

〔11〕【今注】竇后配食章帝：本書《皇后紀上》："九年，太后（注者按，即章德竇皇后）崩，未及葬，而梁貴人姊（嬺）〔嬺〕上書陳貴人枉歿之狀。太尉張酺、司徒劉方、司空張奮上奏，依光武黜呂太后故事，貶太后尊號，不宜合葬先帝。百官亦多上言者。帝手詔曰：'竇氏雖不遵法度，而太后常自減損。朕奉事十年，深惟大義，禮，臣子無貶尊上之文。恩不忍離，義不忍虧。案前世上官太后亦無降黜，其勿復議。'於是合葬敬陵。"竇后，東漢大司空竇融曾孫女。紀見本書卷一〇上。

〔12〕【今注】案，后，大德本、殿本作"皇后"。

〔13〕【今注】穆宗：東漢和帝劉肇廟號。

〔14〕【今注】殤帝：劉隆，和帝少子，元興元年（105）十二月即位，在位不足一年便去世。紀見本書卷四。

〔15〕【今注】鄧太后：東漢和帝皇后鄧綏，太傅鄧禹孫女。和帝死後，被尊爲皇太后。紀見本書卷一〇上。

〔16〕【今注】安帝：東漢安帝劉祜，公元106年至125年在位。紀見本書卷五。　清河孝王：劉慶，東漢章帝子，母宋貴人。安帝生父。建初三年（78）生，四年立爲皇太子，後被廢。傳見本書卷五五。

〔17〕【今注】建光：東漢安帝劉祜年號（121—122）。

〔18〕【今注】敬隱后：東漢章帝妃，梁貴人妹。事見本書《皇后紀上》。

〔19〕【今注】太常領如西陵：太常領祭，禮如長安附近諸帝陵。

〔20〕【今注】追尊父清河孝王曰孝德皇母曰孝德后：本書卷五《安帝紀》："（建光元年三月）戊申，追尊皇考清河孝王曰孝德皇，皇妣左氏曰孝德皇后，祖妣宋貴人曰敬隱皇后。"

〔21〕【今注】清河嗣王奉祭：本書卷五五《章帝八王傳》謂

清河孝王年二十九薨。以劉慶建初三年（78）生，卒時當在延平元年（106）。《章帝八王傳》下云："子愍王虎威嗣"，"虎威立三年薨，亦無子。鄧太后復立樂安王寵子延平爲清河王，是爲恭王"，"延平立三十五年薨"。故當時嗣王是清河恭王劉延平。

［22］【今注】無上宗之奏：不爲安帝立廟號。

［23］【今注】案，"後以自建武以來無毁者"三句，本書《安帝紀》以延光四年（125）三月丁卯，安帝崩於乘輿，"（夏四月）己酉，葬孝安皇帝于恭陵。廟曰恭宗"。若依本紀，廟號似是當時擬定。

［24］【今注】順帝：東漢順帝劉保，公元125年至144年在位。紀見本書卷六。

［25］【今注】追尊其母曰恭愍后：本書卷六《順帝紀》："（永建二年）夏六月乙酉，追尊謚皇妣李氏爲恭愍皇后，葬于恭北陵。"恭愍后，順帝生母李氏，本是宮女，因生順帝而爲安帝閻皇后鴆殺。

［26］【劉昭注】《東觀書》曰："有司奏言：'孝順皇帝弘秉聖哲，龍興統業，稽乾則古，欽奉鴻烈。寬裕晏晏，宣恩以極，躬自菲薄，以崇玄默。遺詔貽約，顧念萬國。衣無製新，玩好不飾。塋陵損狹，不起寢廟，遵履前制，敬勅慎終，有始有卒。《孝經》曰："愛敬盡於事親，而德教加於百姓。"《詩》云："敬慎威儀，惟民之則。"臣請上尊號曰敬宗廟。天子世世獻奉，藏主祫祭，進武德之舞，如祖宗故事。'露布奏可。"【今注】敬宗：東漢順帝劉保廟號。

［27］【今注】沖質帝：東漢沖帝劉炳，公元144年至145年在位。紀見本書卷六。東漢質帝劉纘，公元145年至146年在位。紀見本書卷六。　小崩：不及成年而殤逝。

［28］【今注】梁太后：東漢順帝皇后，名妠，大將軍梁商女。紀見本書卷一〇下。本書卷六《沖帝紀》："（建康元年八月庚午，

沖帝）即皇帝位，年二歲。尊（梁）皇后曰皇太后。太后臨朝。"

[29]【今注】三公：官名。指朝廷的最高輔政大臣。據文獻記載，三公應起自周代，儘管當時的制度或許遠没有後人想象的那樣完備。經典之中，有關三公的説法有二：一是司馬、司徒、司空的"三司"説，見於今文《尚書》及《韓詩外傳》；二是太師、太傅、太保的"三太"説，見於《周禮》和《大戴禮記》。漢成帝時，采"三司"説在政治制度上正式建立了漢代的三公官，以丞相爲大司徒，太尉爲大司馬，御史大夫爲大司空。東漢光武帝建武二十七年（51），恢復大司馬爲太尉，又令大司徒、大司空去"大"字，以太尉、司徒、司空爲三公。

[30]【今注】桓帝：東漢桓帝劉志，公元146年至167年在位。紀見本書卷七。　　河閒孝王：劉開，東漢章帝子，永元二年（90）受封爲王。傳見本書卷五五。

[31]【今注】案，帝，大德本、殿本作"桓帝"。

[32]【今注】威宗：東漢桓帝劉志廟號。

[33]【今注】靈帝：東漢靈帝劉宏，公元168年至189年在位。紀見本書卷八。

[34]【今注】高廟五主：太祖高皇帝劉邦、太宗文帝劉恒、世宗武帝劉徹、中宗宣帝劉詢以及元帝劉奭。

[35]【今注】世祖廟七主：世祖光武帝劉秀、顯宗明帝劉莊、肅宗章帝劉炟、穆宗和帝劉肇、恭宗安帝劉祜、敬宗順帝劉保以及威宗桓帝劉志。

[36]【今注】少帝三陵：殤帝劉隆康陵、沖帝劉炳懷陵以及質帝劉纘静陵。

[37]【今注】太牢：祭牲用一牛、一羊、一豕。豕，猪。

[38]【今注】副倅（cuì）：古人祭祀之前，均會在計劃使用的犧牲之外，額外添置一份副品，以備不時之需。倅，副。

[39]【今注】故高廟三主：謂藏於長安故高廟的成、哀、平帝三神主。

[40]【劉昭注】《決疑要注》曰："毀廟主藏廟外户之外，西牖之中。有石函，名曰宗祏。函中有笥，以盛主。親盡則廟毀，毀廟之主藏于始祖之廟。一世爲祧，祧猶四時祭之。二世爲壇，三世爲墠，四世爲鬼，祫乃祭之，有禱亦祭之。祫於始祖之廟，禱則迎主出，陳於壇墠而祭之，事訖還藏故室。迎送皆蹕，禮也。"

[41]【今注】獻帝：東漢獻帝劉協，公元 189 年至 220 年在位。紀見本書卷九。

[42]【今注】初平：東漢獻帝劉協年號（190—193）。

[43]【今注】董卓：字仲穎，隴西臨洮（今甘肅岷縣）人。傳見本書卷七二。　左中郎將：官名。隸屬光禄勳，職掌宫殿的宿衞侍從。秩比二千石。　蔡邕：字伯喈，陳留圉（今河南杞縣）人。傳見本書卷六〇下。

[44]【今注】功德無殊而有過差不應爲宗：指應去和帝及以下諸帝廟號。先帝凡不冠廟號者，親盡就當毀廟，不常與祭祀，僅於禘祫合祭。

[45]【劉昭注】《袁山松書》載邕議曰："漢承亡秦滅學之後，宗廟之制，不用周禮。每帝即位，世輒立一廟，不止於七，不列昭穆，不定迭毀。元皇帝時，丞相匡衡、御史大夫貢禹始建大議，請依典禮。孝文、孝武、孝宣皆以功德茂盛，爲宗不毀。孝宣尊崇孝武，歷稱世宗。中正大臣夏侯勝等猶執異議，不應爲宗。至孝成皇帝，議猶不定。太僕王舜、中壘校尉劉歆據不可毀，上從其議。古人據正重順，不敢私其君，若此其至也。後遭王莽之亂，光武皇帝受命中興，廟稱世祖。孝明皇帝聖德聰明，政參文、宣，廟稱顯宗。孝章皇帝至孝烝烝，仁恩博大，廟稱肅宗。皆方前世，得禮之宜。自此以下，政事多釁，權移臣下，嗣帝殷勤，各欲褒崇至親而已。臣下懦弱，莫能執夏侯之直。今聖朝尊古復禮，以求厥中，誠合禮議。元帝世在第八，光武世在第九，

故以元帝爲考廟，尊而奉之（奉，紹興本作‘奏’）。孝明遵述，亦不敢毁。孝和以下，穆宗、咸宗之號皆省去。五年而再殷，合食于太祖（合，大德本、殿本作‘祫’），以遵先典。”議遂施行。

[46]【今注】高廟一祖二宗：案，如上文“劉昭注”引《袁山松書》載蔡邕議文，則疑“高廟”當爲“世祖廟”，一祖二宗指世祖光武帝劉秀、顯宗明帝劉莊及肅宗章帝劉炟。

　　古不墓祭，漢諸陵皆有園寢，[1]承秦所爲也。説者以爲古宗廟前制廟，後制寢，以象人之居前有朝，[2]後有寢也。《月令》有“先薦寢廟”，[3]《詩》稱“寢廟弈弈”，[4]言相通也。廟以藏主，以四時祭。寢有衣冠几杖象生之具，[5]以薦新物。秦始出寢，起於墓側，漢因而弗改，故陵上稱寢殿，起居衣服象生人之具，古寢之意也。建武以來，關西諸陵以轉久遠，但四時特牲祠；帝每幸長安謁諸陵，乃太牢祠。自雒陽諸陵至靈帝，皆以晦望二十四氣伏臘及四時祠。廟日上飯，[6]太官送用物，[7]園令、食監典省，[8]其親陵所宮人隨鼓漏理被枕，[9]具盥水，陳嚴具。[10]

　　[1]【今注】園寢：建在帝王墓地上的宗廟。
　　[2]【今注】朝：朝堂，宮室。
　　[3]【今注】月令有先薦寢廟：《禮記·月令》“（仲春之月）天子乃鮮羔開冰，先薦寢廟”，“（孟夏之月）天子乃以彘嘗麥，先薦寢廟”，“（仲夏之月）天子乃以雛嘗黍，羞以含桃，先薦寢廟”，“（孟秋之月）天子嘗新，先薦寢廟”，“（中秋之月）以犬嘗麻，先薦寢廟”，“（季秋之月）天子乃以犬嘗稻，先薦寢廟”，“（季冬之

月）命漁師始漁，天子親往，乃嘗魚，先薦寢廟”。凡有時令鮮品，天子先祭以宗廟，供祖先享用。

［4］【今注】詩稱寢廟弈弈：《詩·魯頌·閟宮》“松桷有舄，路寢孔碩。新廟奕奕，奚斯所作”，毛亨傳：“新廟，閔公廟也。有大夫公子奚斯者作是廟也。”案，今本《毛詩》作“新廟”，與本志所引不同。馬瑞辰《毛詩傳箋通釋》卷三一：“《毛詩》經作新廟，《文選》注引《韓詩》薛君《章句》曰‘言其新廟奕奕然盛’，是《韓詩》亦作新廟。而蔡邕《獨斷》引《頌》云‘寢廟奕奕，言相連也’，《呂氏春秋》高注及《續漢志》引亦同，又《周禮·隸僕》注引《詩》‘寢廟奕奕，相連貌’，蓋連上‘路寢孔碩’約舉其詞，猶《正義》曰‘作寢廟所以爲美者’，又曰‘寢廟廢壞’，皆以寢廟連言，非齊、魯《詩》經文或作寢廟也。”

［5］【今注】寢有衣冠几杖象生之具：寢殿中放置有衣服、帽飾、几案、手杖等廟主生時的用具。寢，帝王宗廟的後殿。

［6］【今注】皆以晦望二十四氣伏臘及四時祠廟日上飯：曹金華《後漢書稽疑》：“《校勘記》按：‘《校補》謂“廟”疑“朝”之誤。’余按：疑當‘祠廟日上飯’連讀。《明帝紀》注引《漢官儀》作‘皆以晦、望、二十四氣、三伏、社、臘及四時上飯’。”（第1383頁）案，曹説可備一解。然“廟日”或即“祠廟日”之省，本通。

［7］【今注】太官：官署名。職掌宮廷膳食，隸屬少府。東漢時，長官曰令，秩六百石。這裏指太官作爲官署負責供應園廟祠日所需用品。

［8］【今注】典省：通常省去。典，常例，常規。

［9］【今注】鼓漏：晨鼓夜漏，謂早晚。

［10］【劉昭注】蔡邕《表志》曰：“宗廟迭毁議奏，國家體（大德本、殿本‘體’前有‘大’字），班固録《漢書》，及置《韋賢傳》末。臣以聞胡廣（聞，大德本、殿本作‘問’），廣以

爲實宜在《郊祀志》，去中鬼神仙道之語，取《賢傳》宗廟事實
其中，既合孝明旨，又使祀事以類相從。”臣昭曰：國史明乎得失
者也。至如孝武皇帝淫祀妄祭，舉天下而從焉，疲耗蒼生，費散
國畜，後王深戒，來世宜懲，志之所取，於焉斯允。不先宗廟，
誠如廣論；悉去仙道，未或易周也。【今注】盥水：洗手潔面之
水。　嚴具：即妝具，整理妝容的用具，因避東漢明帝劉莊諱改。

　　建武二年，立太社稷于雒陽，[1]在宗廟之右，[2]方
壇，[3]無屋，有牆門而已。[4]二月、八月及臘，一歲三
祠，[5]皆太牢具，使有司祠。[6]《孝經援神契》曰：[7]
“社者，土地之主也。稷者，五穀之長也。”[8]《禮記》
及《國語》皆謂共工氏之子曰句龍，爲后土官，能平
九土，故祀以爲社。[9]烈山氏之子曰柱，能植百穀疏，
自夏以上祀以爲稷，[10]至殷以柱久遠，而堯時棄爲后
稷，[11]亦植百穀，故廢柱，祀棄爲稷。[12]大司農鄭玄
説，古者官有大功，則配食其神。[13]故句龍配食於社，
棄配食於稷。[14]郡縣置社稷，太守、令、長侍祠，[15]
牲用羊豕。[16]唯州所治有社無稷，以其使官。[17]古者
師行平有載社主，不載稷也。[18]國家亦有五祀之
祭，[19]有司掌之，其禮簡於社稷云。[20]

　　[1]【今注】太社稷：天子社稷之壇，對土神和穀神的祭祀之
所。《白虎通・社稷》：“王者所以有社稷何？爲天下求福報功。人
非土不立，非穀不食，土地廣博，不可徧敬也。五穀衆多，不可一
一祭也。故封土立社，示有土也。稷，五穀之長，故立稷而祭之
也。稷者得陰陽中和之氣，而用尤多，故爲長也。”案，太，殿本
作“大”。

[2]【劉昭注】馬融《周禮注》曰："社稷在右，宗廟在左。或曰，王者五社，太社在中門之外（太，殿本作'大'），惟松；東社八里，惟柏；西社九里，惟栗；南社七里，惟梓；北社六里，惟槐。"《禮·郊特牲》曰"社，祭土而主陰氣也"，王肅注曰："五行之主也，能吐生百穀者也。"馬昭曰："列爲五官，直一行之名耳，自不專主陰氣。陰氣地可以爲之主，曰五行之主也；若社則爲五行之主，何復言社稷五祀乎？土自列於五祀（於，大德本作'爲'），社亦自復有祀，不得同也。"昭又曰："土地同也，焉得有二。《書》曰'禹敷土'。又曰'句龍能平九土'。九土，九州之土。地官是五行土官之名耳。"【今注】在宗廟之右：《禮記·祭義》："建國之神位，右社稷而左宗廟。"《周禮·小宗伯》："小宗伯之職，掌建國之神位，右社稷，左宗廟。"

[3]【劉昭注】《白虎通》曰："《春秋文義》，天子社廣五丈，諸侯半之。其色東方青，南方赤，西方白，北方黑，上冒以黄土。故將封東方諸侯，取青土，苴以白茅，各取其面以爲封社，明土謹敬絜淨也。祭社有樂乎（殿本無'乎'字）？《禮記》曰：'樂之施於金石，越於聲音，用於宗廟社稷。'"《獨斷》曰："天子太社，封諸侯者取其土，苞以白茅授之，以立社其國，故謂之受茅土。漢興，唯皇子封爲王者得茅土，其他功臣以户數租入爲節，不受茅土，不立社也。"

[4]【劉昭注】《禮記》曰"天子太社，必受霜露風雨，以達天地之氣也"，盧植曰："謂無屋。"【今注】無屋有牆門而已：壇外僅有門和牆，但沒有屋頂。《白虎通·社稷》："社無屋何？達天地氣。故《郊特牲》曰：'天子大社，必受霜露風雨，以達天地之氣。'"

[5]【今注】一歲三祠：一年在二月、八月和臘日祭祀三次。《白虎通·社稷》："歲再祭之何？春求秋報之義也。故《月令》仲春之月，'擇元日，命民社'。仲秋之月，'擇元日，命民社'。《援

神契》曰：‘仲春祈穀，仲秋獲禾，報社祭稷。’”案，仲春之月，二月也；仲秋之月，八月也。現實禮制較《白虎通》多一臘祭。

[6]【劉昭注】《禮記》曰“地載萬物，天垂象。取財於地，取法於天，是以尊天而親地，故教民美報焉。家主中霤而國主社，示本也”，盧植曰：“諸主祭以土地爲本也。中霤，其神后土，即句龍也。既祀於社，又祀中霤。”《古今注》曰：“建武二十一年二月乙酉，徙立社稷上東門內。”《漢舊儀》：“使者監祠，南向立，不拜也。”【今注】皆太牢具：《白虎通·社稷》：“祭社稷以三牲何？重功故也。《尚書》曰：‘乃社於新邑，牛一，羊一，豕一。’《王制》曰：‘天子社稷皆太牢，諸侯社稷俱少牢。’”

[7]【今注】孝經援神契：《孝經》緯的一種。緯書是以神秘化的語言闡釋經書的一種著作，流行於兩漢，而特盛於東漢。《隋書·經籍志》著錄《孝經援神契》七卷，宋均注，後亡佚。

[8]【劉昭注】《月令章句》曰：“稷秋夏熟（殿本‘熟’前有‘乃’字），熟歷四時，備陰陽，穀之貴者。”【今注】五穀：指稻、黍（shǔ）、稷、麥、菽（shū）五種糧食作物。稻，大米。黍，黃米，性黏，可釀酒。稷，粟米，小米。麥，小麥。菽，大豆。

[9]【今注】案，“禮記及國語皆謂共工氏之子曰句龍”四句，《禮記·祭法》：“共工氏之霸九州也，其子曰后土，能平九州，故祀以爲社。”《國語·魯語》：“共工氏之伯九有也，其子曰后土，能平九土，故祀以爲社。”《左傳》昭公二十九年：“共工氏有子曰句龍，爲后土。”

[10]【今注】案，“烈山氏之子曰柱”三句，《左傳》昭公二十九年“有烈山氏之子曰柱爲稷”，杜預注：“烈山氏，神農世諸侯。”

[11]【今注】至殷以柱久遠而堯時棄爲后稷：《左傳》昭公二十九年“周弃亦爲稷”，杜預注：“弃，周之始祖，能播百穀。湯既

勝夏，廢柱而以弃代之。”

[12]【劉昭注】案《前志》，立官社以夏禹配（禹，紹興本作“爲”），王莽奏立官稷，后稷配也。

[13]【今注】大司農鄭玄説古者官有大功則配食其神：《禮記·月令》“（孟春之月）其帝大皞，其神句芒”，鄭玄注：“此蒼精之君，木官之臣，自古以來著德立功者也。大皞，宓戲氏。句芒，少皞氏之子，曰重，爲木官。”鄭玄，字康成，漢末著名經學家。傳見本書卷三五。建安中，公車徵爲大司農，未就，玄乃以病自乞還家。大司農，官名。九卿之一。職掌全國租賦收入和國家財政開支。秩中二千石。

[14]【劉昭注】《白虎通》曰：“王者所以有社稷何？爲天下求福報功。人非土不立，非穀不食。土地廣博，不可徧敬；五穀衆多，不可一一而祭。故封土立社，示有土也。稷，五穀之長，故立稷而祭之也（立，殿本作‘封’）。稷者，得陰陽中和之氣，而用又多，故稷爲長也。歲再祭之何？春求秋報也。祭社稷以三牲，重功也。天子社稷皆太牢，諸侯社稷皆少牢。王者諸侯所以俱兩社何？俱有土之君也。故《禮·三正記》曰：‘王者二社，爲天下立社曰太社，自爲立社曰王社。諸侯爲百姓立社曰國社，自爲立社曰侯社。太社爲天下報功，王社爲京師報功也。’”孔鼂云：“周祀一社一稷，漢及魏初亦一社一稷，至景初中，既立帝社二社，二社到于今是祀，而後諸儒論之，其文衆矣。”

[15]【今注】令長：一縣的最高行政長官。《漢書·百官公卿表上》：“縣令、長，皆秦官，掌治其縣。萬户以上爲令，秩千石至六百石。減萬户爲長，秩五百石至三百石。”

[16]【今注】牲用羊豕：犧牲用少牢。豕（chù），疑是“豕”之訛。豕（shǐ），猪。

[17]【今注】以其使官：州刺史最初是皇帝的使官，奉詔巡行諸郡，省察治政，黜陟能否，斷理冤獄，本無治民之任，所以不

需立壇祭稷。

　　[18]【劉昭注】自漢諸儒論句龍即是社主，或云是配，其議甚衆。後荀彧問仲長統以社所祭者何神也？統答所祭者土神也。侍中鄧義以爲不然而難之，或令統荅焉。統荅，或且以義曰（大德本、殿本無“或且以”三字）：“前見逮及，敢不敬對。退熟惟省，郊社之祭，國之大事，誠非學淺思薄者所宜興論重復，亦以鄧君難，事有先漸，議則既行，可謂辭而不可得，因而不可已者也。《屯》有經綸之義，《暌》有同異之辭（同異，大德本、殿本作‘異同’），歸乎建國立家（乎，大德本、殿本作‘于’），通志斷類也。意則欲廣其微以宗實，備其論以求真，先難而後易，出異而歸同乎？難曰：社祭土，主陰氣，正所謂句龍土行之官，爲社則主陰明矣，不與《記》説有違錯也？荅曰：今《記》之言社，輒與郊連，體有本末，辭有上下，謂之不錯不可得。《禮運》曰：‘政必本於天，殽以降命，命降于社之謂殽地，參於天地，並於鬼神。’又曰：‘祭帝於郊，所以定天位也；祀社於國，所以列地利也。’《郊特牲》曰：‘社所以神，地之道也。地載萬物，天垂象。取財於地，取法於天，是以尊天而親地。家主中霤，國主社，示本也。’相此之類，元尚不道配食者也。主以爲句龍，無乃失歟？難曰：信而此所言土尊，故以爲首，在於上宗伯之體，所當列上下之叙。上句當言天神、地祇、人鬼，何反先人而後地？上文如此，至下何以獨不可，而云社非句龍，當爲地哉？荅曰：此形成著體，數自上來之次言之耳，豈足懷使從人鬼之例邪（懷，大德本、殿本作“據”）？三科之祭，各指其體。今獨擿出社稷，以爲但句龍有烈山氏之子，恐非其本意也。案《記》言社土，而云何得之爲句龍，則傳雖言祀句龍爲社，亦何嫌，反獨不可謂之配食乎？《祭法》曰：‘周人禘嚳，郊稷，祖文王，宗武王。’皆以爲配食者，若復可須，謂之不祭天乎？備讀傳者則真土，獨據《記》者則疑句龍，未若交錯參伍，致其義以相成之爲善也。難

曰：再特于郊牛者，后稷配故也。‘社于新邑，牛一羊一豕一’。所以用二牲者，立社位祀句龍，緣人事之也。如此，非祀地明矣。以宮室新成，故立社耳。又曰‘軍行載社’者，當行賞罰，明不自專，故告祖而行賞，造社而行戮。二主明皆人鬼，人鬼故以告之。必若所云，當言載地主於齋車，又當言用命賞于天，不用命戮于地，非其謂也。所以有死社稷之義者，凡賜命受國，造建宮室，無不立社。是奉言所受立，不可棄捐苟免而去，當死之也。《易》句龍爲其社，傳有見文；今欲易神之相，令記附食，宜明其徵。祀國大事，不可不重。據經依傳，庶無咎悔。苔曰：郊特牲者，天至尊，無物以稱專誠，而社稷太牢者，土於天爲卑，緣人事以牢祭也。社禮今亡，并特之義未可得明也。昭告之文，皆於天地，可獨人鬼？此言則未敢取者也。郊社之次，天地之序也。今使句龍載冒其名，耦文於天，以度言之，不可謂安矣。土者，人所依以國而最近者也（國，殿本作‘固’）。故立以爲守祀，居則事之時，軍則告之以行戮，自順義也。何爲當平於社，不言用命賞于天乎？帝王兩儀之參，宇中之莫尊者也。而盛一官之臣，以爲土之貴神，置之宗廟之上，接之禘郊之次（禘郊，殿本作‘郊禘’），俾守之者有死無失，何聖人制法之參差，用禮之偏頗？其列在先王人臣之位，其於四官，爵伴班同，比之司徒，於數居二。縱復令王者不同，禮儀相變，或有尊之，則不過當。若五卿之與冢宰，此坐之上下，行之先後耳。不得同祖與社，言俱坐處尊位也。《周禮》爲禮之經，而《禮記》爲禮之傳，案經傳求索見文，在於此矣。鈞之兩者未知孰是。去本神而不祭，與貶句龍爲土配，比其輕重，何謂爲甚？經有條例，記有明義，先儒未能正，不可稱是。鈞校典籍，論本考始，矯前易故，不從常説，不可謂非。孟軻曰：‘予豈好辯哉，乃不得已也。’鄭司農之正，此之謂也。”【今注】師行平：軍隊行進。

[19]【今注】五祀：對門、户、井、竈、中霤的祭祀。《白虎

通·五祀》："五祀者，何謂也？謂門、戶、井、竈、中霤也。所以祭何？人之所處出入，所飲食，故爲神而祭之。"又云："祭五祀所以歲一徧何？順五行也。故春即祭戶。戶者，人所出入，亦春萬物始觸戶而出也。夏祭竈。竈者，火之主，人所以自養也。夏亦火王，長養萬物。秋祭門。門以閉藏自固也。秋亦萬物成熟，内備自守也。冬祭井。井者，水之生藏在地中。冬亦水王，萬物伏藏。六月祭中霤。中霤者，象土在中央也。六月亦土王也。故《月令》春言其祀戶，祭先脾。夏言其祀竈，祭先肺。秋言其祀門，祭先肝。冬言其祀井，祭先腎。中央言其祀中霤，祭先心。春祀戶，祭所以特先脾者何？脾者，土也。春木王煞土，故以所勝祭之也。是冬腎六月心，非所勝也，以祭何？以爲土位在中央，至尊，故祭以心。心者，藏之尊者。水最卑，不得食其所勝。"

[20]【劉昭注】五祀：門、戶、井、竈、中霤也。韋昭曰："古者穴居，故名室中爲中霤也。"

漢興八年，[1]有言周興而邑立后稷之祀，於是高帝令天下立靈星祠。[2]言祠后稷而謂之靈星者，以后稷又配食星也。舊說，星謂天田星也。[3]一曰，龍左角爲天田官，主穀。[4]祀用壬辰位祠之。壬爲水，辰爲龍，就其類也。牲用太牢，縣邑令長侍祠。[5]舞者用童男十六人。[6]舞者象教田，[7]初爲芟除，[8]次耕種、芸耨、驅爵及穫刈、春簸之形，[9]象其功也。[10]

[1]【今注】漢興八年：西漢高祖八年（前199）。

[2]【劉昭注】《三輔故事》："長安城東十里有靈星祠。"【今注】有言周興而邑立后稷之祀於是高帝令天下立靈星祠：《史記·封禪書》："或曰周興而邑邰，立后稷之祠，至今血食天下。於是高

祖制詔御史：‘其令郡國縣立靈星祠，常以歲時祠以牛。’”張守節
《正義》引《漢舊儀》云：“五年，脩復周家舊祠，祀后稷於東南，
爲民祈農報厥功。夏則龍星見而始雩。龍星左角爲天田，右角爲天
庭。天田爲司馬，教人種百穀爲稷。靈者，神也。辰之神爲靈星，
故以壬辰日祠靈星於東南，金勝爲土相也。”漢人以靈星爲天田官，
亦是稷神，所以立祠祭祀，以祈求五穀豐登。

[3]【今注】天田星：天空東方蒼龍七宿角宿左側主星，即室
女座ζ。《史記·天官書》“左角，李；右角，將”，司馬貞《索
隱》：“李即理，理，法官也。故《元命包》云‘左角理，物以起；
右角將，帥而動’。又石氏云‘左角爲天田，右角爲天門’也。”

[4]【劉昭注】張晏曰：“農祥晨見而祭也。”

[5]【劉昭注】《漢舊儀》曰：“古時歲再祠靈星。靈星，春
秋之太牢禮也。”

[6]【劉昭注】服虔、應劭曰：“十六人，即古之二羽也。”
【今注】舞者用童男十六人：二佾，二行，行八人。

[7]【今注】教田：作田。

[8]【今注】芟（shān）除：割除雜草。

[9]【今注】芸耨（nòu）：除草，耕種。　驅爵：驅趕鳥雀。
爵，通“雀”。　穫刈（yì）：收割。　舂簸：舂穀簸糠。

[10]【劉昭注】《古今注》曰：“元和三年，初爲郡國立稷，
及祠社、靈星、禮器也。”【今注】象其功：《白虎通·禮樂》：“歌
者在堂上，舞在堂下何？歌者象德，舞者象功，君子上德而下功。”

縣邑常以乙未日祠先農於乙地，[1]以丙戌日祠風伯
於戌地，[2]以己丑日祠雨師於丑地，[3]用羊豕。

[1]【今注】先農：上古教人農業耕種的人，後人尊之爲農
神。東漢尊炎帝爲先農。　乙地：東偏南的方向。

［2］【今注】戌地：西偏北的方向。

［3］【今注】丑地：北偏東的方向。

　　立春之日，皆青幡幘，迎春于東郭外。[1]令一童男冒青巾，衣青衣，先在東郭外野中。迎春至者，自野中出，則迎者拜之而還，弗祭。三時不迎。[2]

　　［1］【今注】立春之日皆青幡幘迎春于東郭外：承上段可知，此縣邑迎春氣之禮。

　　［2］【今注】三時不迎：夏、秋、冬三季無迎氣之禮。

　　論曰：臧文仲祀爰居，[1]而孔子以爲不知。[2]《漢書·郊祀志》著自秦以來訖于王莽，[3]典祀或有未修，而爰居之類衆焉。世祖中興，蠲除非常，[4]修復舊祀，方之前事邈殊矣。[5]嘗聞儒言，三皇無文，[6]結繩以治，[7]自五帝始有書契。[8]至於三王，[9]俗化彫文，詐僞漸興，始有印璽以檢姦萌，然猶未有金玉銀銅之器也。[10]自上皇以來，[11]封泰山者，至周七十二代。[12]封者，謂封土爲壇，柴祭告天，代興成功也。[13]《禮記》所謂“因名山升中于天”者也。[14]易姓則改封者，著一代之始，[15]明不相襲也。繼世之王巡狩，則修封以祭而已。自秦始皇、孝武帝封泰山，[16]本由好僊信方士之言，[17]造爲石檢印封之事也。[18]所聞如此。雖誠天道難可度知，然其大較猶有本要。天道質誠，約而不費者也。[19]故牲有犢，[20]器用陶匏，[21]殆將無事於檢封之間，而樂難攻之石也。[22]且唯封爲改代，故曰岱宗。夏康、周宣，[23]由廢復興，不聞改封。世祖欲因孝武故封，實繼祖宗之道也。而梁松固爭，以爲必改。[24]乃當夫既封之後，未有福，而松卒被誅死。雖罪由身，[25]蓋亦誣神之咎也。[26]且帝王所以能大顯于後者，實在其德加於民，不聞其在封矣。[27]言天地者莫大於《易》，《易》無六宗在中之象。若信爲天地四方所宗，是至大也。[28]而比太社，又爲失所，難以爲誠矣！

[1]【今注】臧文仲：臧孫辰，字文仲。春秋魯國人，歷事莊、閔、僖、文四公，位正卿。　祀爰居：事見《國語》。《國語·魯語上》："海鳥曰'爰居'，止於魯東門之外三日，臧文仲使國人祭之。展禽曰：'越哉，臧孫之爲政也！夫祀，國之大節也，而節，政之所成也，故慎制祀以爲國典。今無故而加典，非政之宜也。夫聖王之制祀也，法施於民則祀之，以死勤事則祀之，以勞定國則祀之，能禦大災則祀之，能捍大患則祀之。非是族也，不在祀典。昔烈山氏之有天下也，其子曰柱，能殖百穀百蔬；夏之興也，周棄繼之，故祀以爲稷。共工氏之伯九有也，其子曰后土，能平九土，故祀以爲社。黃帝能成命百物，以明民共財，顓頊能修之。帝嚳能序三辰以固民，堯能單均刑法以儀民，舜勤民事而野死，鯀障洪水而殛死，禹能以德修鯀之功，契爲司徒而民輯，冥勤其官而水死，湯以寬治民而除其邪，稷勤百穀而山死，文王以文昭，武王以武烈，去民之穢。故有虞氏禘黃帝而祖顓頊，郊堯而宗舜；夏后氏禘黃帝而祖顓頊，郊鯀而宗禹；商人禘舜而祖契，郊冥而宗湯；周人禘嚳而郊稷，祖文王而宗武王；幕，能帥顓頊者也，有虞氏報焉；杼，能帥禹者也，夏后氏報焉；上甲微，能帥契者也，商人報焉；高圉、大王，能帥稷者也，周人報焉。凡禘、郊、祖、宗、報，此五

者國之典祀也。加之以社稷山川之神，皆有功烈於民者也。及前哲令德之人，所以爲明質也；及天之三辰，民所以瞻仰也；及地之五行，所以生殖也；及九州名山川澤，所以出財用也。非是不在祀典。今海鳥至，己不知而祀之，以爲國典，難以爲仁且智矣。夫仁者講功，而智者處物。無功而祀之，非仁也；不知而不能問，非智也。今兹海其有災乎？夫廣川之鳥獸，恒知避其災也。’是歲也，海多大風，冬暖。文仲聞柳下季之言，曰：‘信吾過矣，季之言不可不法也。’使書以爲三篋。”爰居，海鳥名。

[2]【今注】孔子以爲不知：《左傳》文公二年：“仲尼曰：‘臧文仲其不仁者三，不知者三。下展禽，廢六關，妾織蒲，三不仁也。作虛器，縱逆祀，祀爰居，三不知也。’”知，古同“智”。

[3]【今注】漢書郊祀志：《漢書》十志之一，專門記述上古以來及至新莽時期的國家祭祀活動。　案，于，大德本作“分”。

王莽：字巨君。傳見《漢書》卷九九。

[4]【今注】蠲（juān）除非常：廢除了非常規的祭祀活動，即類似上文所提及的祀爰居這類不應有的祭祀。

[5]【今注】方之前事邈殊矣：指與《漢書·郊祀志》中所記的祭祀相比特別不同。

[6]【今注】三皇：傳説中遠古時期的三位帝王：伏羲、神農、燧人。一説爲伏羲、神農、祝融。

[7]【今注】結繩以治：依賴繩結記録事情，進行治理。

[8]【今注】五帝：傳説中，三皇之後出現的五位遠古帝王：黄帝、顓頊、帝嚳、堯、舜。　書契：指文字。書是書寫的文字，契是刻寫的文字。

[9]【今注】三王：指夏、商、周三代。

[10]【劉昭注】臣昭曰：禹會群臣於塗山，執玉帛者萬國。故已贄不同，圓方異等。《周禮》天地四方，璧、琮、琥、璋各有其玉（玉，紹興本作“王”），而云未有其器，斯亦何哉？

[11]【今注】上皇：上古帝王。

[12]【今注】封泰山者至周七十二代：據載，古時行封禪者有七十二家。《管子・封禪》："桓公既霸，會諸侯於葵丘，而欲封禪。管仲曰：'古者封泰山，禪梁父者，七十二家。'"

[13]【今注】代興成功：告一代之王者興，治天下而功成。

[14]【今注】案，《禮記》所謂"因名山升中于天"者也，語出《禮記・禮器》。鄭玄注云："謂巡守至於方獄，燔柴祭天，告以諸侯之成功也。《孝經》説曰：'封乎泰山，考績燔燎。禪乎梁甫，刻石紀號也。'"

[15]【今注】著：體現、彰顯。

[16]【今注】秦始皇：嬴政，中國的第一位皇帝，秦王朝的建立者。紀見《史記》卷六。　孝武帝：西漢武帝劉徹，公元前141年至前87年在位。紀見《史記》卷一二、《漢書》卷六。

[17]【今注】方士：通曉方技和術數等專業知識的人。

[18]【今注】石檢印封：《白虎通・封禪》："石泥金繩，封之以印璽。"又本書《祭祀志上》："上許梁松等奏，乃求元封時封禪故事，議封禪所施用。有司奏當用方石再累置壇中，皆方五尺，厚一尺，用玉牒書藏方石。牒厚五寸，長尺三寸，廣五寸，有玉檢。又用石檢十枚，列於石傍，東西各三，南北各二，皆長三尺，廣一尺，厚七寸。檢中刻三處，深四寸，方五寸，有蓋。檢用金縷五周，以水銀和金以爲泥。玉璽一方寸二分，一枚方五寸。方石四角又有距石，皆再累。枚長一丈，厚一尺，廣二尺，皆在圓壇上。其下用距石十八枚，皆高三尺，厚一尺，廣二尺，如小碑，環壇立之，去壇三步。距石下皆有石跗，入地四尺。又用石碑，高九尺，廣三尺五寸，厚尺二寸，立壇丙地，去壇三丈以上，以刻書。"

[19]【今注】約：省約、簡約。

[20]【今注】牲有犢：《禮記・王制》："祭天地之牛，角繭栗。"角如繭栗之牛，即小牛犢。祭天貴誠尚質，故用牛犢。《漢書・郊祀志下》載匡衡言，曰："（郊天）其牲用犢，其席稾稭，其

器陶匏，皆因天地之性，貴誠上質，不敢修其文也。以爲神祇功德至大，雖修精微而備庶物，猶不足以報功，唯至誠爲可，故上質不飾，以章天德。紫壇僞飾、女樂、鸞路、騂駒、龍馬、石壇之屬，宜皆勿修。"

［21］【今注】陶匏（páo）：陶製的祭器。

［22］【劉昭注】臣昭曰：玉貴五德，全存不朽。有告有文，何敗題刻（敗，大德本、殿本作"敢"）。告厥成功，難可知者。【今注】殆將無事於檢封之間而樂難攻之石也：大意是封禪講求的是以誠心祭天，形式則以質樸爲上，所以檢封、刻石這些耗工費力的事情沒有必要。

［23］【今注】夏康：夏王少康。夏王太康失國，政權先後掌控在后羿、寒浞手中。少康在夏遺臣的支持下，聯合斟尋氏、斟灌氏，消滅寒浞，恢復夏朝。史稱少康中興。　周宣：周宣王，姬姓，名静，一寫作"靖"。周屬王之子。周宣王在屬王被逐，共和行政之後即位。他在位期間，内政上任用方叔、尹吉甫等賢臣，軍事上討伐玁狁、西戎等外族，使西周的國力得到一定的恢復，史稱宣王中興。

［24］【今注】案，"世祖欲因孝武故封"四句，本書《祭祀志上》："上以用石功難，又欲及二月封，故詔松欲因故封石空檢，更加封而已。松上疏爭之，以爲'登封之禮，告功皇天，垂後無窮，以爲萬民也。承天之敬，尤宜章明。奉《圖》《書》之瑞，尤宜顯著。今因舊封，竄寄玉牒故石下，恐非重命之義。受命中興，宜當特異，以明天意'。"梁松，字伯孫，安定烏氏（今寧夏固原市）人。傳見本書卷三四。

［25］【今注】身：梁松自身。

［26］【今注】咎：罪過。

［27］【劉昭注】臣昭曰：功成道懋，天下被化，德敷世治，所以登封。封由德興，興封所以成德。昭告師天，遞以相感。若

此論可通，非乎七十二矣。

[28]【今注】案，"《易》無六宗在中之象"三句，此處論東漢安帝時以《尚書》歐陽家説"六宗"爲天地四方替換《易》説"六宗"是乾坤六子而祭祀的事情。本書《祭祀志中》："安帝即位，元初六年，以《尚書》歐陽家説，謂六宗者，在天地四方之中，爲上下四方之宗。以元始中故事，謂六宗《易》六子之氣日、月、雷公、風伯、山、澤者爲非是。三月庚辰，初更立六宗，祀於雒陽西北戌亥之地，禮比太社也。"

　　贊曰：天地禋郊，[1]宗廟享祀，咸秩無文，[2]山川具止。[3]淫乃國紊，[4]典惟皇紀。肇自盛敬，孰崖厥始？

[1]【今注】禋郊：郊祭。禋，祭祀。
[2]【今注】秩：經常，常常。
[3]【今注】山川具止：關於山川的祭祀皆備。止，句末表示肯定的語氣詞。
[4]【今注】淫乃國紊：祭祀過於泛濫會造成國家的紊亂。

後漢書　志第十

天文上[1]

王莽三　光武十二[2]

　　[1]【今注】《天文志》導讀：《後漢書》之《天文》《律曆》二志，均由晉司馬彪撰寫。關於此兩志的來歷及司馬彪本人經歷，《律曆志》導讀已作了介紹。這裏僅對《後漢書·天文志》（以下簡稱《天文志》）内容作簡單導讀。

　　《天文志》分上中下三卷，其内容爲記載異常天象及其與人間政治的比附關係。上卷載天象記録王莽三次、光武帝十二次；中卷載天象記録明帝十二次、章帝五次、和帝三十三次、殤帝一次、安帝四十六次、順帝二十三次、質帝三次；下卷載天象記録桓帝三十八次、靈帝二十次、獻帝九次，東漢朝數次隕石記録也於此卷記載。司馬彪的設想是，“紹《漢書》作《天文志》，起王莽居攝元年，迄孝獻帝建安二十五年，二百一十五載。言其時星辰之變，表象之應，以顯天戒，明王事焉”，也就是説“言星辰之變、顯天戒、明王事”，是其撰寫《天文志》的目的。

　　如果説《漢書》之《天文志》與《五行志》對異常天象記載的分工，還不夠明確的話，到了《後漢書》分工就很明確了。五星凌犯，彗星、孛星的出現，流星、隕石的出現，載在《天文志》，交食和有關日月之事，載在《五行志》。所以《天文志》的内容也比較單一，祇載五星淩犯、彗孛、流隕、客星的出没，並不涉及人們對天的認識及星座、天文活動和天文儀器等。但是在二十四史《天文志》中，祇有本《天文志》在述及異常天象與人間政治應變的關係時最爲詳細和具體，是中國上古星占較爲集中的文獻之一。

〔2〕【今注】王莽三光武十二：此處義爲王莽時期有三條異常天象記録，光武帝時期有十二條異常天象記録，後二卷《天文志》中、下同此，不再説明。

　　《易》曰："天垂象，聖人則之。[1]庖犧氏之王天下，仰則觀象於天，俯則觀法於地。"觀象於天，謂日月星辰。觀法於地，謂水土州分。形成於下，象見于上。故曰天者北辰星，合元垂燿建帝形，運機授度張百精。[2]三階九列，二十七大夫，八十一元士，[3]斗、衡、太微、攝提之屬百二十官，二十八宿各布列，[4]下應十二子。[5]天地設位，星辰之象備矣。[6]

　　〔1〕【今注】則之：以此爲規律、法則。
　　〔2〕【今注】"天者北辰星"至"張百精"：義爲以北斗星的運行爲法，建度立元。
　　〔3〕【今注】"三階九列"至"八十一元士"：三公、九卿、二十七大夫、八十一元士，是歷代朝中的主要官員。
　　〔4〕【今注】"斗、衡"至"各布列"：斗、衡、太微、攝提，是用以定季節的主要星座，一百二十官、二十八宿，是全天星象的代表。全句是説，天上的列星與地上的列官相對應。
　　〔5〕【今注】下應十二子：子，疑爲州字之誤。言天上的二十八宿，與地上的十二州相對應。
　　〔6〕【劉昭注】《星經》曰："歲星主泰山，徐州、青州、兖

州。熒惑主霍山，楊州、荊州、交州。鎮星主嵩高山，豫州。太白主華陰山，涼州、雍州、益州。辰星主恒山，冀州、幽州、并州。歲星主角、亢、氐、房、心、尾、箕。熒惑主輿鬼、柳、七星、張、翼、軫。鎮星主東井。太白主奎、婁、胃、昴、畢、觜、參。辰星主斗、牛、女、虛、危、室、壁。琁、璣者，謂北極星也。玉衡者，謂斗九星也。玉衡第一星主徐州，常以五子日候之，甲子爲東海，丙子爲琅邪，戊子爲彭城，庚子爲下邳，壬子爲廣陵，凡五郡。第二星主益州，常以五亥日候之，乙亥爲漢中，丁亥爲永昌，己亥爲巴郡、蜀郡、牂牁，辛亥爲廣漢，癸亥爲犍爲，凡七郡。第三星主冀州，常以五戌日候之，甲戌爲魏郡、勃海，丙戌爲安平，戊戌爲鉅鹿、河間，庚戌爲清河、趙國，壬戌爲恒山，凡八郡。第四星主荊州，常以五卯日候之，乙卯爲南陽，己卯爲零陵，辛卯爲桂陽，癸卯爲長沙，丁卯爲武陵，凡五郡。第五星主兗州，常以五辰日候之，甲辰爲東郡、陳留，丙辰爲濟北，戊辰爲山陽、泰山，庚辰爲濟陰，壬辰爲東平、任城，凡八郡。第六星主揚州，常以五巳日候之，乙巳爲豫章，辛巳爲丹陽，己巳爲廬江，丁巳爲吳郡、會稽，癸巳爲九江，凡六郡。第七星爲豫州，常以五午日候之，甲午爲潁川，壬午爲梁國，丙午爲汝南，戊午爲沛國，庚午爲魯國，凡五郡。第八星主幽州，常以五寅日候之，甲寅爲玄菟，丙寅爲遼東、遼西、漁陽，庚寅爲上谷、代郡，壬寅爲廣陽，戊寅爲涿郡，凡八郡。第九星主并州，常以五申日候之，甲申爲五原、鴈門，丙申爲朔方、雲中，戊申爲西河，庚申爲太原、定襄，壬申爲上黨，凡八郡。琁、璣、玉衡占色，春青黃，夏赤黃，秋白黃，冬黑黃。此是常明；不如此者，所向國有兵殃起。凡有六十郡，九州所領，自有分而名焉。”

　　三皇邁化，[1]協神醇朴，謂五星如連珠，日月若合璧。[2]化由自然，民不犯慝。至於書契之興，五帝是作。[3]軒轅始受《河圖鬥苞授》，[4]規日月星辰之象，[5]故星官之書自黄帝始。至高陽氏，[6]使南正重司天，北正黎司地。[7]唐、虞之時羲仲、和仲，[8]夏有昆吾，[9]湯則巫咸，[10]周之史佚、萇弘，宋之子韋，楚之唐蔑，魯之梓慎，鄭之裨竈，魏石申夫，[11]齊國甘公，皆掌天文之官。仰占俯視，以佐時政，步變擿微，通洞密至，採禍福之原，覩成敗之勢。[12]秦燔《詩》《書》，以愚百姓，六經典籍，殘爲灰炭，星官之書，全而不毀。故《秦史》書始皇之時，彗孛大角，大角以亡，有大星與小星鬥于宮中，[13]是其廢亡之徵。

[1]【今注】三皇邁化：謂燧人氏、伏羲氏、神農氏三皇，勉力教化人民。

[2]【今注】五星如連珠日月若合璧：古人謂五星連珠、日月合璧爲吉利天象。合璧即日月合於一處，連珠即五星相連如穿珠。但實際上，相距多遠爲連珠，並未有嚴格的定義。若，大德本、殿本作“如”。

[3]【今注】書契之興五帝是作：言文字的產生，始於五帝。書契，即書寫的文字。

[4]【今注】軒轅：黄帝之號。言黄帝時授《河圖》。但《河圖鬥苞授》却是東漢緯書，作者將二者混爲一談。《河圖》是什麼，後人各有不同說法。中華本校勘記曰：“《集解》引惠棟說，謂《闓苞受》，《河圖》篇名，見李善注《文選》。‘鬥’當作‘闓’，‘授’當作‘受’……羅泌以‘鬥苞’爲黄帝臣名，非也。”

[5]【今注】規：指規範。

[6]【今注】高陽氏：顓頊帝號。

[7]【今注】南正重司天北正黎司地：言重黎爲顓頊時天文

官。司天、司地爲何義，學者間有不同理解。重黎是一人還是兩人，也有不同解釋。

[8]【劉昭注】《尚書》曰："帝在琁璣玉衡，以齊七政。"孔安國曰："在，察也。琁，美玉也。璣衡，王者正天文之器，可運轉者。七政，日月五星各異政。舜察天文，齊七政也。"【今注】羲仲和仲：唐堯、虞舜、夏禹時的天文官，是羲和的分稱。

[9]【今注】昆吾：按《國語·鄭語》韋注載，夏時，昆吾爲其同盟部落。"昆吾，祝融之孫，陸終之第一子，名樊，爲己姓，封於昆吾。"

[10]【今注】巫咸：商王太戊輔佐，一作巫戊。卜辭稱咸戊。長於星占。發明筮卜。他與伊陟協力，整飭政事，治國有方，使商中興。

[11]【劉昭注】或云石申父。【今注】石申夫：戰國魏著名天文學家，其《石氏星表》著稱於世，後世都稱石申。經近代學者錢寶琮考證，當爲石申夫之誤，學者采用其說。

[12]【今注】"仰占俯視"至"覩成敗之勢"：言觀察異常天象的出現，用以輔佐政治，作爲禍福之源、大政成敗的依據。這便是星占形成的過程。

[13]【今注】大星與小星鬬于宮中：言有大星與小星相争鬬於宮中。此處之宮，指紫微垣，它與人間的皇宮相對應。

至漢興，景、武之際，司馬談，談子遷，以世黎氏之後，爲太史令，遷著《史記》，作《天官書》。成帝時，中壘校尉劉向，廣《洪範》災條作五紀皇極之論，以參往行之事。孝明帝使班固叙《漢書》，而馬續述《天文志》。[1] 今紹《漢書》作《天文志》，[2] 起王莽居攝元年，迄孝獻帝建安二十五年，二百一十五載。言其時星辰之變，表象之應，以顯天戒，明王事焉。[3]

[1]【劉昭注】《謝沈書》曰："蔡邕撰建武已後，星驗著明，以續《前志》，譙周接繼其下者。"

[2]【今注】紹漢書：繼承《漢書》。

[3]【劉昭注】臣昭以張衡天文之妙，冠絕一代。所著《靈憲》《渾儀》，略具辰燿之本，今寫載以備其理焉。《靈憲》曰："昔在先王，將步天路，用之靈軌（之，中華本改作'定'，並出校勘記：'據汲本改。按：《校補》謂《張衡傳》注作"定"，"之"字誤。'可從），尋緒本元。先準之于渾體，是爲正儀立度，而皇極有逌建也，樞運有逌稽也。乃建乃稽，斯經天常。聖人無心，因茲以生心，故《靈憲》作興。曰：太素之前，幽清玄静，寂漠冥默，不可爲象，厥中惟虛（虛，大德本、殿本作'靈'），厥外惟無。如是者永久焉，斯謂溟涬，蓋乃道之根也。道根既建，自無生有。太素始萌（太，大德本作'大'），萌而未兆，并氣同色，渾沌不分。故道志之言云：'有物渾成，先天地生。'其氣體固未可得而形，其遲速固未可得而紀也。如是者又永久焉，斯爲龐鴻，蓋乃道之幹也。道幹既育，有物成體。於是元氣剖判，剛柔始分，清濁異位。天成於外，地定於內。天體於陽，故圓以動；地體於陰，故平以静。動以行施，静以合化，埋鬱構精，時育庶類，斯謂天元（天，紹興本、殿本作'太'，是；大德本不清），蓋乃道之實也。在天成象，在地成形。天有九位，地有九域；天有三辰，地有三形；有象可效，有形可度。情性萬殊，旁通感薄，自然相生，莫之能紀。於是人之精者作聖，實始紀綱而經緯之。八極之維，徑二億三萬二千三百里，南北則短減千里，東西則廣增千里。自地至天，半於八極，則地之深亦如之。通而度之，則是渾已。將覆其數，用重鉤股，懸天之景，薄地之義，

皆移千里而差一寸得之。過此而往者，未之或知也。未之或知者，宇宙之謂也。宇之表無極，宙之端無窮。天有兩儀，以儛道中。其可覩，樞星是也，謂之北極。在南者不著，故聖人弗之名焉。其世之遂，九分而減二。陽道左迴，故天運左行。有驗於物，則人氣左贏，形左繚也。天以陽迴，地以陰淳。是故天致其動，稟氣舒光；地致其靜，承施候明。天以順動，不失其中，則四序順至，寒暑不減，致生有節，故品物用生。地以靈靜，作合承天，清化致養，四時而後育，故品物用成。凡至大莫如天，至厚莫若地。地至質者曰地而已（中華本刪前一‘地’字，並出校勘記：‘據《開元占經》及嚴輯《全後漢文》刪。’可從）。至多莫若水，水精爲漢，漢用於天而無列焉，思次質也。地有山嶽，以宣其氣，精種爲星。星也者，體生於地，精成於天，列居錯峙，各有迥屬。紫宮爲皇極之居，太微爲五帝之廷。明堂之房，大角有席，天市有坐。蒼龍連蜷於左，白虎猛據於右（白，紹興本誤作‘召’，殿本誤作‘日’），朱雀奮翼於前，靈龜圈首於後（圈，殿本作‘蜷’），黃神軒轅於中。六擾既畜，而狼蚖魚鱉罔有不具。在野象物，在朝象官，在人象事，於是備矣。懸象著明，莫大乎日月。其徑當天周七百三十六分之一，地廣二百四十二分之一。日者，陽精之宗。積而成鳥，象烏而有三趾。陽之類，其數奇。月者，陰精之宗。積而成獸，象兔。陰之類，其數耦。其後有馮焉者。羿請無死之藥於西王母，恒娥竊之以奔月（恒，應作‘姮’，下文‘恒娥遂託身于月’同）。將往，枚筮之於有黃，有黃占之曰（占，大德本、殿本作‘筮’）：‘吉。翩翩歸妹，獨將西行，逢天晦芒，毋驚毋恐，後其大昌。’恒娥遂託身于月，是爲蟾蜍（蜍，殿本作‘蛉’，是）。夫日譬猶火，月譬猶水，火則外光，水則含景。故月光生於日之所照，魄生於日之所蔽，當日則光盈，就日則光盡也。衆星被燿，因水轉光。當日之衝，光常不合者，蔽於他也（他，中華本改作‘地’，並出校勘記：‘據汲本改。’

可從）。是謂闇虛。在星星微，月過則食。日之薄地，其明也。緣暗視明，明無所屈，是以望之若火。方於中天，天地同明。緣明瞻暗，暗還自奪，故望之若水。火當夜而揚光，在晝則不明也。月之於夜，與日同而差微。星則不然，強弱之差也。眾星列布，其以神著，有五列焉，是爲三十五名。一居中央，謂之北斗。動變挺占，寔司王命。四布於方，爲二十八宿。日月運行，歷示吉凶，五緯經次，用告禍福，則天心於是見矣。中外之官，常明者百有二十四，可名者三百二十，爲星二千五百，而海人之占未存焉。微星之數，蓋萬一千五百二十。庶物蠢蠢，咸得繫命。不然，何以總而理諸！夫三光同形，有似珠玉，神守精存，麗其職而宣其明；及其衰，神歇精斁，於是乎有隕星。然則奔星之所墜，至則石（至則石，中華本補作‘至地則石矣’，並出校勘記：‘據《開元占經》及嚴輯《全後漢文》補。’可從）。文曜麗乎天，其動者七，日、月、五星是也。周旋右回。天道者，貴順也。近天則遲，遠天則速，行則屈，屈則留回，留回則逆，逆時遲（時，殿本作‘則’，是），迫於天也。行遲者覿于東，覿于東屬陽，行速者覿于西，覿于西屬陰，日與月此配合也。攝提、熒惑、地侯見晨，附于日也。太白、辰星見昏，附于月也。二陰三陽，參天兩地，故男女取焉。方星巡鎮，必因常度，苟或盈縮，不逾於次。故有列司作使，曰老子四星，周伯、王逢、芮各一，錯乎五緯之間，其見無期，其行無度，寔妖經星之所，然後吉凶宣周，其祥可盡。”蔡邕《表志》曰：“言天體者有三家：一曰《周髀》，二曰《宣夜》，三曰《渾天》。《宣夜》之學絶無師法。《周髀》數術具存，考驗天狀，多所違失，故史官不用。唯《渾天》者近得其情，今史官所用候臺銅儀，則其法也。立八尺圓體之度，而具天地之象，以正黃道，以察發斂，以行日月，以步五緯。精微深妙，萬世不易之道也。官有其器而無本書，《前志》亦闕而不論。臣求其舊文，連年不得。在東觀，以治律未竟，未及成書，案略求索。竊不自量，卒欲寢伏儀下，思惟精意，案度成數，扶以文義，潤以道術，著成篇章。罪惡無狀，投畀有北，灰滅雨絕，世路無由。宜博問群臣，下及巖穴，知《渾天》之意者，使述其義，以禪《天文志》。撰建武以來星變彗孛占驗著明者續其後。”

　　王莽地皇三年十一月，有星孛于張，東南行五日不見。孛星者，惡氣所生，爲亂兵，[1]其所以孛德。孛德者，亂之象，不明之表。[2]又參然孛焉，兵之類也，故名之曰孛。孛之爲言，猶有所傷害，有所妨蔽。或謂之彗星，所以除穢而布新也。[3]張爲周地。星孛于張，東南行即翼、軫之分。翼、軫爲楚，是周、楚地將有兵亂。[4]後一年正月，光武起兵春陵，[5]會下江、新市賊張卬、王常及更始之兵亦至，[6]俱攻破南陽，斬莽前隊大夫甄阜、屬正梁丘賜等，殺其士衆數萬人。更始爲天子，都雒陽，西入長安，敗死。光武興於河北，復都雒陽，居周地，除穢布新之象。

　　[1]【劉昭注】《星占》曰：“其國內外用兵也。”
　　[2]【今注】孛德者亂之象不明之表：古代將無尾之彗星稱爲孛。此處將孛字的含義釋爲混亂之象，爲帝皇不能明辨是非之表現。
　　[3]【劉昭注】宋均注《鉤命決》曰“彗，五彗也。蒼則王侯破，天子苦兵。赤則賊起，强國恣。黃則女害色，權奪於后妃。白則將軍逆，二年兵大作。黑則水精賦，江河決，賊處處起”也。《韓揚占》曰：“其象若竹彗、樹木條，長短無常。其長大見久，災深；短小見不久，災狹。”《晏子春秋》曰：“齊景公睹彗星，使伯常騫禳之。晏子曰：‘不可。此天教也。日月之氣，風雨不時，

彗星之出，天爲民之亂見之。’”又一曰：“景公彗星出而泣，晏子問之。公曰：‘寡人聞之，彗星出，其所向之國君當之。今彗星出而向吾國，我是以悲。’晏子曰：‘君之行義固應（固應，中華本改作“回邪”，並出校勘記：“盧校云‘固應’譌，據本書改‘回邪’。今據改。”可從），無德於國。穿開池（開，殿本作“陂”，是），則欲其深以廣也，爲臺榭則欲其高且大也。賦斂如撝奪，誅戮如仇讎。自是觀之，孛又將出。彗星之出，庸何巨乎（巨，殿本作“懼”，是）？’”案（案，大德本、殿本誤作“果”）：如晏子之言，孛之與彗，如似匪同。【今注】所以除穢而布新也：從星占學來説，彗星見，通常都有除舊布新、改朝换代之説。此處除穢布新，含義也相同。穢者，政治上的污穢也。

［4］【今注】案，張爲周地、翼軫爲楚，均爲天上星宿與地上州郡區域相對應在星占上的應用。據《漢書·地理志》分野之説，二十八宿與地名的配合爲：角、亢、氐爲韓，房、心爲宋，尾、箕爲燕，斗爲吴，牛、女爲粤，虚、危爲齊，室、壁爲衛，奎、婁爲魯，昴、畢爲趙，觜、參爲魏，井、鬼爲秦，柳、星、張爲周，翼、軫爲楚。由對比可知，二者是相對應的。

［5］【今注】舂陵：縣名。治所在今湖北棗陽市南。屬南陽郡。係光武帝起兵伐王莽之地。

［6］【今注】案，卬，紹興本誤作“卯”。

四年六月，漢兵起南陽，至昆陽。莽使司徒王尋、司空王邑將諸郡兵，號曰百萬衆，已至者四十二萬人；能通兵法者六十三家，皆爲將帥，持其圖書器械。軍出關東，牽從群象虎狼猛獸，放之道路，以示富强，用怖山東。至昆陽山，作營百餘，圍城數重，或爲衝車以橦城，[1]爲雲車高十丈以瞰城中，弩矢雨集，城中負户而汲。[2]求降不聽，請出不得。二公之兵自以必克，不恤軍事，不協計慮。[3]莽有覆敗之變見焉。晝有雲氣如壞山，[4]墮軍上，軍人皆厭，所謂營頭之星也。占曰："營頭之所墮，其下覆軍，流血三千里。"[5]是時光武將兵數千人赴救昆陽，奔擊二公兵，并力猋發，[6]號呼聲動天地，虎豹驚怖敗振。會天大風，飛屋瓦，雨如注水。二公兵亂敗，自相賊，[7]就死者數萬人。競赴滍水，死者委積，[8]滍水爲之不流。殺司徒王尋。軍皆散走歸本郡。王邑還長安，莽敗，俱誅死。營頭之變，覆軍流血之應也。

[1]【今注】案，橦，不可讀，應作"撞"。

[2]【今注】負户而汲：背負門板取水，以禦弓矢。户，一扇門。

[3]【今注】不協計慮：不考慮協作。

[4]【今注】有雲氣如壞山：有雲氣象山崩。

[5]【劉昭注】《袁山松書》曰："怪星晝行，名曰營頭，行振大誅也。"【今注】"營頭之所墮"至"流血三千里"：《開元占經·雲氣雜占》"兵氣"曰："黑雲氣，如壞山墮軍上，名曰營頭之氣，其軍必敗散。"又"軍營氣"曰："或黑氣如壞山，墮軍上者，軍必敗。"

[6]【今注】并力猋（biāo）發：協力疾發。

[7]【今注】自相賊：自相殘殺。

[8]【今注】委積：堆積，形容死人之多。

　　四年秋，太白在太微中，燭地如月光。太白爲兵，太微爲天廷。太白羸而北入太微，[1]是大兵將入天子廷也。是時莽遣二公之兵至昆陽，已爲光武所破。莽又拜九人爲將軍，皆以虎爲號。九虎將軍至華陰，皆爲漢將鄧曄、李松所破。進攻京師，倉將軍韓臣至長門。十月戊申，漢兵自宣平城門入。二日己酉，城中少年朱弟、張魚等數千人起兵攻莽，燒作室，[2]斧敬法闥。[3]商人杜吳殺莽漸臺之上，校尉公賓就斬莽首。[4]大兵蹈藉宮廷之中。仍以更始入長安，赤眉賊立劉盆子爲天子，皆以大兵入宮廷，是其應也。[5]

[1]【今注】贏：快速。

[2]【今注】案，燒作室，中華本於“室”下補“門”字，並出校勘記：“《校補》謂案前書《莽傳》作‘燒作室門’，此脱‘門’字。今據補。”可從。

[3]【今注】斧敬法闥：殺敬法闥。敬法闥，人名。

[4]【今注】案，公賓就，中華本校勘記曰：“《校補》引柳從辰説，謂《袁紀》及荀悦《漢紀》皆作‘公孫賓就斬莽首’，與班、范、本志異。”

[5]【今注】是其應也：太白爲兵象，今太白犯太微，象徵兵犯皇宮，故曰應驗。

　　光武[1]建武九年七月乙丑，金犯軒轅大星。[2]十一月乙丑，金又犯軒轅。[3]軒轅者，後宮之官，[4]大星爲皇后，金犯之爲失勢。[5]是時郭后已失勢見疏，[6]後廢爲中山太后，[7]陰貴人立爲皇后。

[1]【劉昭注】《古今注》曰：“建武六年九月丙戌（中華本校勘記曰：‘是年九月丁酉朔，無丙戌，當有譌’），月犯太微西

藩。十一月辛亥，月犯軒轅。七年九月庚子，土入鬼中。"《漢
史》："鎮星逆行輿鬼，女主貴親有憂。"巫咸曰："有土功事。"是
歲太白經太微。八年四月辛未，月犯房第二星，光芒不見。九年
正月乙卯（正，大德本、殿本作"四"），金犯婁南星。甲子，
月犯軒轅第二星，壬寅（中華本校勘記曰：'盧校謂上有甲子，此
當是"丙寅"'），犯心大星。七月戊辰，月並犯昴。《黃帝星
占》："土犯鬼，皇后有憂，失亡其勢。"《河圖》："月犯房，天子
有憂，四足之蟲多死。"《漢史》曰："其國有憂，將軍死。"又案
《嚴光傳》，光與帝臥，足加帝腹上，太史奏客星犯帝坐甚急。

[2]【今注】金：金星。　犯：侵犯。孟康曰："七寸以內，光
芒相及也。"韋昭曰："自下往觸之曰犯。"故犯有兩個特點：一是
行星接近恒星達七寸以內，光芒相及，纔能稱犯；二是行星由下往
上接近恒星纔稱爲犯。這個定義，來源於人間以下犯上之義。據王
玉民考定，中國古代特有的以丈、尺、寸表示弧長單位，1尺相當
於1度，1丈相當於10度。　軒轅大星：即軒轅十四，獅子座
α星。

[3]【劉昭注】孟康曰："犯，七寸以內光芒相及也。"韋昭
曰："自下往觸之曰犯。"

[4]【今注】軒轅者後宮之官：軒轅星座，爲以後宮命名的星
官。後宮，即皇帝家的後院家屬。此處的官爲天上的星官，星座之
義。這是因爲中國星座大多以官職命名，故稱星座爲星官。

[5]【今注】金犯之爲失勢：金犯軒轅大星，象徵皇后受到了
侵犯，喪失了位置。

[6]【今注】案，已失勢見疏，大德本闕"失"字。

[7]【今注】後廢爲中山太后：是時光武帝皇后已見疏遠，至
建武十七年（41）果然被廢。因其子劉輔爲中山王，故稱中山
太后。

十年三月癸卯，[1]流星如月，從太微出，入北斗魁、第六星，[2]色白。旁有小星射者十餘枚，滅則有聲如雷，食頃止。[3]流星爲貴使，[4]星大者使大，星小者使小。太微天子廷，北斗魁主殺。星從太微出，抵北斗魁，是天子大使將出，有所伐殺。[5]十二月己亥，大流星如缶，出柳西南，行入軫。[6]且滅時，分爲十餘，如遺火狀。須臾有聲，隱隱如雷。柳爲周，軫爲秦、蜀。大流星出柳入軫者，是大使從周入蜀。是時光武帝使大司馬吳漢發南陽卒三萬人，乘船沂江而上，擊蜀白帝公孫述。[7]又命將軍馬武、劉尚、郭霸、岑彭、馮駿平武都、巴郡。十二年十月，漢進兵擊述從弟衛尉永，遂至廣都，殺述女壻史興。威虜將軍馮駿拔江州，[8]斬述將田戎。吳漢又擊述大司馬謝豐，斬首五千餘級。臧宮破涪，殺述弟大司空恢。十一月丁丑，漢護軍將軍高午刺述洞胸，其夜死。明日，漢入屠蜀城，誅述大將公孫晃、延岑等，所殺數萬人，夷滅述妻宗族萬餘人以上。是大將出伐殺之應也。[9]其小星射者，及如遺火分爲十餘，皆小將隨從之象。有聲如雷隱隱者，兵將怒之徵也。

[1]【今注】案，十年三月癸卯，經考證，該年三月丁未朔，三月無癸卯。當有誤。

[2]【今注】入北斗魁第六星：流星先入斗魁，後達斗第六星，第六星在斗柄，爲開陽。參見“北斗、文昌、三臺與大熊座對應圖”。

[3]【劉昭注】孟康曰：“流星，光跡相連也，絕跡而去爲

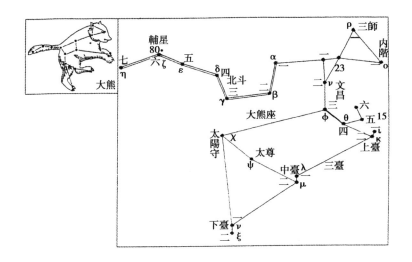

北斗、文昌、三臺與大熊座對應圖

（北斗一、二、三、四組成斗魁，五、六、七爲斗柄。
以下注文，還將涉及文昌、三臺星）

飛也。"

[4]【今注】流星爲貴使：按星占觀念，流星爲天帝的使者，流星入没之處，爲天使到達之地，爲應驗之地。

[5]【劉昭注】《古今注》曰："正月壬戌，月犯心後星。閏月庚辰，火入輿鬼，過軫北。庚申，月在斗（中華本校勘記曰：'此注繫於建武十年三月之後，查建武十年無閏，十一年閏三月，辛未朔，有庚辰、庚寅而無庚申，注有譌。'），赤如丹者也。"

[6]【今注】案，出柳西南行入軫，中華本校勘記認爲"軫"當作"井"，章惠康、易孟醇主編《後漢書今注今譯》之陳美東《天文志》注譯指出，軫在柳之東南，方向反了，當有誤。但陳美東注將軫改爲井鬼方向也不合，一爲西南，一爲西北（岳麓書社1998年版）。且天象記録不能爲適應星占作隨意改動。以點於西南

下方爲是。入軒者，大使由楚地向西入蜀之應。

［7］【劉昭注】臣昭曰：述雖以白承黃，而此遂號爲白帝，於文繁長，書例未通。

［8］【今注】案，威虜將軍馮駿拔江州，中華本校勘記曰："殿本《考證》齊召南謂《公孫述傳》作'破虜將軍'，《光武紀》又作'威虜將軍馮峻'。"

［9］【今注】是大將出伐殺之應也：言光武十年兩次大流星，第一次應驗在大使出帝宮，第二次應驗在大使出行的方向，由周地出南陽，西入蜀地。

十二月年正月[1]己未，[2]小星流百枚以上，或西北，或正北，或東北，二夜止。[3]六月戊戌晨，小流星百枚以上，四面行。小星者，庶民之類。流行者，移徙之象也。或西北，或東北，或四面行，皆小民流移之徵。是時西北討公孫述，[4]北征盧芳。匈奴助芳侵邊，漢遣將軍馬武、騎都尉劉納、閻興軍下曲陽、臨平、呼沱，以備胡。匈奴入河東，中國未安，米穀荒貴，民或流散。後三年，吳漢、馬武又徙鴈門、代郡、上谷、關西縣吏民六萬餘口，置常關、居庸關以東，[5]以避胡寇。是小民流移之應。[6]

［1］【劉昭注】《古今注》曰："丁丑，月乘軒轅大星。"

［2］【今注】案，己未，經考證，十二年正月丙午朔，無己未，此處干支有誤。

［3］【劉昭注】《古今注》曰："二月辛亥，月入氐，暈珥圍角、亢、房。"【今注】二夜：《隋書‧天文志》曰："夜，有甲、乙、丙、丁、戊。"《初學記》引《漢舊儀》曰"五夜：甲夜、乙

夜、丙夜、丁夜、戊夜”。二夜即乙夜，亦即二更。

　　[4]【今注】案，是時西北討公孫述，中華本校勘記曰：“《集解》引張永祚説，謂公孫述在西南，‘北’字疑譌。”

　　[5]【今注】案，常關，中華本補作“常山關”，並出校勘記：“據盧校補。”可從。

　　[6]【劉昭注】《古今注》曰：“其年七月丁丑，月犯昴頭兩星。八月辛酉，水見東方翼分。九月甲午，火犯輿鬼。十月丁卯，大星流（中華本校勘記曰：‘建武十二年九月壬戌朔，無甲午，十月壬辰朔，無丁卯，注有譌。’），有光，發東井西行，聲隆隆。十三年二月乙卯，火犯輿鬼西北。”《黄帝占》曰：“熒惑守輿鬼，大人憂。”一曰貴人當之。巫咸曰：“水見翼，多火災。”石氏曰：“爲旱。”《郗萌占》曰：“流星出東井，所之國大水。”【今注】小民流移之應：此爲光武帝十二年（36）正月出現的流星雨記録，未記載輻射點方位。星占學家將衆多的流星比喻爲小民流散遷移之象。

　　十五年正月丁未，彗星見昴，[1]稍西北行入營室，犯離宫，[2]三月乙未，[3]至東壁滅，見四十九日。彗星爲兵入除穢，昴爲邊兵，彗星出之爲有兵至。十一月，定襄都尉陰承反，太守隨誅之。盧芳從匈奴入居高柳，至十六年十月降，上璽綬。一曰，昴星爲獄事。是時大司徒歐陽歙以事繫獄，踰歲死。營室，天子之常宫；離宫，妃后之所居。彗星入營室，犯離宫，是除宫室也。[4]是時郭皇后已疏，至十七年十月，遂廢爲中山太后，立陰貴人爲皇后，除宫之象也。[5]

　　[1]【劉昭注】炎長三丈。《韓揚占》曰：“在昴，大國起兵

也。"【今注】彗星見昴：《開元占經》引巫咸曰："彗星出昴，大臣爲亂，君弱臣强，邊兵大起，天子憂之，人民悖恐，國有憂主。"由於昴爲胡人之星，今彗犯見昴，當有邊兵，應在下文匈奴入居高柳。

　　[2]【劉昭注】《韓揚占》曰："彗出營室、東壁之間，爲兵起也。"【今注】入營室犯離宮：營室、離宮，爲帝后、妃居處，今彗星犯之，有掃除后、妃之象，故下文應驗在郭皇后被廢上。

　　[3]【今注】案，三，大德本、殿本作"二"。

　　[4]【今注】案，除，紹興本誤作"際"。

　　[5]【劉昭注】《古今注》曰："十六年四月，土星逆行。十七年三月乙未（中華本校勘記曰：'建武十七年三月丙申朔，乙未爲二月晦，注有譌。'），火逆行，從東門入太微，到執法星東，己酉，南出端門。十八年十二月壬戌，月犯木星。十九年閏月戊申，火逆（火，大德本誤作'日'），從氐到亢。二十一年七月辛酉，月入畢。二十三年三月癸未，月食火星。"郗萌曰："熒惑逆行氐爲失火。"

　　三十年閏月甲午，[1]水在東井二十度，生白氣，[2]東南指，炎長五尺，爲彗，東北行，至紫宮西藩止，五月甲子不見，凡見三十一日。水常以夏至放於東井，閏月在四月，尚未當見而見，是贏而進也。東井爲水衡，水出之爲大水。[3]是歲五月及明年，郡國大水，壞城郭，傷禾稼，殺人民。白氣爲喪，有炎作彗，彗所以除穢。紫宮，天子之宮，彗加其藩，除宮之象。[4]後三年，光武帝崩。[5]

　　[1]【今注】案，閏月甲午，陳美東考證認爲，據下文"閏月

在四月"，則閏月爲庚辰朔，確有甲午日。陳垣《中西回史日曆》推爲閏三月，無甲子，陳垣表誤。

　　[2]【今注】水在東井二十度生白氣：閏月甲午日，水星在東井二十度，這時附近出現白氣，後顯現出彗星。

　　[3]【今注】水衡：管理水事之官。　水出之爲大水：按照星占家的觀點，夏至水星出現在東井，爲有大水災之年。理由是東井爲水事，水星亦對應於水，兩水相犯，必有水災。

　　[4]【劉昭注】《荆州星經》曰："彗在東井，國大人死。七十日主當之（主，殿本誤作'五'），五十日相當之，三十日兵將當之。"

　　[5]【今注】"白氣爲喪"至"光武帝崩"：言彗星有除舊布新之象。紫宮西藩即紫微垣西垣的上丞、少衛、上衛、少輔、上輔、少尉、右樞諸星，爲帝皇權政的象徵，今彗尾掃之，應驗在光武帝將駕崩之上。

　　三十一年七月[1]戊午，火在輿鬼一度，入鬼中，出尸星南半度，十月己亥，犯軒轅大星。又七日間有客星，[2]炎二尺所，[3]西南行，至明年二月二十二日，在輿鬼東北六尺所滅，凡見百一十三日。[4]熒惑爲凶衰，輿鬼尸星主死亡，[5]熒惑入之爲大喪。軒轅爲後宮。七星，周地。客星居之爲死喪。其後二年，光武崩。[6]

　　[1]【劉昭注】《古今注》曰："戊申，月犯心後星。"

　　[2]【今注】案，又七日間有客星，中華本改"日"作"星"，並出校勘記："據盧校改。按：盧云'日'譌，李殿學據下文改。"可從。

　　[3]【今注】炎二尺所：光炎約計二尺長。所，約計。

　　[4]【劉昭注】輿鬼五星，天府也。《黄帝占》曰：“輿鬼，天目也，朱雀頭也，中央星如粉絮，鬼爲變害，故言。一名天尸，斧鉞，或以病亡，或以誅斬。火刻金（刻，殿本作‘尅’，是），天以制法。其西南一星，主積布帛；西北一星，主積金玉；東北一星，主積馬；東南一星，主積兵，一曰主領珠錢。”郗萌曰：“輿鬼者，參之尸也，弧射狼，誤中參左肩，舉尸之東井治，留尸輿鬼，故曰天尸。鬼之爲言歸也。”又《占》：“月、五星有入輿鬼，大臣誅，有干鍼乘質者（鍼，殿本作‘鉞’，是），君貴人憂，金玉用，民人多疾，從南入爲男子，從北入爲女，從西入爲老人，從東入爲丁壯。棺木倍價。”

　　[5]【今注】輿鬼尸星：輿鬼四星中有積尸氣，即此處所説尸星。

　　[6]【今注】其後二年光武崩：光武帝三十一年（55）七月，火星犯輿鬼。據星占觀念，火星即熒惑，爲凶喪之象，犯輿鬼，也應在死喪，這表明光武帝要駕崩了。同時，七星間有客星，至明年二月在輿鬼，其後二年光武帝崩。這段文字附在三十一年十月火星犯軒轅後，時間含糊其辭，從“後二年光武崩”記載可知，此客星當見於光武帝建武三十一年（55）十月。

　　中元[1]二年八月丁巳，火犯太微西南角星，[2]相去二寸。十月戊子，[3]大流星從西南東北行，聲如雷。火犯太微西南角星，爲將相。後太尉趙熹、司徒李訢坐事免官。大流星爲使。中郎將竇固、揚虚侯馬武、揚鄉侯王賞將兵征西也。

　　[1]【劉昭注】　《古今注》曰：“元年三月甲寅，月犯心

後星。"

　　［2］【今注】火犯太微西南角星：即犯太微西藩上將星，也即獅子座α星。

　　［3］【今注】十月戊子：中元二年（57）十月庚寅朔，無戊子，當有誤。

後漢書　志第十一

天文中

明十二　章五　和三十三　殤一　安四十六　順二十三
質三

　　孝明永平元年四月丁酉，流星大如斗，起天市
樓，[1]西南行，光照地。流星爲外兵，西南行爲西南
夷。是時，益州發兵，擊姑復蠻夷、大牟、替滅陵，[2]
斬首傳詣雒陽。[3]

　　[1]【今注】流星大如斗起天市樓：流星出現在市樓星處。市
樓星由六星組成，在天市垣內。《開元占經》引甘德曰：“樓星，監
市斗，食齒夫。”《合誠圖》曰：“天樓，主市賈。”故市樓星是天市
垣內主持商易的官員。
　　[2]【今注】案，益州發兵擊姑復蠻夷大牟替滅陵，這段文
字，中華本中間無標點，不解其義。前注者也不作標點和注解。今
注者以爲，姑復蠻夷、大牟，均爲西南夷之一種，至於替滅陵，含
義不明，據上下文義，亦當爲西南夷之一種。姑復縣，因建於姑復
人居地而得名，地處雲南永勝縣境內。故標點當爲“益州發兵，擊

姑復蠻夷、大牟、替減陵"。大牟，大德本、殿本作"太牟"。減，大德本、殿本作"減"。

　　[3]【劉昭注】《古今注》曰："閏九月辛未，火在太微左執法星所，光芒相及。十一月辛未，土逆行，乘東井北軒轅第二星。二年十二月戊辰，月食火星。"《黃帝星經》曰："出入井，爲人主。一曰陽爵禄事（陽，中華本改作'賜'，並出校勘記：'盧校謂"陽"疑"賜"字之譌。按：今輯本《開元占經》作"賜"。今據改。'可從）。"

　　三年六月丁卯，彗星出天船北，[1]長二尺所，稍北行至亢南，[2]百三十五日去。[3]天船爲水，彗出之爲大水。是歲伊、雒水溢，到津城門，壞伊橋；郡七縣三十二皆大水。

　　[1]【今注】天船：《開元占經》引石申曰："天船九星，在大陵北，河中。"《開元占經》引郗萌曰："天船，天將軍兵船也。"

　　[2]【今注】稍北行至亢南：陳美東認爲亢宿在天船的東南方，甚遠，不應言北行，應校改作東南行。（參見章惠康、易孟醇主編《後漢書今注今譯》之《天文志》）此説大謬。天船近北極，天船越過北極是到達亢宿的最近綫路。若天船向東南行，須繞過南極，作真正的長途旅行了。衹需稍稍瀏覽天球儀，就不會出這種低級錯誤。

　　[3]【今注】案，百三十五日去，中華本改"百"作"見"，並出校勘記："《校補》引錢大昭説，謂本紀章懷注引伏侯《古今注》作'彗長三尺許，見三十五日乃去'。此'百'字疑當作'見'。今據改。"可從。

　　四年八月辛酉，客星出梗河西北，指貫索，[1]七十日去。梗河爲胡兵。至五年十一月，北匈奴七千騎入五原塞，十二月又入雲中，至原陽。貫索，貴人之牢。其十二月，陵鄉侯梁松，坐怨望，懸飛書，誹謗朝廷，下獄死，[2]妻子家屬徙九真。

　　[1]【今注】案，客星出梗河西北指貫索，中華本標點爲“客星出梗河，西北指貫索”，有誤，爲不明白梗河星與貫索星相互方位所致，以往注釋人也未做出糾正。梗河近大角星，貫索在天市西北，故貫索在梗河東。因此，位於梗河的客星，不可能“西北指貫索”。正確的標點爲：“客星出梗河西北，指貫索。”今改正。客星，據字義爲作客之星。即不常出現、位置不固定、可以移動、光度亦可變化之星，客星是異常之星，出現常常會帶來灾難。據實際記載分析，客星主要是指新星、超新星和變星，也包括部分彗星、流星。此處之客星有尾，能移動，顯然是彗星。
　　[2]【今注】案，陵鄉侯梁松坐怨望懸飛書誹謗朝廷下獄死，中華本缺校點，之後校注人也未作點注。此處當作如下句讀：“陵鄉侯梁松，坐怨望，懸飛書，誹謗朝廷，下獄死。”

　　七年正月戊子，流星大如杯，從織女西行，光照地。織女，天之真女，[1]流星出之，女主憂。其月癸卯，光烈皇后崩。[2]

　　[1]【今注】織女天之真女：織女星，爲天后之正出，爲天后所生，故流星犯織女星，女主即皇后有憂慮，並進而導致皇后崩。真，同“正”。參見“四川成都東漢墓石棺牽牛織女圖（拓片）”。
　　[2]【劉昭注】《古今注》曰：“三月庚戌，客星光氣二尺所，

四川成都東漢墓石棺牽牛織女圖（拓片）

在太微左執法南端門外，凡見七十五日。”

八年六月壬午，長星出柳、張三十七度，[1]犯軒轅，刺天船，陵太微，[2]氣至上階，[3]凡見五十六日去。柳，周地。是歲多雨水，郡十四傷稼。[4]

[1]【今注】長星出柳張三十七度：長星，彗星星名之一，指有長尾之星。三十七度，指長星向北行三十七度，進犯軒轅。古人形容彗尾之長，通常都以丈、尺等長度單位表示，而不用度數。可知此三十七度非指彗尾之長。

[2]【今注】犯軒轅刺天船陵太微：此處犯、刺、陵，均為異常天體距星官的狀態。陵即凌，欺凌之義。《乙巳占》“占例”曰：“犯者，月及五星，同在列宿之位，光曜自下侵犯之象，七寸以下為犯。”“凌者，以小而逼大，自下而犯上，直往而凌，凌，小辱大之象。”“刺者，傍過，光芒刺之。”

[3]【今注】上階：指三臺六星中的上臺二星。

[4]【劉昭注】《古今注》曰：“十二月戊子，客星出東方。”

九年正月戊申，客星出牽牛，長八尺，歷建星至房南，[1]滅，見至五十日。[2]牽牛主吳、越，房、心為宋。後廣陵王荆與沈涼、楚王英與顏忠各謀逆，事覺，皆自殺。廣陵屬吳，彭城古宋地。[3]

[1]【劉昭注】《古今注》曰："歷斗、建、箕、房，過角、亢至翼，芒東指。"

[2]【劉昭注】《郗萌占》曰："客星舍房，左右群臣有吞藥死者。"又占"有奪地"。

[3]【劉昭注】《古今注》曰："十年七月甲寅，月犯歲星。十一年六月壬辰，火犯土星。"

十三年閏月丁亥，火犯輿鬼，爲大喪，質星爲大臣誅戮。[1]其十二月，[2]楚王英與顏忠等造作妖謀反，[3]事覺，英自殺，忠等皆伏誅。[4]

[1]【劉昭注】晉灼曰："鬼五星，其中白者爲質。"【今注】火犯輿鬼爲大喪質星爲大臣誅戮：輿鬼四星，南方朱雀之第二宿。《開元占經》引石申曰："此四星有變，則占其所主也。中央色白，如粉絮者，所謂積尸氣也。一曰天尸，故主死喪，主祠事也。一曰鈇鑕，故主法，主誅斬。"參見"西安交大漢墓中的鬼宿星象圖"。

[2]【今注】案，十二月，中華本校勘記曰："《集解》引洪亮吉説，謂'十二月'宜作'十一月'。"

[3]【今注】案，造作妖謀反，中華本於"妖"下補"書"字，並出校勘記："據盧校補。"可從。

[4]【劉昭注】《古今注》曰："十一月，客星出軒轅四十八日。十二月戊午，月犯木星。"

十四年正月戊子，客星出昴，六十日，在軒轅右

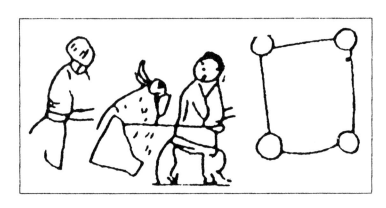

西安交大漢墓中的鬼宿星象圖

（圖中兩人抬着一物，似死人狀，對應與鬼爲死亡的占語。旁邊四顆星，
對應與鬼星座。質星即積尸氣，當在四星中間，沒有標出，也對應爲
誅斬的占語）

角稍滅。[1]昴主邊兵。[2]後一年，漢遣奉車都尉顯親侯
竇固、駙馬都尉耿秉、騎都尉耿忠、開陽城門候秦彭、
太僕祭肜，將兵擊匈奴。一曰，軒轅右角爲貴相，昴
爲獄事，客星守之爲大獄。是時考楚事未訖，[3]司徒虞
延與楚王英黨，[4]與黃初、公孫弘等交通，皆自殺，或
下獄伏誅。

[1]【今注】軒轅右角：《開元占經》引石申曰：“軒轅一名昏
昌星，而龍蛇形。凡十七星。南端明者，女主也，母也；女主北六
尺一星，夫人也，屛也，上將也；北六尺一星，次夫人也，妃也，
次將也；北六尺一星，次妃也；其次，皆次妃也；女主南三尺，星
不明者，女御也；御西南丈所一星，大明也，太后宗也；御東南丈
所一星，少明也，皇后宗也。”可見軒轅南端最亮一星名女主；女
主前不明小星曰御女；女主西星曰大明，又作大民，爲太后宗屬；

女主東一星曰少明，亦作少民，爲皇后屬。軒轅右角即西角，爲大明星，即軒轅十五。陳美東注爲右角爲軒轅一（參見章惠康、易孟醇主編《後漢書今注今譯》之《天文志》，岳麓書社 1998 年版），誤。

　軒轅對應於獅子的頭部和前腿，太微右垣和五帝座對應於後腿和尾部，黃道正從軒轅大星和左右執法通過。由此可以判斷五星在黃道附近的凌犯狀態。參見"軒轅星、太微右垣與獅子座對應圖"。

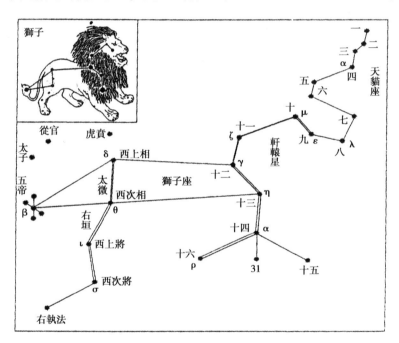

軒轅星、太微右垣與獅子座對應圖

　[2]【今注】昴主邊兵：《春秋緯》曰："昂爲旄頭，房衡位，主胡星，陰之象。"由昂主胡星，衍生爲主邊兵。案，主，大德本誤作"王"。

　[3]【今注】考楚事：考問楚王謀反之事。

[4]【今注】案，楚王英黨，中華本"黨"字下無逗號，應逗斷。

十五年十一月乙丑，太白入月中，爲大將戮、人主亡，不出三年。後三年，孝明帝崩。

十六年正月丁丑，歲星犯房右驂，[1]北第一星不見，辛巳乃見。[2]房右驂爲貴臣，歲星犯之爲見誅。是後司徒邢穆，坐與阜陵王延交通，[3]知逆謀自殺。

[1]【今注】歲星犯房右驂：歲星犯房宿右驂星。《晉書·天文志》曰："房四星……南星曰左驂，次左服，次右服，次右驂。"即房右驂爲房四星中最北的一顆星。

[2]【劉昭注】《石氏星經》曰："歲星守房，良馬出厩。"《古今注》曰："正月丁未，月犯房。"

[3]【今注】案，中華本"交通"下無逗號，應逗斷。

四月癸未，太白犯畢。畢爲邊兵。[1]後北匈奴寇，入雲中，至咸陽。[2]使者高弘發三郡兵追討，無所得。太僕祭肜坐不進，[3]下獄。

[1]【今注】畢爲邊兵：《春秋緯》曰："畢罕車，爲邊兵。"《西官候》曰："畢大星，邊將軍也。星動，有芒角，邊將有急。"

[2]【今注】案，後北匈奴寇入雲中至咸陽，中華本補改作"後北匈奴寇邊，入雲中，至漁陽"，並出校勘記："據盧校補改。按：盧云'寇'下當有'邊'字。'咸'當作'漁'，何焯以《南匈奴傳》校改。"可從。

[3]【今注】案，中華本"坐不進"下無逗號，應逗斷。

十八年六月己未，彗星出張，長三尺，轉在郎將，南入太微，皆屬張。張，周地，爲東都。太微，天子廷。彗星犯之爲兵喪。其八月壬子，孝明帝崩。[1]

[1]【今注】孝明帝崩：言彗星出張，入太微，應驗在明帝崩上。東漢的都城洛陽在周地。周地出了異常天象，就當應驗在漢室。彗星主掃除，除舊布新，改朝換代，彗星更犯太微，太微爲帝宮，均應在皇帝本身，故有明帝崩。

孝章建初元年，正月丁巳，太白在昴西一尺。八月庚寅，彗星出天市，長二尺所，稍行入牽牛三度，積四十日稍滅。太白在昴爲邊兵，彗星出天市爲外軍，[1]牽牛爲吳、越。是時蠻夷陳縱等及哀牢王類反，[2]攻蕉唐城。[3]永昌太守王尋走奔楪榆，安夷長宋延爲羌所殺。[4]以武威太守傅育領護羌校尉，馬防行車騎將軍，征西羌。又阜陵王延與子男魴謀反，大逆無道，得不誅。[5]廢爲侯。

[1]【今注】彗星出天市爲外軍：彗星出現在天市垣，爲外國有兵。《開元占經》引石申曰："彗星犯天市，所犯者誅。"《開元占經》引巫咸曰："彗星出天市，豪傑内外俱起，執令者死，大臣有誅。"此處占辭應驗在外軍，不常用。

[2]【今注】案，是時蠻夷陳縱等及哀牢王類反，中華本於"類"下補"牢"字，並出校勘記曰："《南蠻傳》'陳縱'作'陳從'。又按：《西南夷傳》'類'下有'牢'字，今據補。"可從。

[3]【今注】案，蕉唐城，中華本改作"雟唐城"，並出校勘記："殿本《考證》齊召南謂按文當作'雟唐城'，雟唐，永昌郡屬

縣也。又《集解》引惠棟說，謂'焦'《西南夷傳》作'雟'，當從傳。今據改。"可從。

[4]【今注】案，安夷長宋延，中華本校勘記曰："《西南夷傳》'宋延'作'宗延'。"

[5]【今注】得不誅：赦免不死。

二月九日[1]甲寅，流星過紫宮中，長數丈，散爲三，滅。十二月戊寅，彗星出婁三度，長八九尺，稍入紫宮中，百六日稍滅。流星過、入紫宮，皆大人忌。後四年六月癸丑，明德皇后崩。[2]

[1]【劉昭注】《古今注》曰："甲申，金入斗魁（中華本校勘記曰：'建初二年九月乙未朔，無甲申，注有譌'）。"【今注】案，二月九日，中華本改作"二年九月"，並出校勘記："殿本《考證》李良裘謂案書日例惟甲子，此兼言'九日'，訛也。上書'八月庚寅彗星出天市'，此不應更紀二月事。且上書'元年正月丁巳'，則二月九日安得爲甲寅乎？下云'十二月戊寅彗星出'，考《章帝紀》在建初二年，此'二月九日'乃'二年九月'之譌也。又《集解》引洪亮吉說略同。今據改。"可從。

[2]【劉昭注】《古今注》曰："五年二月戊辰（中華本校勘記曰：'建初五年二月庚辰朔，無戊辰，注有譌'），木、火俱在參，五月戊寅（五月，大德本、殿本作'三月'），木、水在東井。六年七月丁酉，夜有流星起軒轅，大如拳，歷文昌，餘氣正白句曲，西如文昌，久久乃滅。"《黃帝星經》曰："木守東井，有土功之事。一曰大水。"郗萌曰："歲星守參，后當之。熒惑守，大人當之。"【今注】明德皇后崩：此占應在流星過紫宮上，按通常占辭，異常天象犯紫宮，大都應驗於執政者。

　　元和元年四月丁巳，[1]客星晨出東方，在胃八度，長三尺，歷閣道入紫宮，[2]留四十日滅。閣道、紫宮，天子之宮也。客星犯入留久，爲大喪。後四年，孝章帝崩。

　　[1]【今注】案，元和元年四月丁巳，中華本改“元年”作“二年”，並出校勘記：“據盧校改。按：章帝崩於章和二年，下云‘後四年章帝崩’，自元和二年至章和二年，相距恰四年也。”可從。

　　[2]【今注】閣道：星占上聯繫紫宮與離宮的御道。《開元占經》引石申曰：“閣道六星，在王良東。閣道與王良星，對應於西方的仙后座。”

　　孝和永元元年，正月辛卯，有流星起參，長四丈，[1]有光，色黃白。[2]二月，流星起天棓，[3]東北行三丈所，滅，色青白。壬申，夜有流星起太微東蕃，長三丈。三月[4]丙辰，流星起天津。[5]壬戌，有流星起天將軍，[6]東北行。[7]參爲邊兵，[8]天棓爲兵，太微天廷，天津爲水，天將軍爲兵，流星起之皆爲兵。其六月，漢遣車騎將軍竇憲、執金吾耿秉，與度遼將軍鄧鴻出朔方，並進兵臨私渠北鞮海，[9]斬虜首萬餘級，獲生口牛馬羊百萬頭。日逐王等八十一部降，凡三十餘萬人。追單于至西海。是歲七月，又雨水漂人民，是其應。[10]

　　[1]【劉昭注】《古今注》曰：“大如拳，起參東南。”

[2]【劉昭注】《古今注》曰：“癸亥，鎮在參（中華本校勘記曰：‘注繫永元元年正月之後，查是年正月戊子朔，無癸亥，注有譌’）。又有流星大如桃，色赤，起太微東蕃。”石氏曰：“鎮守參，有土功事。”

[3]【今注】天棓：《開元占經》引石申曰：“天棓五星，大女床東北。”又曰：“天之武備也。棓者大杖，所以打賊也。”棓，棒之異寫。

[4]【劉昭注】《古今注》曰：“戊子，土在參。”

[5]【劉昭注】《古今注》曰：“星大如桃，起天津，東至斗，黃白頻有光。”【今注】天津：天津九星，在女宿以北銀河之中，相當於西方的天鵝座。津，渡口。

[6]【今注】案，壬戌有流星起天將軍，中華本校勘記曰：“永元元年三月丁亥朔，無壬戌，志文有譌。”

[7]【劉昭注】《古今注》曰：“色黃，無光。”

[8]【今注】參爲邊兵：《開元占經》引《黃帝》曰：“參應七將。中央三小星，曰伐之都尉也，主胡、鮮卑、戎、狄之國。”故

牛、女、虎、昴諸星圖

（其中右面牽牛人上三星，對應於牛郎即河鼓星。
左下四星爲女宿。左上七星爲昴宿，星中白兔對應於月亮。
中間白虎指西方，虎背三星對應參，虎頭三星對應觜）

曰主邊兵。參見"牛、女、虎、昴諸星圖"。

[9]【今注】私渠北鞮海：一作私渠比鞮海，簡稱私渠海，在今蒙古國杭愛山西麓。

[10]【劉昭注】《古今注》曰："十一月壬申，鎮星在東井。"石氏曰："天下水，其大出，流殺人。"【今注】雨水漂人民：人民在雨水中漂流。這是流星起天津之應。

二年正月乙卯，金、木俱在奎，丙寅，水又在奎。[1]奎主武庫兵，[2]三星會又爲兵喪。辛未，水、金、木在婁，亦爲兵，又爲匿謀。[3]二月丁酉，有流星大如桃，起紫宮東蕃，西北行五丈稍滅。[4]四月丙辰，[5]有流星大如瓜，起文昌東北，西南行至少微西滅。有頃音如雷聲，已而金在軒轅大星東北二尺所。[6]八月丁未，有流星如雞子，起太微西，東南行四丈所，消。十月癸未，有流星大如桃，起天津，西行六丈所，消。十一月辛酉，有流星大如拳，起紫宮，西行到胃，消。

[1]【劉昭注】巫咸曰："辰守奎，多水火災，亦爲旱。"《古今注》曰："土在東井。"

[2]【今注】奎主武庫兵：奎宿十六星，爲西方白虎之第一宿。《佐助期》曰："奎主武庫。"《石氏贊》曰："奎主軍。"又曰："奎主庫兵"。

[3]【劉昭注】郗萌曰："辰守婁，有兵兵罷，兵起（中華本於'兵起'上補'無兵'二字，並出校勘記：'盧校謂"兵起"上脫"無兵"二字，《通考》有。今據補。'可從）。"巫咸、石氏云："多火災。"《古今注》曰："丙寅，水在奎，土在東井，金在婁，木、火在昴。"

[4]【劉昭注】《古今注》曰："三月甲子，火在亢南端門第一星南。乙亥，金在東井。"

[5]【今注】案，四月丙辰，中華本校勘記曰："永元二年四月辛巳朔，無丙辰，志文有譌。"

[6]【劉昭注】《古今注》曰："丁丑，火在氐東南星東南（中華本校勘記曰：'注繫於永元二年四月之後，查是年四月辛巳朔，無丁丑，注有譌'）。"

　　三年九月丁卯，有流星大如雞子，起紫宮，西南至北斗柄間消。[1]紫宮天子宮，文昌、少微爲貴臣，天津爲水，北斗主殺。流星起歷紫宮、文昌、少微、天津。[2]文昌爲天子使出，有兵誅也。竇憲爲大將軍，憲弟篤、景等皆卿、校尉，憲女弟壻郭舉爲侍中、射聲校尉，[3]與衞尉鄧疊母元俱出入宮中，謀爲不軌。至四年六月丙寅發覺，[4]和帝幸北宮，詔執金吾、五校勒兵屯南、北宮，閉城門，捕舉。舉父長樂少府璜及疊，疊弟步兵校尉磊，母元，皆下獄誅。憲弟篤、景等皆自殺。金犯軒轅，女主失勢。[5]竇氏被誅，太后失勢。[6]

[1]【劉昭注】《星紫宮占》曰："有流星出紫宮，天子使也。色赤言兵，色白言義（義，殿本作'喪'，是），色黄言吉，色青言憂，色黑言水。出皆以所之野命東、西、南、北。"

[2]【今注】案，流星起歷紫宮文昌少微天津，此句應改作"流星起紫宮，歷文昌、少微、天津"。

[3]【今注】案，憲女弟壻郭舉爲侍中射聲校尉，中華本校勘記曰："《竇憲傳》作'憲女壻'，《通鑑》同，此云'憲女弟壻'，未詳孰是。"

［4］【今注】案，至四年六月丙寅發覺，中華本改"丙寅"作"丙辰"，並出校勘記："《集解》引洪亮吉説，謂案《和帝紀》云庚申幸北宫，詔收捕憲黨，則此志'丙寅'應作'丙辰'爲是。又案下《五行志》，丙辰地震，後五日詔收憲，丙辰至庚申正五日。今據改。"可從。

［5］【今注】金犯軒轅女主失勢：金星犯軒轅星，應在女主失勢。指前載永元二年（90）四月丙辰"金在軒轅大星"。

［6］【今注】竇氏被誅太后失勢：以上三段所載異常天象，均與竇氏有關。竇氏中重要人物竇憲，字伯度，扶風平陵（今陝西咸陽市西北）人。章帝建初二年（77），妹立爲皇后，被任命爲郎，遷侍中、虎賁中郎將，和帝即位，竇太后臨朝，憲以侍中操縱朝政。永元元年，以車騎將軍出塞，擊破北匈奴，拜大將軍，封武陽侯。弟篤、景等被封爲鄲侯、汝陰侯等，權傾朝野。永元四年，和帝誅滅竇氏兄弟，故曰"竇氏被誅，太后失勢"。

五年[1]四月癸巳，太白、熒惑、辰星俱在東井。[2]七月壬午，歲星犯軒轅大星。九月，金在南斗魁中。[3]火犯房北第一星。[4]東井，秦地，爲法。三星合，内外有兵，[5]又爲法令及水。金入斗口中，爲大將將死。火犯房北第一星，爲將相。其六年正月，司徒丁鴻薨。[6]七月水，大漂殺人民，傷五穀。許侯馬光有罪自殺。[7]九月，行車騎將軍事鄧鴻、越騎校尉馮柱發左右羽林、北軍五校士及八郡跡射、烏桓、鮮卑，合四萬騎，與度遼將軍朱徵、護烏桓校尉任尚、中郎將杜崇征叛胡。[8]十二月，車騎將軍鴻坐追虜失利，下獄死；度遼將軍徵、中郎將崇皆抵罪。

[1]【劉昭注】《古今注》曰："正月甲戌，月乘歲星。"

[2]【劉昭注】巫咸曰："太白守井，五穀不成。"《黃帝經》曰："五星及客星守井，皆爲水。"石氏曰："爲旱。"又曰："太白入東井，留一日以上乃占，大臣當之，期三月，若一年，遠五年。"《古今注》曰："木在輿鬼。"

[3]【劉昭注】爲水。石氏曰："爲旱。"【今注】金在南斗魁

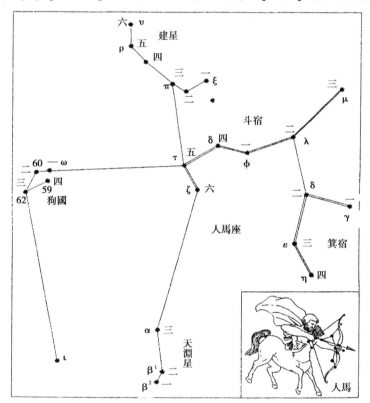

箕、斗、建星與人馬座對應圖

（斗宿六星，形狀與北斗類似，其六、五、四、一爲
斗魁，二、三爲斗柄，斗柄指向西北。一、六爲斗口，向下。
故《詩經》咏箕、斗詩曰："西柄之揭"，"不可以挹酒漿"）

中：金星運行到斗宿的斗魁之中。斗宿又名南斗，北方七宿中的第一宿。計有六星。其中斗宿一、四、五、六組成斗魁。參見"箕、斗、建星與人馬座對應圖"。

[4]【今注】房北第一星：房右驂。

[5]【今注】三星合内外有兵：《漢書·天文志》曰："水、木、火三合於東井，占曰'外内有兵與喪，改立王公。'"又曰："金木水三合於張，占曰'外内有兵與喪，改立王公。'"故此處三星聚合的占辭與《漢書·天文志》一致。

[6]【劉昭注】《古今注》曰："六年六月丁亥，金在東井。閏月己丑，流星大如桃，起參北，西至參肩南，稍有光。"

[7]【今注】案，"七月水"至"許侯馬光有罪自殺"，中華本校勘記曰："《校補》謂案本書《和紀》，永元六年七月有旱無水，《五行志》亦不載是年七月水。又馬光自殺，紀屬二月，亦不在七月。"實際上，這段文字與以上永元元年重複，故"七月水，大漂殺人民，傷五穀"當刪除。

[8]【今注】案，與度遼將軍朱徵，中華本校勘記曰："《集解》引錢大昕説，謂《和帝紀》《匈奴傳》俱作'朱徽'。"

　　七年正月丁未，有流星起天津，入紫宫中滅。色青黄，有光。二月癸酉，金、火俱在參。[1]戊寅，金、火俱在東井。[2]八月甲寅，水、土、金俱在軫。[3]十一月甲戌，[4]金、火俱在心。[5]十二月己卯，[6]有流星起文昌，入紫宫消。丙辰，火、金、水俱在斗。流星入紫宫，金、火在心，皆爲大喪。[7]三星合軫爲白衣之會，[8]金、火俱在參、東井，皆爲外兵，有死將。三星俱在斗，有戮將，若有死相。[9]八年四月樂成王黨，七月樂成王宗，[10]皆薨。將兵長史吳棼坐事徵下獄

誅。[11]十月，北海王威自殺。十二月，陳王羨薨。其
九年閏月，皇太后竇氏崩。遼東鮮卑反，太守祭參不
追虜，徵下獄誅。[12]九月，司徒劉方坐事免官，自殺。
隴西羌反，遣執金吾劉尚行征西將軍事，越騎校尉節
鄉侯趙世發北軍五校、黎陽、雍營及邊胡兵三萬騎，
征西羌。

[1]【劉昭注】《巫咸占》曰：“熒惑守參，多火災。”《海中
占》曰：“爲旱。太白守參，國有反臣。”郗萌曰“有攻戰伐
國”也。

[2]【劉昭注】郗萌曰：“熒惑守井，百川皆滿。太白又從舍，
蓋二十日流國。”又曰：“雜糴貴。又將相死。”

[3]【劉昭注】《春秋緯》曰：“五星有入軫者，皆爲兵大
起。”《巫咸占》曰：“五星入軫者，司其出日而數之，期二十日皆
爲兵發。司始入處之率一日期，十日軍罷。”《石氏星經》曰：“辰
星守軫，歲水。”郗萌曰：“鎮星出入留舍軫六十日不下，必有大
喪。”《春秋緯》曰：“太白入軫，兵大起。”郗萌曰：“太白守軫，
必有死王。”

[4]【今注】案，十一月甲戌，據陳垣《中西回史日曆》，該
月無甲戌。

[5]【劉昭注】《雜書》曰：“太白守心，後九年大飢。”

[6]【今注】案，十二月己卯，據陳垣《中西回史日曆》，該
月無己卯。中華本校勘記曰：“下云丙辰，則‘己卯’乃‘乙卯’
之譌。”

[7]【今注】金火在心皆爲大喪：大喪即天子崩。《開元占經》
引郗萌曰：“太白乘熒惑，軍敗；隨熒惑，軍憂；下有空國，死
主。”占語亦大致相同。

[8]【今注】三星合軫爲白衣之會：星占家均習慣稱大喪爲白衣會。

[9]【今注】三星俱在斗有戮將若有死相：三行星會合於斗宿，將有被殺的將軍或死去的丞相。

[10]【今注】案，樂成王宗，中華本校勘記曰：“《校補》引錢大昭説，謂‘宗’傳作‘崇’。”

[11]【劉昭注】《古今注》曰：“八年九月辛丑，夜有流星，大如拳，起婁。”

[12]【今注】案，遼東鮮卑反太守祭參不追虜徵下獄誅，各本無“反”字，不可讀，中華本於“鮮卑”下補“反”字，並出校勘記：“《集解》引錢大昕説，謂參考《鮮卑傳》，當作‘鮮卑寇肥如，遼東太守祭參不追虜，徵下獄誅’。按：《校補》謂此‘卑’下脱‘反’字耳。遼東鮮卑者，鮮卑之種別。本書《鮮卑傳》載參沮敗事，亦原作‘遼東鮮卑’。上已言遼東，則‘太守’上自不必更出‘遼東’字，史例然也。今依校補補‘反’字。”今從補。

十一年五月丙午，流星大如瓜，起氐，西南行，稍有光，白色。[1]占曰：“流星白，爲有使客，[2]大爲大使，小亦小使。疾期疾，遲亦遲。[3]大如瓜爲近小，行稍有光爲遲也。又正王日，邊方有受王命者也。”[4]明年二月，蜀郡旄牛徼外夷，白狼、樓薄種，王唐繒等，率種人口十七萬歸義內屬。[5]賜金印紫綬錢帛。

[1]【劉昭注】《古今注》曰：“六月庚辰，月入畢中。”

[2]【今注】流星白爲有使客：流星是白色的，爲有使者、來客的象徵。當然，流星還有其他顏色，如黃色等，則應驗於其他

休咎。

[3]【今注】疾期疾遲亦遲：流星運動速度快的，應驗的日期快，慢的應驗亦慢。

[4]【今注】正王日邊方有受王命者：流星於正王日出現，將有邊境之王受封。正王日，指五行用事日的土王日、水王日、木王日、金王日、火王日。

[5]【今注】案，"蜀郡旄牛"至"歸義內屬"，中華本長句無點斷，文義不明。今標點如正文。白狼、樓薄，均爲蜀郡徼外的夷人，即西南夷的一種，其王唐繒等人，率領種人十七萬內附歸降。

十二年十一月癸酉，夜有蒼白氣，長三丈，起天園，[1]東北指軍市，[2]見積十日。占曰："兵起，十日期歲。"明年十一月，遼東鮮卑二千餘騎寇右北平。

[1]【今注】天園：天園十三星，在胃宿、天苑南，爲天帝果園。

[2]【今注】軍市：在參宿之南，爲軍中市場。

十三年[1]十一月乙丑，軒轅第四星間有小客星，[2]色青黃。軒轅爲後宮，星出之，爲失勢。其十四年六月辛卯，陰皇后廢。[3]

[1]【劉昭注】《古今注》曰："正月辛未，水乘輿鬼。十二月癸巳，犯軒轅大星。"

[2]【今注】軒轅第四星：即軒轅四。

[3]【劉昭注】《古今注》曰："十四年正月乙卯，月犯軒轅，在太微中。二月十日丁酉（中華本校勘記曰：'"十日"二字當

行。既書丁酉，不當更書某日，且永元十四年二月壬申朔，丁酉
爲二十六日，非十日也’），水入太微西門。十一月丁丑（中華
本校勘記曰：‘永元十四年十一月戊戌朔，無丁丑，注有譌’），
有流星大如拳，起北斗魁中，北至閣道，稍有光，色赤黃，須臾
西北有雷聲。”

十六年四月丁未，紫宮中生白氣如粉絮。戊午，
客星出紫宮西行至昂，[1]五月壬申滅。七月庚午，水在
輿鬼中。[2]十月辛亥，流星起鉤陳，[3]北行三丈，有
光，色黃。白氣生紫宮中，爲喪。客星從紫宮西行至
昂爲趙。[4]輿鬼爲死喪。鉤陳爲皇后，[5]流星出之爲中
使。[6]後一年，元興元年十月二日，[7]和帝崩。殤帝即
位一年，又崩。無嗣。鄧太后遣使者迎清河孝王子即
位，是爲孝安皇帝，是其應也。清河，趙地也。

[1]【今注】案，出，大德本、殿本誤作“從”。

[2]【劉昭注】《黃帝占》曰：“辰星犯鬼，大臣誅，國有
憂。”郗萌曰：“多蝗蟲。”

[3]【今注】鉤陳：鉤陳六星與北極天樞五星，並爲太微垣內
主要星官。

[4]【今注】昂爲趙：按分野説，昂屬趙。

[5]【今注】鉤陳爲皇后：《史記・天官書》曰：“後勾四星，
末大星正妃，餘三星後宮之屬。”後勾四星，爲鉤陳主星，其中大
星勾陳一，即爲正妃皇后，也即現代的北極星。

[6]【今注】流星出之爲中使：皇帝派出爲大使，皇后派出爲
中使。

[7]【今注】案，十月二日，中華本改作“十二月”，並出校

勘記：“據《集解》引錢大昕、洪亮吉説改。”可從。

　　元興元年二月庚辰，[1]有流星起角、亢五丈所。四月辛亥，有流星起斗，東北行到須女。七月己巳，有流星起天市五丈所，光色赤。閏月辛亥，水、金俱在氐。[2]流星起斗，東北行至須女。須女，燕地。天市爲外軍。水、金會爲兵誅。其年，遼東貊人反，鈔六縣，發上谷、漁陽、右北平、遼西、烏桓討之。

　　[1]【今注】案，元興元年二月庚辰，中華本校勘記曰：“是月乙酉朔，無庚辰，志文有譌。”據陳垣《中西回史日曆》，元興元年二月無庚辰，下文閏九月也無辛亥，當有誤。
　　[2]【劉昭注】巫咸曰：“辰星守氐，多水災。”《海中占》曰：“天下大旱，所在不收。”《荊州星占》曰：“太白守氐，國君大哭。”

　　孝殤帝延平元年正月丁酉，金、火在婁。金、火合爲爍，[1]爲大人憂。[2]是歲八月辛亥，孝殤帝崩。

　　[1]【今注】金火合爲爍：熔化金屬爲爍。金星有金屬特性，火星有火的特性，金火相遇，故合爲爍。有炎熱乾旱之義，故下文有“爲大人憂”語。
　　[2]【劉昭注】《古今注》曰：“七月甲申，月在南斗中。”

　　孝安永初元年五月戊寅，熒惑逆行守心前星。[1]八月戊申，客星在東井、弧星西南。[2]心爲天子明堂，熒惑逆行守之，爲反臣。[3]客星在東井，爲大水。[4]是時，安帝未臨朝，鄧太后攝政，鄧騭爲車騎將軍，弟弘、悝、閶皆以校尉封侯，秉國勢。司空周章意不平，與王尊、叔元茂等謀，欲閉宮門，捕將軍兄弟，誅常侍鄭衆、蔡倫，刦刺尚書，廢皇太后，封皇帝爲遠國王。事覺，章自殺。東井、弧皆秦地。是時羌反，斷隴道，漢遣騭將左右羽林、北軍五校及諸郡兵征之。是歲郡國四十一縣三百一十五雨，[5]水四瀆溢，傷秋稼，壞城郭，殺人民，是其應也。[6]

　　[1]【劉昭注】《韓揚占》曰（揚，殿本作‘楊’）：“多火災。一曰地震。”檢其年十八郡地震，明年漢陽火。【今注】守心前星：火星守候在心宿上面的星。心前星，即心宿一，天蝎座α。

　　[2]【今注】弧星：又稱弧矢九星，在天狼東南。

　　[3]【劉昭注】《雜書》曰：“熒惑守心，逆臣起。”《黃帝占》曰：“逆行守心二十日，大臣亂。”

　　[4]【劉昭注】《荆州經》曰：“客星干犯東井，則大臣誅。”

　　[5]【今注】案，是歲郡國四十一縣三百一十五雨水四瀆溢，中華本逗號在“水”後，無“雨水”之說，逗號當在“雨”字之後，或曰“瀆”字衍。

　　[6]【今注】是其應也：是永初元年（107）八月客星在東井之應。

　　二年正月戊子，太白晝見。[1]

　　[1]【劉昭注】《古今注》曰：“四月乙亥（中華本校勘記曰：‘注繫永初二年下，查永初二年四月丙申朔，無乙亥，注有

譌'），月入南斗魁中。八月己亥（中華本校勘記曰：'是年八月甲子朔，無己亥，注有譌'），熒惑出入太微端門（太，大德本

明《祥異賦》中的太白晝見圖像

誤作'大'）。"【今注】太白晝見：太白爲金星的異名。金星是太陽系五大行星之一。除太陽、月亮外，它是天空中最亮的星。金星是内行星，故有時爲晨星，有時爲昏星。上古時甚至還誤認爲是兩顆星，故有晨有啓明、昏有長庚之説。正因爲是内行星，它離開太陽的最大角度不能超過48度。故祇有早晚在東方或西方見到它。離開東西方地平綫祇能在四十餘度範圍之内。祇有當太陽從地平綫升起後，金星的位置才能越出東西方地平四十餘度以上。但太陽升

起以後，金星的光芒又爲日光所掩，又隱沒不見了，故人們所見到的金星，通常都是不能經天，即不能在中天見到它。若在中天見到它，這是違反常理的。但正是由於金星十分明亮，有時在太陽升起後或日落前的特殊環境下也能在天空見到金星，這時金星若處於大距時，就有可能出現於中天了，古人將這也看作異常天象，稱之爲"太白經天"，或稱爲"太白晝見"。參見"明《祥異賦》中的太白晝見圖像"。

三年正月庚戌，月犯心後星。[1]己亥，太白入斗中。[2]十二月，彗星起天菀南，東北指，長六七尺，色蒼白。太白晝見，爲强臣。[3]是時鄧氏方盛，月犯心後星，不利子。心爲宋。[4]五月丁酉，沛王牙薨。[5]太白入斗中，爲貴相凶。[6]天菀爲外軍，彗星出其南爲外兵。[7]是後使羌、氐討賊李貴，又使烏桓擊鮮卑，又使中郎將任尚、護羌校尉馬賢擊羌，皆降。

[1]【劉昭注】《河圖》曰："亂臣在旁。"【今注】心後星：心宿下方的一顆星。

[2]【劉昭注】《古今注》曰："三月壬寅，熒惑入輿鬼中。五月丙寅（中華本校勘記曰：'注繫永初三年下，查永初三年五月庚寅朔，無丙寅，注有譌'），太白入畢中。"《石氏經》曰："太白守畢，國多任刑也（任，大德本、殿本作'淫'，是）。"

[3]【劉昭注】《前志》曰："太白晝見，强國弱，小國强，女主昌。"【今注】太白晝見爲强臣：太白白晝出現，爲朝中有專權的大臣。君爲日，臣爲星，星與日爭光，故有强臣。

[4]【今注】心爲宋：按分野理論，宋地爲心宿的分野。

[5]【今注】案，沛王牙薨，中華本改"牙"作"正"，並出

校勘記："《集解》引惠棟説，謂'牙'當作'正'，傳寫誤也。今據改。按：沛王正，沛獻王輔之孫，謚節。"可從。沛國治相縣（今安徽濉溪縣西北），漢屬宋地，故應驗在月犯心。

　　[6]【劉昭注】臣昭案：楊厚對曰"以爲諸王子多在京師，容有非常，宜亟發遣還本國"，太后從之，星尋滅不見。以斯而言，太白入之，災在貴相。

　　[7]【今注】天苑爲外軍彗星出其南爲外兵：彗星起天苑南，爲外兵。天菀即天苑。《春秋緯》曰："彗星入天苑，都護反。"都護爲邊將，故曰爲外兵。又《開元占經》引司馬彪《天文志》曰："孝安永初三年十二月乙亥，彗起天苑南，東北指，長六七丈，色倉。天苑爲外兵起，是後羌兵討賊，杜季貢又使烏丸擊鮮卑，又使中郎將任尚護羌校尉，馬賢擊虜，皆降之。"兩處説法文字有差異，可互爲參閲。

　　四年[1]六月甲子，[2]客星大如李，蒼白，芒氣長二尺，西南指上階星。癸酉，太白入輿鬼。指上階，爲三公。後太尉張敏免官。[3]太白入輿鬼，爲將凶。後中郎將任尚坐贓千萬，檻車徵，棄市。[4]

　　[1]【劉昭注】《古今注》曰："二月丙寅，月犯軒轅大星。"
　　[2]【今注】案，甲子，大德本、殿本作"丙子"。
　　[3]【今注】案，後太尉張敏免官，中華本補作"後太尉張禹、司空張敏皆免官"，並出校勘記："據盧校依《御覽》八七五補。"可從。
　　[4]【劉昭注】　《韓楊占》曰（楊，紹興本、殿本作"揚"）："太白入輿鬼，亂臣在内。"臣昭以占爲明堂（堂，各本無此字，不可讀，中華本補，並出校勘記："據盧校補。"今從補），豈任尚所能感也。

　　五年六月辛丑，太白晝見，經天。[1]元初元年三月癸酉，熒惑入輿鬼。二年九月辛酉，熒惑入輿鬼中。三年三月，熒惑入輿鬼中。五月丙寅，太白入畢口。[2]七月甲寅，歲星入輿鬼。閏月己未，太白犯太微左執法。十一月甲午，客星見西方，己亥，在虛、危南，至胃、昴。[3]四年正月丙戌，歲星留輿鬼中。[4]乙未，太白晝見丙上。[5]四月壬戌，太白入輿鬼中。[6]己巳，辰星入輿鬼中。[7]五月己卯，辰星犯歲星。六月丙申，[8]熒惑入輿鬼中，戊戌，犯輿鬼大星。九月辛巳，太白入南斗口中。[9]五年三月丙申，鎮星犯東井鉞星。[10]五月庚午，辰星犯輿鬼質星。丙戌，太白犯鉞星。六年四月癸丑，太白入輿鬼。[11]六月丙戌，熒惑在輿鬼中。[12]丁卯，鎮星在輿鬼中。[13]辛巳，太白犯左執法。自永初五年到永寧，七年之中，[14]太白一晝見經天，再入輿鬼，一守畢，再犯左執法，入南斗，犯鉞星。熒惑五入輿鬼。鎮星一犯東井鉞星，一入輿鬼。歲星、辰星再入輿鬼。凡五星入輿鬼中，皆爲死喪。熒惑、太白甚犯鉞、質星爲誅戮。斗爲貴將。執法爲近臣。客星在虛、危爲喪，[15]爲哭泣。[16]昴、畢爲邊兵，又爲獄事。至建光元年三月癸巳，鄧太后崩；五月庚辰，太后兄車騎將軍騭等七侯皆免官，自殺，是其應也。

　　[1]【劉昭注】《春秋漢含孳》曰："陽弱，辰逆，太白經天。"注云："陽弱，君柔不堪。"《鉤命決》曰："天失仁，太白經天。"

　　[2]【劉昭注】《黃帝占》曰："大攻（大，大德本、殿本作 '火'，是），近期十五日，遠期四十日。"又曰："大臣當之，亂國易王（王，紹興本、大德本、殿本作 '主'）。"

　　[3]【劉昭注】郗萌曰："客星入虛，大人當之。"又曰："客星守危，强臣執國命，在后族。又且大風，有危敗。"《黃帝星經》曰："客星入守若出危，大飢，民食貴。"【今注】案，客星見西方己亥在虛危南至胃昂，中華本標點爲 "客星見西方，己亥在虛、危，南至胃、昂"。胃、昂不在虛、危南，而在正東，故當標點如正文。

　　[4]【劉昭注】《石氏經》曰："歲星入留輿鬼五十日不下，民有大喪；百日不下，民半死。"《黃帝經》曰："守鬼十日，金錢散諸侯。"郗萌曰："五穀多傷，民以飢死者無數。"【今注】歲星留輿鬼中：《文耀鈎》曰："歲星所居久，其國有厚德。"鬼之分野爲關中，按占理當應驗在關中大熟上。

　　[5]【今注】丙上：丙位在午位之東15度左右。

　　[6]【劉昭注】《石氏占》："太白入鬼，一曰病在女主，一曰將戮死。"

　　[7]【劉昭注】郗萌曰："以罪誅大臣。一曰后疾。一曰大人憂。"

　　[8]【今注】案，自 "六月丙申" 以下記日干支，有多處與陳垣表不合，當有失誤，陳表也有待驗證。

　　[9]【劉昭注】《黃帝經》曰："大人當之，國易政。"【今注】南斗口中：斗宿魁口之處。

　　[10]【今注】東井鉞星：鉞星爲東井附座，位於井口右上角，星占學上，據星名當應驗在刀兵之上。

　　[11]【劉昭注】郗萌曰："太白守輿鬼，疾在女主。"

　　[12]【劉昭注】《黃帝經》曰："熒惑犯守鬼，國有大喪，有女喪，大將有死者。"《荆州星占》曰："熒惑犯鬼，忠臣戮死，不

出一年中。"

[13]【劉昭注】《黄帝經》曰:"鎮入鬼中,大臣誅。"《海中》、石氏曰:"大人憂。"

[14]【今注】案,七,大德本、殿本作"十",是。

[15]【今注】虚危爲喪:虚宿和危宿,都應驗在死喪之上。

[16]【劉昭注】《星占》曰:"不一年,遠期二年。"【今注】爲哭泣:虚、危既爲死喪,故在其傍又設哭星和泣星,以增加其義。

延光[1]二年八月己亥,熒惑出太微端門。[2]三年二月辛未,太白犯昴。[3]五月癸丑,太白入畢。[4]九月壬寅,鎮星犯左執法。[5]四年,太白入輿鬼中。[6]六月壬辰,太白出太微。九月甲子,太白入斗口中。十一月,客星見天市。熒惑出太微,爲亂臣。太白犯昴、畢,爲近兵,[7]一曰大人當之。鎮星犯左執法,有誅臣。太白入輿鬼中,爲大喪。太白出太微,爲中宮有兵;入斗口,爲貴將相有誅者。[8]客星見天市中,爲貴喪。是時大將軍耿寶、中常侍江京、樊豐、小黃門劉安與阿母王聖、聖子女永等并構譖太子保,并惡太子乳母男、厨監邴吉。三年九月丁酉,廢太子爲濟陰王,以北鄉侯懿代。殺男、吉,徙其父母妻子日南。[9]四年三月丁卯,安帝巡狩,從南陽還,道寢疾,至葉崩,閻后與兄衛尉顯、中常侍江京等共隱匿,不令群臣知上崩,遣司徒劉喜等分詣郊廟,告天請命,載入北宮。庚午夕發喪,尊閻氏爲太后。北鄉侯懿病薨,京等又不欲立保,白太后,更徵諸王子擇所立。中黃門孫程、王國、王康等十九人，共合謀誅顯、京等，立保爲天子，是爲孝順皇帝。皆姦人強臣狂亂王室，其於死亡誅戮，兵起宮中，是其應。[10]

[1]【劉昭注】《古今注》曰："元年四月丙午（中華本校勘記曰：'延光元年四月乙亥朔，無丙午，注有譌'），太白晝見。"

[2]【今注】太微端門：太微垣之南門，左右樞之間。案，太，大德本誤作"大"。

[3]【劉昭注】《石氏星占》："太白守昴，兵從門闕入，主人走。"郗萌曰："不有亡國，必有謀主。"又云："入昴，大赦。"

[4]【劉昭注】郗萌曰："太白入畢口（大德本、殿本無'口'字），馬馳人走。"又曰："有中喪。"

[5]【今注】左執法：其與右執法爲太微垣南門左右兩邊的執法官。

[6]【劉昭注】《古今注》曰："四月甲辰入。"

[7]【今注】案，爲近兵，中華本改"近"作"邊"，並出校勘記："據盧校改。"可從。

[8]【今注】入斗口爲貴將相有誅者：太白入斗宿中口，應在將相有誅。《開元占經》引《韓揚占》曰："南斗第一星上將，第二星相，第三星妃，第四星太子，第五星第六星天子。"故曰入斗口"將相有誅者"。

[9]【今注】日南：午中日影在南之地，實指嶺南之地。

[10]【劉昭注】《古今注》曰："永建元年二月甲午，客星入太微。五月甲子，月入斗。"《李氏家書》曰："時天有變氣，李郃上書諫曰：'臣聞天不言，縣象以示吉凶，挺災變異以爲譴誡。昔齊桓公遭虹貫牛、斗之變，納管仲之謀，令齊去婦，無近妃宮。桓公聽用，齊以大安。趙有尹史，見月生齒，齮畢大星，占有兵變（占，殿本誤作"古"）。趙君曰："天下共一畢，知爲何國

也?"下史於獄。其後公子牙謀弒君，血書端門，如史所言。乃月十三日，有客星氣象彗孛，歷天市、梗河、招搖、槍、棓，十六日入紫宮，迫北辰，十七日復過文昌、泰陵，至天船、積水間，稍微不見。客星一占曰："魯星歷天市者爲穀貴，梗河三星備非常，泰陵八星爲凶喪，紫宮、北辰爲至尊。"如占，恐宮廬之內有兵喪之變，千里之外有非常暴逆之憂。魯星不得過歷尊宿，行度從疾，應非一端，恐復有如王阿母母子賤妾之欲居帝旁耗亂政事者。誠令有之，宜當抑遠，饒足以財。王者權柄及爵祿，人天所重慎，誠非阿妾所宜干豫，天故挺變，明以示人。如不承慎，禍至變成，悔之靡及也。'"

　　孝順永建二年二月癸未，太白晝見三十九日。[1]閏月乙酉，[2]太白晝見東南維四十一日。八月乙巳，熒惑入輿鬼。太白晝見，爲強臣。熒惑爲凶。[3]輿鬼爲死喪。質星爲誅戮。是時中常侍高梵、張防、將作大匠翟醋、尚書令高堂芝、僕射張敦、尚書尹就、郎姜述、楊鳳等，及兗州刺史鮑就、使匈奴中郎張國、金城太守張篤、敦煌太守張朗，[4]相與交通，漏泄，就、述棄市，梵、防、醋、芝、敦、鳳、就、國皆抵罪。又定遠侯班始尚陰城公主堅得，鬭爭殺堅得，坐要斬馬市，同產皆棄市。[5]

　　[1]【劉昭注】《古今注》曰："丁巳，月犯心（中華本校勘記曰：'注繫永建二年二月下，查永元二年二月丁丑朔，無丁巳，注有譌'），七月丁酉，犯昴。"
　　[2]【今注】案，閏月乙酉，中華本校勘記曰："永建二年閏六月乙巳朔，無乙酉，志文有譌。"

［3］【今注】熒惑爲凶：《洪範五行傳》曰："熒惑於五常爲禮，辨上下之節於五事，爲視明察善惡之事也。禮虧視失逆夏令，則熒惑爲旱灾、爲饑、爲疾、爲亂、爲死喪、爲賊、爲妖言大怪也。"故簡言之爲凶。

［4］【今注】案，使匈奴中郎張國，中華本於"郎"下補"將"字，並出校勘記："據盧校補。"可從。

［5］【劉昭注】《古今注》曰："其年九月戊寅，有白氣，廣三尺，長十餘丈，從北落師門南至斗。三年二月癸未（中華本校勘記曰：'永建三年二月辛丑朔，無癸未，注有譌'），月犯心後星。六月甲子，太白晝見。四年二月癸丑，月犯心後星。五年閏月庚子，太白晝見。六年，彗星出於斗、牽牛，滅於虛、危。虛、危爲齊，牽牛吳、越，故海賊浮於會稽，山賊捷於濟南。五年夏，熒惑守氐，諸侯有斬者，是冬班始腰斬馬市。"【今注】同産皆棄市：同輩兄弟都斬首示衆。

　　六年四月，熒惑入太微中，犯左、右執法西北方六寸所。十月乙卯，太白晝見。十二月壬申，客星芒氣長二尺餘，西南指，色蒼白，在牽牛六度。客星芒氣白爲兵。牽牛爲吳、越。後一年，會稽海賊曾於等千餘人燒句章，殺長吏，又殺鄞、鄮長，取官兵，拘殺吏民，攻東部都尉；揚州六郡逆賊章何等稱將軍，犯四十九縣，大攻略吏民。[1]

　　［1］【今注】案，攻，大德本、殿本作"劫"，是。

　　陽嘉元年閏月戊子，[1]客星氣白，廣二尺，長五丈，起天菀西南。主馬牛，爲外軍，色白爲兵。[2]是時，敦煌太守徐白使疏勒王盤等兵二萬人入于寶界，[3]虜掠斬首三百餘級。烏桓校尉耿曄使烏桓親漢都尉戎末瘣等出塞，[4]鈔鮮卑，斬首，獲生口財物；鮮卑怨恨，鈔遼東、代郡，殺傷吏民。是後，西戎、北狄爲寇害，以馬牛起兵，馬牛亦死傷於兵中，至十餘年乃息。[5]

[1]【劉昭注】臣昭案：郎顗表云“十七日己丑”。

[2]【今注】主馬牛爲外軍色白爲兵：天苑爲天帝牧場，故客星犯之爲馬牛，又爲外軍，客星呈白色爲兵象。

[3]【今注】案，敦煌太守徐白，中華本校勘記曰：“《集解》引惠棟説，謂《西域傳》‘白’作‘由’。”

[4]【今注】案，戎末瘣，中華本校勘記曰：“《集解》引惠棟説，謂《鮮卑傳》‘末’作‘朱’。”

[5]【劉昭注】臣昭案：《郎顗傳》，陽嘉元年，太白與歲星合於房、心。二年，熒惑失度，盈縮往來，涉歷輿鬼，環繞軒轅。《古今注》曰：“二年四月壬寅（中華本校勘記曰：‘陽嘉二年四月辛未朔，無壬寅，注有譌’），太白晝見，五月癸巳（中華本校勘記曰：‘陽嘉二年五月庚子朔，無癸巳，注有譌’），又晝見，十一月辛未（中華本校勘記曰：‘陽嘉二年十一月戊戌朔，無辛未，注有譌’），又晝見。十二月壬寅（中華本校勘記曰：‘陽嘉二年十二月丁卯朔，無壬寅，注有譌’），月犯太白。三年十二月辛未，太白晝見。四月乙卯（中華本校勘記曰：‘“四月乙卯”不當置於“十二月辛未”之後，或“四月”上脱“四年”二字，然陽嘉三年四月乙丑朔，四年四月庚申朔，皆無乙卯，注顯有譌’），太白、熒惑入輿鬼。永和元年正月丁卯（正，大德本、殿本作‘五’），太白犯牽牛大星。”

永和二年五月戊申，太白晝見。八月庚子，熒惑犯南斗。斗爲吳。[1]明年五月，吳郡太守行丞事羊珍與越兵弟葉、吏民吳銅等二百餘人起兵反，[2]殺吏民，燒官亭民舍，攻太守府。太守王衡距守，吏兵格殺珍等。又江賊蔡伯流等數百人攻廣陵、九江，[3]燒城郭，殺都長。[4]

[1]【劉昭注】《黃帝經》曰："不春年，國有亂，有憂。"《海中占》："爲多火災。一曰旱。"《古今注》曰："九月壬午（中華本校勘記曰：'注繫於永和二年下，查永和二年九月丙午朔，無壬午，注有譌'），月入畢口中。"

[2]【今注】案，吳郡太守行丞事羊珍與越兵弟葉吏民吳銅等，中華本校勘記曰："《順帝紀》作'吳郡丞羊珍'，'太守'字當衍。"可從。越兵弟葉，具體情況不明。

[3]【今注】案，江賊，中華本補作"九江賊"，並出校勘記："《集解》引錢大昕說，謂《順帝紀》作'九江賊'，此脫'九'字。今據補。按：盧文弨云文法不順，紀云'攻郡界及廣陵'，得之。"可從。

[4]【今注】案，殺都長，中華本補作"殺江都長"，並出校勘記："據《集解》引錢大昕說補。按：《順帝紀》有'江'字。"可從。

三年二月辛巳，太白晝見，戊子，在熒惑西南，光芒相犯。[1]辛丑，有流星大如斗，從西北東行，長八九尺，色赤黃，有聲隆隆如雷。三月壬子，太白晝見。六月丙午，太白晝見。八月[2]乙卯，太白晝見。閏月甲寅，辰星入輿鬼。己酉，熒惑入太微。乙卯，太白

晝見。[3]太白者，將軍之官，又爲西州。[4]晝見，陰
盛，與君爭明。[5]熒惑與太白相犯，爲兵喪。流星爲
使，聲隆隆，怒之象也。辰星入輿鬼，爲大臣有死者。
熒惑入太微，亂臣在廷中。是時，大將軍梁商父子秉
勢，故太白常晝見也。其四年正月，祀南郊，夕牲，
中常侍張逵、蘧政、陽定、内者令石光、尚方令傅福
等與中常侍曹騰、孟賁爭權，[6]白帝言騰、賁與商謀
反，矯詔命收騰、賁，賁自解説，順帝寤，解騰、賁
縛。逵等自知事不從，各奔走，或自刺，解貂蟬投草
中逃亡，皆得免。其六年，征西將軍馬賢擊西羌於北
地謝姑山下，[7]父子爲羌所没殺，是其應也。

[1]【今注】"太白晝見"至"光芒相犯"：太白與熒惑同時晝
見，相遇於七寸之内。

[2]【劉昭注】《古今注》曰："己酉，熒惑入太微。"

[3]【劉昭注】《古今注》曰："十二月丁卯，月犯軒轅大星。"

[4]【今注】太白者將軍之官又爲西州：吳龔《天官星占》曰：
"太白位在西方，白帝之子，大將之象。"《開元占經》引石申曰：
"太白主秋，主西維，主金，主兵。"故曰將軍之官，爲西州。西州
者，西方之疆界也。

[5]【今注】與君爭明：臣與天子爭明，即爭權。

[6]【今注】案，陽定，中華本改作"楊定"，並出校勘記："據
《集解》引錢大昕説改。"可從。内者令，殿本誤作"内署令"。

[7]【今注】案，謝姑山，據《順帝紀》《西羌傳》，應作"射姑
山"。

　　四年七月壬午，熒惑入南斗犯第三星。[1]五年四月

戊午，太白晝見。八月己酉，熒惑入太微。斗爲貴相，爲揚州，熒惑犯入之爲兵喪。其六年，大將軍商薨。九江、丹陽賊周生、馬勉等起兵攻没郡縣。梁氏又專權於天廷中。

[1]【今注】南斗第三星：即斗宿三。

六年二月丁巳，彗星見東方，長六七尺，色青白，西南指營室及墳墓星。[1]丁丑，彗星在奎一度，長六尺，癸未昏見[2]西北，歷昴、畢、甲申，在東井，遂歷輿鬼、柳、七星、張，光炎及三臺，至軒轅中滅。[3]營室者，天子常宮。墳墓主死。彗星起而在營室、墳墓，不出五年，天下有大喪。後四年，孝順帝崩。昴爲邊兵，又爲趙。羌周馬父子後遂爲寇。又劉文刦清河相射暠，欲立王蒜爲天子，暠不聽，殺暠，王閉門距文，官兵捕誅文，蒜以惡人所刦，廢爲尉氏侯，又徙爲桓陽都鄉侯，薨，[4]國絶。歷東井、輿鬼爲秦，皆羌所攻鈔。炎及三臺，爲三公。是時，太尉杜喬及故太尉李固爲梁冀所陷入，坐文書死。及至注、張爲周，[5]滅於軒轅中爲後宮。其後懿獻后以憂死，梁氏被誅，是其應也。

[1]【劉昭注】《郗萌占》曰：“彗星出而中營室，天下亂，易政，以五色占之吉凶。”

[2]【劉昭注】《河圖》曰：“彗星出貫奎，庫兵悉出，禍在強侯、外夷，胡應逆首謀也。”

[3]【劉昭注】《古今注》曰："五月庚寅，太白晝見。十一月甲午，太白晝見。"

[4]【今注】案，蒜以惡人所刦廢爲尉氏侯又徙爲犍陽都鄉侯薨，中華本校勘記曰："清河王蒜坐貶爲尉氏侯，不得云廢，文有譌。《集解》引洪頤煊說，謂《桓帝紀》《清河孝王傳》並云蒜坐貶爲尉氏侯，徙桂陽，自殺。"

[5]【今注】注張爲周：注星、張宿爲周，即注、張的分野爲周地。注，《天官書》曰："柳爲鳥注。"即注爲柳宿。

漢安[1]二年，正月己亥，太白晝見。五月丁亥，辰星犯輿鬼。[2]六月乙丑，熒惑光芒犯鎮星。七月甲申，太白晝見。辰星犯輿鬼爲大喪。熒惑犯鎮星爲大人忌。[3]明年八月，孝順帝崩，孝沖[4]明年正月又崩。

[1]【劉昭注】《古今注》曰："元年二月壬午（中華本校勘記曰：'漢安元年二月庚戌朔，無壬午，注有譌'），歲星在太微中。八月癸丑，月犯南斗，入魁中。"

[2]【劉昭注】《古今注》曰："丙辰，月入斗中（注繫於漢安二年五月之後，查漢安二年五月癸酉朔，無丙辰，注有譌）。"

[3]【今注】熒惑犯鎮星爲大人忌：熒惑犯鎮星，即火星犯土星爲天子有災咎。《開元占經》引石申曰："填星與火合，大人惡之。"此處占語，正與石氏相合。

[4]【劉昭注】《古今注》曰："建康元年九月己亥，太白晝見。"《韓揚占》曰："天下有喪。一曰有白衣之會。"

孝質本初元年，[1]三月癸丑，熒惑入輿鬼，四月辛巳，太白入輿鬼，皆爲大喪。五月庚戌，太白犯熒惑，爲逆謀。[2]閏月一日，孝質帝爲梁冀所鴆，崩。

[1]【劉昭注】《古今注》曰："三月丁丑（三，中華本改作'二'，並出校勘記：'據盧校依《通鑑目録》改。按：是年二月丁巳朔，有丁丑，三月丙戌朔，無丁丑。'可從），月入南斗。"

[2]【今注】太白犯熒惑爲逆謀：逆謀，謀爲逆亂。《荆州占》曰："熒惑與太白相犯，大戰。太白在熒惑南，南國敗；在熒惑北，北國敗。"又曰："熒惑太白相犯，爲逆謀。"二家占語均相一致。

後漢書　志第十二

天文下

桓三十八　靈二十[1]　獻九　隕石

[1]【今注】案，二，大德本誤作“一”。

　　孝桓建和元年八月壬寅，熒惑犯輿鬼質星。二年二月辛卯，熒惑行在輿鬼中。三年五月己丑，太白行入太微右掖門，[1]留十五日，出端門。丙申，熒惑入東井。八月己亥，鎮星犯輿鬼中南星。[2]乙丑，彗星芒長五尺，見天市中，東南指，色黃白，九月戊辰不見。熒惑犯輿鬼爲死喪，質星爲戮臣，入太微爲亂臣。鎮星犯輿鬼爲喪。彗星見天市中爲質貴人。[3]至和平元年十二月甲寅，[4]梁太后崩，梁冀益驕亂矣。

　　[1]【今注】右掖門：《黃帝占》曰：“太微，天子之宮，西蕃四星，南北列。南端第一星爲上將，北間爲太陽西門，門北一星爲次將，北間爲中華西門，門北一星爲次相，北間爲太陰西門，北端一星爲上相。東蕃四星，南北列。南端第一星爲上相，北間爲太陽

東門，門北一星爲次相，北間爲中華東門，門北一星爲次將，北間爲太陰東門，北端一星爲上將。南蕃兩星，東西列，其西星，爲右執法，其東星，爲左執法。爲廷尉尚書之象。兩執法之間，太微天廷端門也。右執法西間，爲右掖門。左執法之東，爲左掖門。"參見"唐《天地瑞祥志》中的太微垣諸門示意圖"。

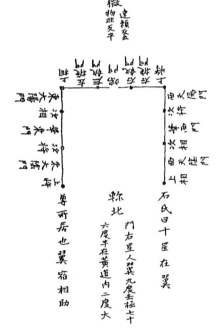

唐《天地瑞祥志》中的太微垣諸門示意圖

（圖中右邊的西天陽門、西天陰門當爲西太陽門、西太陰門之誤。
在星占家看來，異常天象進入這些門，便是帝王及
其政權受到侵犯的徵兆）

[2]【今注】犯與鬼中南星：即犯鬼宿之南星。鬼宿共四星，無中星。

［3］【今注】彗星見天市中爲質貴人：彗星見天市中，爲貴人憂。案，中華本删"質"字，並出校勘記："據盧校改。"可從。

［4］【今注】案，十二月，中華改作"二月"，並出校勘記："《集解》引錢大昕説，謂《桓帝紀》在二月，此衍'十'字。今據删。"可從。

元嘉元年二月戊子，太白晝見。永興二年閏月丁酉，太白晝見。時上幸後宮采女鄧猛，明年，封猛兄演爲南頓侯。後四歲，梁皇后崩，梁冀被誅，猛立爲皇后，恩寵甚盛。

永壽元年三月丙申，鎮星逆行入太微中，七十四日去左掖門。[1]七月己未，辰星入太微中，八十日去左掖門。八月己巳，熒惑入太微，二十一日出端門。太微，天子廷也。鎮星爲貴臣妃后，[2]逆行爲匿謀。辰星入太微爲大水，一曰後宮有憂。[3]是歲雒水溢至津門，南陽大水。[4]熒惑留入太微中，又爲亂臣。是時梁氏專政。九月己酉，晝有流星長二尺所，色黃白。癸巳，熒惑犯歲星，爲奸臣謀，大將戮。[5]

［1］【今注】去左掖門：黃道橫過左右執法星，故五星祇能犯左右掖門和端門，與其他無關。

［2］【今注】鎮星爲貴臣妃后：鎮星即土星，象徵貴臣、妃、后。有犯即貴臣、妃、后憂。

［3］【今注】辰星入太微爲大水一曰後宮有憂：水星有二解，一爲水，二爲後宮，故言。

［4］【今注】雒水溢至津門南陽大水：此爲辰入太微之應驗。

［5］【今注】爲奸臣謀大將戮：此爲熒惑犯歲星之應驗。

二年六月甲寅，[1]辰星入太微，遂伏不見。辰星爲水，爲兵，爲妃后。八月戊午，太白犯軒轅大星，爲皇后。其三年四月戊寅，熒惑入東井口中，爲大臣有誅者。其七月丁丑，太白犯心前星，爲大臣。後二年四月，[2]懿獻皇后以憂死。大將軍梁冀使太倉令秦宮刺殺議郎邴尊，又欲殺鄧后母宣，事覺，桓帝收冀及妻壽襄城君印綬，皆自殺。誅諸梁及孫氏宗族，或徙邊。是其應也。

[1]【今注】案，二年六月甲寅，中華本校勘記曰：“永壽二年六月丁巳朔，無甲寅，志文有譌。”

[2]【今注】案，四月，中華本改作“七月”，並出校勘記：“《集解》引洪亮吉説，謂‘四月’應作‘七月’，志譌。今據改。”可從。

延熹四年三月甲寅，[1]熒惑犯輿鬼質星。五月辛酉，客星在營室，稍順行，生芒長五尺所，至心一度，轉爲彗。熒惑犯輿鬼質星，大臣有戮死者。[2]五年十月，南郡太守李肅坐蠻夷賊攻盜郡縣，取財物一億以上，入府取銅虎符，肅背敵走，不救城郭；又監黎陽謁者燕喬坐贓，重泉令彭良殺無辜，皆棄市。京兆虎牙都尉宋謙坐贓，下獄死。[3]客星在營室至心作彗，爲大喪。後四年，鄧后以憂死。[4]

[1]【今注】案，延熹四年三月甲寅，中華本校勘記曰：“延熹四年三月己未朔，無甲寅，志文有譌。”

　　［2］【今注】熒惑犯輿鬼質星大臣有戮死者：熒惑犯鬼宿中的積尸氣，應驗於有大臣被誅上。熒惑爲死喪，積尸氣爲誅殺，故有此占。

　　［3］【今注】宋謙坐贓下獄死：應驗於客星犯心，大臣死上。案，宋謙，中華本校勘記曰：“《集解》引錢大昕説，謂《桓帝紀》‘宋謙’作‘宗謙’。”

　　［4］【今注】鄧后以憂死：因鄧氏專權，導致鄧后憂死。應驗於客星在營室。營室，后妃之宫，客星犯之，后妃有憂。

　　六年十一月丁亥，太白晝見。是時鄧后家貴盛。
　　七年七月戊辰，[1]辰星犯歲星。八月庚戌，熒惑犯輿鬼質星。庚申，歲星犯軒轅大星。十月丙辰，太白犯房北星。[2]丁卯，辰星犯太白。十二月乙丑，熒惑犯軒轅第二星。辰星犯歲星爲兵。熒惑犯質星有戮臣。歲星犯軒轅爲女主憂。太白犯房北星爲後宫。其八年二月，太僕南鄉侯左勝以罪賜死，[3]勝弟中常侍上蔡侯悺、北鄉侯黨皆自殺。癸亥，皇后鄧氏坐執左道廢，遷于祠宫死，[4]宗親侍中沘陽侯鄧康、河南尹鄧萬、越騎校尉鄧弼、虎賁中郎將安鄉侯鄧魯、侍中監羽林左騎鄧德、右騎鄧壽、昆陽侯鄧統、淯陽侯鄧秉、議郎鄧循皆繫暴室，[5]萬、魯死，康等免官。又荆州刺史芝、交阯刺史葛祇皆爲賊所拘略，桂陽太守任胤背敵走，皆棄市，熒惑犯輿鬼質星之應也。[6]

　　［1］【今注】案，七年七月戊辰，中華本校勘記曰：“延熹七年七月庚午朔，無戊辰，志文有譌。”
　　［2］【今注】太白犯房北星：房北星，即房右驂。

　　［3］【今注】案，太僕南鄉侯左勝，中華本校勘記曰：“《集解》引錢大昕説，謂‘左勝’《桓帝紀》《宦者傳》俱作‘左稱’。《趙岐傳》作‘左勝’，與此同。”

　　［4］【今注】案，遷于祠宮死，中華本改“祠”作“桐”，並出校勘記：“《集解》引陳景雲説，謂‘祠’當作‘桐’，和帝陰皇后廢遷桐宮事見皇后紀，可互證也。今據改。”可從。

　　［5］【今注】案，河南尹鄧萬，中華本校勘記曰：“《集解》引錢大昕説，謂‘萬’下脱‘世’字，蓋唐人避諱去之。”　案，安鄉侯鄧魯，中華本改作“安陽侯鄧會”，並出校勘記：“《集解》引錢大昕説，謂據皇后紀，‘安鄉’當作‘安陽’。據《桓帝紀》及皇后紀，‘魯’當作‘會’。今據改。”可從。下文“萬、魯死”之“魯”亦應作“會”。

　　［6］【今注】皆棄市熒惑犯輿鬼質星之應也：熒惑犯質星，應驗於大臣有戮死者，致使鄧黨剪滅。

　　八年五月癸酉，太白犯輿鬼質星。壬午，熒惑入太微右執法。閏月己未，太白犯心前星。十月癸酉，歲星犯左執法。十一月戊午，歲星入太微，犯左執法。九年正月壬辰，歲星入太微中，五十八日出端門。六月壬戌，太白行入輿鬼。七月乙未，熒惑行輿鬼中，犯質星。九月辛亥，熒惑入太微西門，積五十八日。永康元年正月庚寅，熒惑逆行入太微東門，留太微中，百一日出端門。七月丙戌，太白晝見經天。太白犯心前星，太白犯輿鬼質星有戮臣。熒惑入太微爲賊臣。[1]太白犯心前星爲兵喪。[2]歲星入太微犯左執法，將相有誅者。歲星入守太微五十日，占爲人主。太白、熒惑入輿鬼，皆爲死喪，又犯質星爲戮臣。熒惑留太微中百一日，占爲人主。[3]太白晝見經天爲兵，憂在大人。其九年十一月，太原太守劉瓆、南陽太守成瑨皆坐殺無辜，荆州刺史李隗爲賊所拘，尚書郎孟瓏坐受金漏言，皆棄市。永康元年十二月丁丑，桓帝崩，太傅陳蕃、大將軍竇武、尚書令尹勳、黃門令山冰等皆枉死，太白犯心，熒惑留守太微之應也。[4]

[1]【今注】案，太，殿本誤作"大"。

[2]【今注】太白犯心前星爲兵喪：《開元占經》引石申曰："心三星，帝座。大星者天子也。"《開元占經》引太史公曰："心三星，上星太子星，星不明，太子不得代；下星庶子星，星明，庶子代後。"又《海中占》曰：太白"犯太子，太子不得代。"

[3]【今注】熒惑留太微中百一日占爲人主：熒惑爲灾星，久留帝宮，咎在帝身。故曰"占爲人主。"

[4]【今注】太白犯心熒惑留守太微之應也：太白犯心，咎在帝座；熒惑留守太微，危及帝宮，均咎及帝身，故應在桓帝崩駕。

孝靈帝建寧元年六月，太白在西方，入太微，犯西蕃南頭星。[1]太微，天廷也。太白行其中，宮門當閉，大將被甲兵，大臣伏誅。其八月，太傅陳蕃、大將軍竇武謀欲盡誅諸宦者；其九月辛亥，[2]中常侍曹節、長樂五官史朱瑀覺之，矯制殺蕃、武等，家屬徙日南比景。[3]

[1]【今注】西蕃南頭星：指右執法星。

[2]【今注】案，其九月辛亥，中華本校勘記曰："《集解》引洪亮吉說，謂'辛亥'《靈紀》作'丁亥'。"

[3]【今注】日南比景：日南郡中午日影無影處。日南，指日南郡。比景，夏至中午無日影之地。比即相鄰、相近，日影落在附近。

熹平元年十月，熒惑入南斗中。占曰："熒惑所守爲兵亂。"斗爲吳。其十一月，會稽賊許昭聚衆自稱大將軍，昭父生爲越王，攻破郡縣。

二年四月，有星出文昌，入紫宮，蛇行，有首尾無身，[1]赤色，有光照垣牆。八月丙寅，太白犯心前星。辛未，[2]白氣如一匹練，衝北斗第四星。[3]占曰："文昌爲上將貴相。[4]太白犯心前星，爲大臣。"後六年，司徒劉群爲中常侍曹節所譖，下獄死。[5]白氣衝北斗爲大戰。明年冬，揚州刺史臧旻、丹陽太守陳寅，[6]攻盜賊且康，斬首數千級。

[1]【今注】有首尾無身：流星斷爲兩節。
[2]【今注】案，"八月丙寅"至"辛未"，中華本校勘記曰："熹平二年八月丁丑朔，無丙寅、辛未，志文有譌。"
[3]【今注】北斗第四星：指北斗四天權。
[4]【今注】文昌爲上將貴相：《史記·天官書》曰："斗魁戴匡六星，曰文昌宮。"《開元占經》引陳卓曰："文昌，一星上將，大將軍也；二曰次將，尚書也；三曰貴相，太常也；四曰司中，司隸也；五曰司怪，太史也；六曰大理，廷尉也。"故文昌象徵朝中主要執政大臣。
[5]【今注】案，劉群，中華本改作"劉郃"，並出校勘記："《集解》引錢大昕説，謂案熹平之世，司徒無下獄死者。惟光和二年劉郃以謀誅宦官下獄死，'群'當爲'郃'之譌也。自熹平二

年至光和二年，相距恰六載。又引惠棟説，謂‘群’本紀作‘郡’。今據改。”可從。

　　[6]【今注】案，丹陽太守陳寅，中華本校勘記曰：“《集解》引惠棟説，謂《靈帝紀》‘寅’作‘夤’。”

　　光和元年四月癸丑，流星犯軒轅第二星，東北行入北斗魁中。八月，彗星出亢北，入天市中，長數尺，稍長至五六丈，赤色，經歷十餘宿，八十餘日，乃消於天苑中。[1]流星爲貴使，軒轅爲内宫，北斗魁主殺。流星從軒轅出抵北斗魁，是天子大使將出，有伐殺也。至中平元年，黄巾賊起，上遣中郎將皇甫嵩、朱儁等征之，斬首十餘萬級。彗除天市，天帝將徙，帝將易都。至初平元年，獻帝遷都長安。

　　[1]【今注】案，苑，紹興本、大德本、殿本誤作“菀”。天苑，星官名。屬昴宿，共十六星。

　　三年冬，彗星出狼、弧，東行至于張乃去。張爲周地，彗星犯之爲兵亂。後四年，京都大發兵擊黄巾賊。

　　五年四月，熒惑在太微中，守屏。[1]七月，彗星出三臺下，[2]東行入太微，至太子、幸臣，[3]二十餘日而消。十月，歲星、熒惑、太白三合於虚，相去各五六寸。如連珠。占曰：“熒惑在太微爲亂臣。”是時中常侍趙忠、張讓、郭勝、孫璋等，[4]並爲姦亂。彗星入太微，天下易主。至中平六年，宮車晏駕。歲星、熒惑、太白三合於虛爲喪。虛，齊也。明年，琅邪王據薨。

[1]【今注】熒惑在太微中守屛：屛，即内屛四星，黄道從附近通過，故熒惑守之。

[2]【今注】三臺下：即三臺星中的下臺二星。

[3]【今注】太子、幸臣：指太微垣中帝座北的太子星、幸臣星。

[4]【今注】案，郭勝，中華本校勘記曰：“《集解》引惠棟説，謂《袁紀》‘勝’作‘脈’。”

　　光和中，國皇星東南角去地一二丈，如炬火狀，十餘日不見。占曰：“國皇星爲内亂，外内有兵喪。”[1]其後黄巾賊張角燒州郡，朝廷遣將討平，斬首十餘萬級。中平六年，宮車晏駕，大將軍何進令司隸校尉袁紹私募兵千餘人，陰時雒陽城外，竊呼并州牧董卓使將兵至京都，共誅中官，對戰南、北宮闕下，死者數千人，燔燒宮室，遷都西京。及司徒王允與將軍吕布誅卓，卓部曲將郭汜、李催旋兵攻長安，公卿百官吏民戰死者且萬人。天下之亂，皆自内發。

[1]【今注】國皇星爲内亂外内有兵喪：《史記·天官書》曰：“國皇星，大而赤，狀類南極，所出，其下起兵，兵彊；其衝不利。”可見國皇星爲超新星之類的異常天體。

　　中平二年十月癸亥，客星出南門中，[1]大如半筵，五色喜怒稍小，至後年六月消。占曰：“爲兵。”至六年，司隷校尉袁紹誅滅中官，大將軍部曲將吳匡攻殺車騎將軍何苗，死者數千人。

[1]【今注】客星出南門中：中國古代的南門有二，一是角宿之南的南門二星，二是井宿南北的南河戍和北河戍，也稱南門。《夏小正》所載"南門正"就是指後者。而前者之南門，當爲三國時陳卓整理三家星表後確定。注者以爲，此處之南門正是指井宿附近之南門。實際上，角宿南之南門星在黃河中下游是很難見到的，又何況其附近的客星了。此當爲超新星爆發記録。

三年四月，熒惑逆行守心後星。十月戊午，月食心後星。占曰："爲大喪。"後三年而靈帝崩。

五年二月，彗星出奎，逆行入紫宮，後三出，六十餘日乃消。六月丁卯，客星如三升椀，[1]出貫索西南，行入天市，[2]至尾而消。占曰："彗除紫宮，天下易主。客星入天市，爲貴人喪。"明年四月，宮車晏駕。中平中夏，[3]流星赤如火，長三丈，起河鼓，入天市，抵觸宦者星，色白，長二三丈，後尾再屈，食頃乃滅，狀似枉矢。[4]占曰："枉矢流發，其宮射，所謂矢當直而枉者，操矢者邪枉人也。"中平六年，大將軍何進謀盡誅中官，中官覺，[5]於省中殺進；[6]俱兩破滅，天下由此遂大壞亂。

[1]【今注】三升椀：能裝三升物品大小的碗。椀，同"碗"。
[2]【今注】案，出貫索西南行入天市，中華本標點爲"出貫索，西南行入天市"。由於天市垣在貫索東南，所以如此標點有誤，

當作正文中標點法。

　　[3]【今注】中平中夏：中平年間的夏天。中平，東漢靈帝劉宏年號（184—189）。

　　[4]【今注】狀似枉矢：枉矢，尾曲蛇行的流星。《史記·天官書》曰：「枉矢，類大流星，蛇行而倉黑，望之如有毛羽然。」參見「古代文獻中的流星分類圖」。

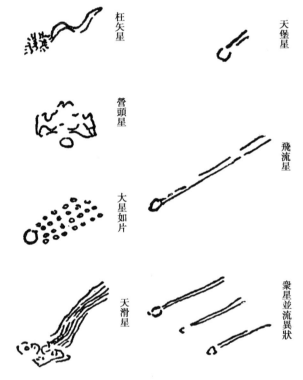

古代文獻中的流星分類圖

（志文中所載枉矢星、營頭星等形狀，這裏都繪有相應的示意圖形）

　　[5]【今注】案，底本無「中官覺」三字，不可讀，中華本

補，並出校勘記：“盧校謂脱‘中官覺’三字，《通考》有。今據補。按：汲本重‘中官’二字，脱‘覺’字。”今從補。

[6]【今注】省中：禁宮之中。

六年八月丙寅，太白犯心前星，戊辰犯心中大星。其日未冥四刻，[1]大將軍何進於省中爲諸黄門所殺。己巳，車騎將軍何苗爲進部曲將吳匡所殺。

[1]【今注】未冥四刻：未暗前四刻。

孝獻初平三年九月，[1]蚩尤旗見，[2]長十餘丈，色白，出角、亢之南。占曰：“蚩尤旗見，則王征伐四方。”[3]其後丞相曹公征討天下且三十年。

[1]【今注】案，三，大德本、殿本作“二”，是。《獻紀》“蚩尤旗見”事情亦繫於二年。

[2]【今注】蚩尤旗：彗星的一種，後曲似旗。《史記·天官書》曰：“蚩尤之旗，類彗而後曲，象旗。見則王者征伐四方。”

[3]【今注】案，王，殿本作“主”。

四年十月，孛星出兩角間，[1]東北行入天市中而滅。占曰：“彗除天市，天帝將徙，帝將易都。”[2]是時上在長安，後二年東遷，明年七月，至雒陽，其八月，曹公迎上都許。

[1]【今注】兩角間：彗星出現於角、宿兩星之間。

[2]【今注】帝將易都：據占辭，彗星掃天市，國家將遷都，

以應天市交易之義。

建安五年十月辛亥，有星孛于大梁，[1]冀州分也。時袁紹在冀州。其年十一月，紹軍爲曹公所破。七年夏，紹死，後曹公遂取冀州。

[1]【今注】有星孛于大梁：彗星出現於大梁星次。大梁，西方第二個星次，包括胃宿、昴宿、畢宿。對應於魏都開封，一説大梁趙之分野，故有此占語。

九年十一月，有星孛于東井輿鬼，[1]入軒轅太微。十一年正月，星孛于北斗，首在斗中，尾貫紫宮，及北辰。[2]占曰："彗星掃太微宮，人主易位。"其後魏文帝受禪。

[1]【今注】案，九年十一月有星孛于東井輿鬼，中華本校勘記曰："《集解》引洪亮吉説，謂《獻紀》作'十月'。"
[2]【今注】首在斗中尾貫紫宮及北辰：這裏將彗星的分布狀態描述得很具體，頭在北斗星處，身處紫宮之中，尾及北極星附近。

十二年十月辛卯，有星孛于鶉尾，[1]荆州分也，時荆州牧劉表據荆州，時益州從事周群以荆州牧將死而失土。[2]明年秋，表卒，以小子琮自代。曹公將伐荆州，琮懼，舉軍詣公降。

[1]【今注】鶉尾：南方第三個星次，包括翼宿和軫宿。

[2]【今注】案，時益州從事周群以荆州牧將死而失土，中華本删補爲"益州從事周群以爲荆州牧將死而失土"，並出校勘記："《校補》謂案文'時'字衍，'以'下脱'爲'字。今據删補。"可從。

十七年十二月，有星孛于五諸侯。周群以爲西方專據土地者，皆將失土。[1]是時益州牧劉璋據益州，漢中太守張魯別據漢中，韓遂據涼州，宋建別據枹罕。[2]明年冬，曹公遣偏將擊涼州。十九年，獲宋建；韓遂逃于羌中，病死。其年秋，璋失益州。二十年秋，公攻漢中，[3]魯降。

[1]【今注】"孛于五諸侯"至"皆將失土"：五諸侯，在東井北，近北河戍星。彗星見五諸侯，將應驗在益州、梁州失去土地上。

[2]【今注】案，宋建別據枹罕，中華本改"宋"作"宗"，並出校勘記："殿本《考證》謂何焯校本'宋'改'宗'。今據改。"可從。下文"宋建"亦應作"宗建"。

[3]【今注】案，公攻漢中，殿本於"公"上有"曹"字，是。

十八年秋，歲星、鎮星、熒惑俱入太微，逆行留守帝坐百餘日。占曰："歲星入太微，人主改。"

二十三年三月，孛星晨見東方二十餘日，夕出西方，犯歷五車、東井、五諸侯、文昌、軒轅、后妃、太微，鋒炎指帝坐。占曰："除舊布新之象也。"[1]

[1]【今注】案，以上歲星、鎮星、熒惑入太微，彗星犯太微、帝座，都應驗於除舊布新、更改帝位之上。

殤帝延平元年九月乙亥，隕石陳留四。[1]《春秋》僖公十六年，隕石于宋五，《傳》曰隕星也。董仲舒以爲從高反下之象。或以爲庶人惟星，隕，民困之象也。[2]

[1]【今注】隕石：以上均以年代記録天象，不分種類，但無隕石記録。以下專載東漢兩條隕石紀録。似與以上分類不協調。隕石是從宇宙空間穿過地球大氣層落到地面上的天然固態物體，又稱隕星。隕星有石質和鐵質兩種，中國古代常有發現和記録。《史記·天官書》就有隕石的記載：“星墜至地，則石也。河濟之間，時有墜星。”

[2]【今注】隕民困之象也：隕星，爲人民困乏之象。這僅是星占家對隕星現象的一種解釋，更多的則與戰事相聯繫。《史記·天官書》曰：“天狗狀如大奔星，有聲。其下至地，類狗。千里破軍殺將。”《春秋緯》則説：“大奔星有聲，望之如火光，見則破軍，四方相射。又近驗前代邊將敗績，多有奔星墜其營中。”《晉書·天文志》則記載得更明確：“蜀後主建興十三年，諸葛亮帥大衆伐魏，屯於渭南。有長星赤而芒角，自東北西南流，投亮營，三投再還，往大還小。占曰：‘兩軍相當，有大流星來走軍上，及墜軍中者，皆破敗之徵也。’九月，亮卒於軍，焚營而退。群帥交怨，多相誅殘。”奔星墜入諸葛亮軍營，必有破軍殺將。諸葛亮死後，蜀軍在敗退中自相殘殺，正應驗在占辭上。

桓帝延熹七年三月癸亥，[1]隕石右扶風一，鄠又隕石二，皆有聲如雷。

［1］【今注】案，延熹七年三月癸亥，中華本校勘記曰：“延熹七年三月壬申朔，無癸亥，志文有譌。”

後漢書　志第十三

五行一^[1]

貌不恭　淫雨　服妖　雞禍　青眚　屋自壞　訛言
旱　謠　狼食人

[1]【今注】案，《五行志》始自班固《漢書》，以五行（木、火、土、金、水）、五事（貌、言、視、聽、思）和皇極三大類來統攝各種災異現象，這三大類都源自《尚書·洪範》。《洪範》提出了治國大法的核心在於天賜的"九疇"，即九項神聖法則："初一曰五行；次二曰敬用五事；次三曰農用八政；次四曰協用五紀；次五曰建用皇極；次六曰乂用三德；次七曰明用稽疑；次八曰念用庶徵；次九曰嚮用五福，威用六極。"其中"五行"是水、火、木、金、土，"水曰潤下，火曰炎上，木曰曲直，金曰從革，土爰稼穡。潤下作鹹，炎上作苦，曲直作酸，從革作辛，稼穡作甘"。潤下、炎上等是五行的屬性，鹹、苦、酸、辛、甘是由屬性派生出來的五味。"五事"指貌、言、視、聽、思五種行爲舉止和心理活動，"貌曰恭，言曰從，視曰明，聽曰聰，思曰睿。恭作肅，從作乂，明作晢，聰作謀，睿作聖"。恭、從、明、聰、睿是君主日常行爲的規範，肅、乂、晢、謀、聖是遵守規範後達到的效果。"建用皇極"指君王須以中道建立天子之位。因此，任何事物、現象，祇要違背了五行、五事、皇極的原則，必爲災異。在此觀念基礎

上，漢儒發展出了《洪範五行傳》，專門解說《洪範》，進而又衍生出不少對《洪範五行傳》的解說之書，如許商的《五行傳記》、劉向的《洪範五行傳論》、劉歆的《五行傳說》，等等。《漢書·五行志》是糅合了《洪範》原始感應説、古老的月令傳統、京房《易》學、漢代《春秋》學等諸多思想而成之先秦至於西漢末年的災異大全。後世史書遂沿用這一志書體例，但在具體的結構上又有變化。《漢書·五行志》五行、五事、皇極分述，不相統屬，《晉書·五行志》《隋書·五行志》的結構與之相同。本書《五行志》將五行與五事併在一起，以五行統攝五事，固定以木—貌、金—言、火—視、水—聽、土—思的方式搭配，《宋書·五行志》是這種結構中最爲齊整的，《南齊書·五行志》雖不齊整，但也可以看得出是這種搭配方式。就層級而言，《漢書·五行志》先引“經”（《洪範》），次引“傳”（《洪範五行傳》），再引“説”（漢儒對於《洪範五行傳》的各種解説），最後是具體實例，有四個層級。本書《五行志》不引“經”而直接引《五行傳》，“傳曰”下的“説曰”時有時無，代之以具體的事例解釋，“説曰”不像《漢書》那樣是專門作爲層級的一項出現，而是成爲解説實例的依據。因此基本是兩層結構：傳（《洪範五行傳》）——事例，比起班固大大簡化。比較兩種體例結構，可以明顯感覺到，魏晉以後《五行傳》成了《五行志》最基本的理論來源。

　　《五行傳》説及其占應，[1]《漢書·五行志》録之詳矣。[2]故泰山太守應劭、給事中董巴、散騎常侍譙周[3]並撰建武以來災異。[4]今合而論之，以續《前志》云。[5]

　　[1]【今注】五行傳：即《洪範五行傳》。傳爲西漢伏生或夏侯始昌所撰，闡發《尚書·洪範》中的陰陽五行大義，並經劉向、

劉歆等人進一步詮釋，將《洪範》的"五行""五事""皇極"等與"災異"結合起來，建構了一套標準的陰陽五行系統。該書所確立的災異歸類方法、災異學思想，深刻地影響了歷代正史《五行志》的編撰。

　　[2]【今注】漢書五行志：班固撰，共五卷，上卷談"五行"，主要記錄各種災害；中之上、中之下和下之上三卷講"五事"，記錄各種異象；下之下是"皇極"，記錄日月星辰的變異。其内容既講陰陽五行災異，又記錄了天象和自然災害史等各項資料。

　　[3]【劉昭注】《蜀志》曰："周字允南，巴西西充國人也。治《尚書》，兼通諸經及圖緯。州郡辟請皆不應。耽古篤學，誦讀典籍，欣然獨笑，以忘寢食。蜀亡，魏徵不至。"【今注】應劭：字仲遠，汝南南頓（今河南項城市西）人。東漢靈帝時期，舉孝廉出身，起家車騎將軍掾史。舉高第，累授泰山太守。後投奔袁紹，最終病逝於鄴城。撰有《漢官儀》和《風俗通》，並爲《漢書》做過《音義集解》。傳見本書卷四八。　董巴：三國時魏國官吏，任給事中博士騎都尉。曾與辛毗等人進言勸以魏代漢。撰有《大漢興服志》。　蜀志：此處引自陳壽《三國志》卷四二《蜀書‧譙周傳》。案，曹金華《後漢書稽疑》指出劉昭摘引此條時有錯漏删減，且"'治《尚書》'前脱去'父字榮始'五字，遂將'治《尚書》'迄於'皆不應'之十七字訛爲譙周事迹"（中華書局2014年版，第1419頁）。　西充國：縣名。東漢時改充國縣爲西充國縣，屬巴西郡，治所在今四川閬中市木蘭鄉。　圖緯：圖讖和緯書。《文選》蔡邕《郭有道碑文》："遂考覽六經，探綜圖緯。"李善注："圖，河圖也。緯，六經及《孝經》皆有緯也。"　辟請：即辟聘，指徵聘、徵召。應劭《風俗通‧十反‧太尉沛國劉矩》："而叔方雅有高問，遠近偉之，州郡辟請，未嘗答命，往來京師，委質通門。"

　　[4]【今注】建武：東漢光武帝劉秀年號（25—56）。

[5]【今注】以續前志：《前志》指《漢書·五行志》。班固《漢書》始創《五行志》，記載了先秦至西漢的災異，本志則意圖接續《漢書·五行志》，繼續記載東漢時期的災異。

《五行傳》曰：“田獵不宿，[1]飲食不享，[2]出入不節，[3]奪民農時，[4]及有姦謀，[5]則木不曲直。”[6]謂木失其性而爲災也。又曰：“貌之不恭，是謂不肅。[7]厥咎狂，[8]厥罰恒雨，[9]厥極惡。[10]時則有服妖，[11]時則有龜孽，[12]時則有雞禍，[13]時則有下體生上之痾，[14]時則有青眚、青祥，[15]惟金沴木。”[16]説云：氣之相傷謂之沴。[17]

[1]【劉昭注】鄭玄注《尚書大傳》曰：“不宿，不宿禽也。角主天兵。《周禮》四時習兵，因以田獵。《禮志》曰：‘天子不合圍，諸侯不掩群。過此則暴天物，爲不宿禽。’角南有天庫、將軍、騎官。”《漢書音義》曰：“遊田馳騁，不反宮室。”【今注】鄭玄：字康成，北海高密（今山東高密市西南）人。通《京氏易》《公羊春秋》。又從張恭祖學《周禮》《左氏春秋》《古文尚書》。後事馬融，博通群經。學成而歸聚徒講學，弟子千人。東漢桓帝時受黨禍禁錮，杜門修業。玄以古文經學爲主，兼采今文經説，自成一家，著《毛詩箋》，注《周易》《尚書》《三禮》《論語》。傳見本書卷三五。　角主天兵：角，星宿名，二十八星宿之一。二十八宿是指分布在天赤道及黃道附近的二十八個星座，包括東方青龍七宿：角、亢、氐、房、心、尾、箕；北方玄武七宿：斗、牛、女、虛、危、室、壁；西方白虎七宿：奎、婁、胃、昴、畢、觜、參；南方朱雀七宿：井、鬼、柳、星、張、翼、軫。古代天文學中以人事比附星象，二十八宿各司其職，反映了“天人合一”的思想。角

宿象徵天神之兵。《晉書·天文志上》："角二星爲天關，其間天門也，其内天庭也。故黄道經其中，七曜之所行也。左角爲天田，爲理，主刑；其南爲太陽道。右角爲將，主兵；其北爲太陰道。"

禮志：指《禮記·王制》，該篇主要闡述君主治理天下的規章制度。

天庫將軍騎官：皆星名。天庫又稱庫樓，《隋書·天文志》"庫樓十星……一曰天庫，兵車之府也。"《史記·天官書》："房南衆星曰騎官。"　漢書音義：書名。爲《漢書》做音義注解的注釋書。史載《漢書音義》有多部，不知此處是何人所撰。

［2］【劉昭注】鄭玄曰："享，獻也。《禮志》曰：'天子諸侯，無事則歲三田：一爲乾豆，二爲賓客，三爲充君之庖。'《周禮》獸人，冬獻狼，夏獻麋，春秋獻獸物，此獻禮之大略也。"注《五行》稱"鄭玄曰"，皆出注《大傳》也。《漢書音義》曰："無獻享之禮。"【今注】三田：古代天子、諸侯每年田獵三次，稱爲三田。《禮記·王制》："天子諸侯，無事則歲三田。"孔穎達疏："天子諸侯無事者，謂無征伐出行喪凶之事，則一歲三時田獵，獵在田中，又爲田除害，故稱田也。"

［3］【劉昭注】鄭玄曰："角爲天門，房有三道，出入之象也。"【今注】天門：指東方七宿角宿中兩星之間所形成的門户。《晉書·天文志上》："角二星爲天關，其間天門也，其内天庭也。"

三道：星辰運行的三條軌道。《七緯·尚書緯·尚書運期授》："房，四表之道。"宋均注："四星間有三道，日月五星所從出入也。"李大瑛曰："《天鏡經》：'天有四表。四表者，房星也。三道者，房間三道。南間爲上道，中央爲中道，秋間爲下道。'"

［4］【劉昭注】鄭玄曰："房、心，農時之候也。季冬之月，命農師計耦耕事，是時房、心晨中。《春秋傳》曰：'辰爲農祥，后稷之所經緯也。'"【今注】房：星宿名。二十八宿之一。古時以爲主車馬，故稱之爲"天駟""房駟"。《史記·天官書》："房爲府，曰天駟。其陰，右驂。"　心：星宿名。二十八宿之一。《史

記·天官書》：“心爲明堂，大星天王，前後星子屬。” 春秋傳：即《春秋左氏傳》。 后稷：周朝的先祖。傳説姜嫄踐天帝足迹，懷孕生子，因曾棄而不養，故名之爲“棄”。虞舜命爲農官，教民耕稼，稱爲“后稷”。《詩·大雅·生民》：“載生載育，時維后稷。”

[5]【劉昭注】鄭玄曰：“亢爲朝廷，房、心爲明堂，謀事出政之象。”【今注】亢：星宿名。二十八宿之一。《史記·天官書》：“亢爲疏廟。”《索隱》引《元命包》曰：“亢四星爲廟廷。”

[6]【劉昭注】鄭玄曰：“君行此五者，爲逆天東宮之政。東宮於地爲木，木性或曲或直，人所用爲器也。無故生不暢茂，多折槁，是爲木不曲直。木、金、水、火、土謂之五材，《春秋傳》曰：‘天生五材，民並用之。’其政逆則神怒，神怒則材失性，不爲民用。其他變異皆屬沴，沴亦神怒。凡神怒者，日、月、五星既見適于天矣（適，殿本作‘讁’）。”《洪範》：“木曰曲直。”孔安國曰：“木可以揉曲直。”【今注】洪範：《尚書》篇名。《漢書·五行志》曰：“禹治洪水，賜《雒書》，法而陳之，《洪範》是也。”該篇歷來被古代政治家視作治國大法，其核心在於天賜之“九疇”：“初一曰五行；次二曰敬用五事；次三曰農用八政；次四曰協用五紀；次五曰建用皇極；次六曰乂用三德；次七曰明用稽疑；次八曰念用庶徵；次九曰嚮用五福，威用六極。” 孔安國：字子國。孔子後裔，受《詩》於申公，受《尚書》於伏生。西漢武帝時爲博士，官至諫大夫、臨淮太守。傳見《漢書》卷五八。

[7]【劉昭注】鄭玄曰：“肅，敬也。君貌不恭，則是不能敬其事也。”《洪範》曰：“貌曰恭。”

[8]【劉昭注】鄭玄曰：“君臣不敬，則倨慢如狂。”《方儲對策》曰：“君失制度，下不恭承，臣恣淫慢。”【今注】方儲對策：書名。方儲，字聖明。習孟氏《易》，精圖讖，善天文。東漢章帝建初舉賢良方正，對策第一，其對策後來編撰成書。傳見謝承《後

漢書》卷六。

[9]【劉昭注】鄭玄曰：“貌曰木，木主春，春氣生；生氣失則踰其節，故常雨也。”《管子》曰：“冬作土功，發地藏，則夏多暴雨，秋雨霖不止。”《淮南子》曰：“金不收則多淫雨。”【今注】管子：書名。託名管子所著，成書於戰國至秦漢時期，內容龐雜，含法家、儒家、道家、陰陽家、名家、兵家和農家等觀點。《漢書·藝文志》將其列入子部道家類，《隋書·經籍志》將其列入法家類，《四庫全書總目》將其列入子部法家類。　淮南子：書名。西漢淮南王劉安及其門客收集史料集體編寫而成。其繼承先秦黃老思想，並綜合了諸子百家學説。《漢書·藝文志》將其歸入“雜家”，《隋書·經籍志》列入縱橫類，《四庫全書總目》歸入“雜家”，屬於子部。

[10]【劉昭注】孔安國曰：“醜陋。”

[11]【劉昭注】鄭玄曰：“服，貌之飾也。”

[12]【劉昭注】鄭玄曰：“龜蟲之生於水而游於春者，屬木。”

[13]【劉昭注】鄭玄曰：“雞畜之有冠翼者也，屬貌。”《洪範傳》曰：“妖者，敗胎也，少小之類，言其事之尚微也。至孽，則牙孽也，至乎禍則著矣。”

[14]【劉昭注】鄭玄曰：“痾，病也，貌氣失之病也。”《漢書音義》曰：“若梁孝王之時，牛足反出背上也。此下欲伐上之禍。”

[15]【劉昭注】鄭玄曰：“青，木色也。眚生於此，祥自外來也。”

[16]【劉昭注】鄭玄曰：“沴，殄也。凡貌、言、視、聽、思心，一事失，則逆人之心，人心逆則怨，木、金、水、火、土氣爲之傷。傷則衝勝來乘殄之，於是神怒人怨，將爲禍亂。故五行先見變異，以譴告人也。及妖、孽、禍、痾、眚、祥皆其氣類，

暴作非常，爲時怪者也。各以物象爲之占也。”【今注】沴：惡氣，指無形世界的怪異，屬“氣”的範疇。《漢書·五行志中之上》引“說”曰：“氣相傷，謂之沴。沴猶臨莅，不和意也。”　貌言視聽思心：即五事，《洪範》所言“九疇”之一。《尚書·洪範》：“五事：一曰貌，二曰言，三曰視，四曰聽，五曰思。貌曰恭，言曰從，視曰明，聽曰聰，思曰睿。恭作肅，從作乂，明作哲，聰作謀，睿作聖。”　衝勝：衝，動搖、湧搖。《說文·水部》：“沖，湧搖也。”勝，《說文·力部》：“任也。從力朕聲。”　妖孽禍痾眚祥：古代士人階層對於世界呈現的怪異現象的描述用語，按照由低到高的級別，程度逐漸加深。《漢書·五行志中之上》引“說”曰：“凡草物之類謂之妖。妖猶夭胎，言尚微。蟲豸之類謂之孽。孽則牙孽矣。及六畜，謂之旤，言其著也。及人，謂之痾。痾，病貌，言寖深也。甚則異物生，謂之眚；自外來，謂之祥。祥猶禎也。”妖用於描述草物之類的怪異，是最低層次，其中又分兩種情況：“草”和“物”。孽用於描述蟲豸之類的怪異，層次比妖稍高。所謂“蟲豸”是指除了家畜以外的動物，有足爲蟲，無足爲豸。禍用於描述六種家畜的怪異，層次又比孽稍高，包括雞禍、犬禍、羊禍、豕禍（彘禍）、牛禍和馬禍，這種排列方式是和《易》相對應的：巽—雞、兌—犬、離—羊、坎—豕（彘）、坤—牛、乾—馬。痾用於描述人的怪異，包括下體生上之痾、口舌之痾、目痾、耳痾、心腹之痾和下人伐上之痾。眚、祥一般連用，描述生物界以外的有形世界的怪異，主要根據顏色來判斷：木—青、金—白、火—赤、水—黑、土—黃。

[17]【劉昭注】《尚書大傳》曰：“凡六沴之作，歲之朝，月之朝，日之朝，則后王受之。歲之中，月之中，日之中，則正卿受之。歲之夕，月之夕，日之夕，則庶民受之。”鄭玄曰：“自正月盡四月爲歲之朝，自五月盡八月爲歲之中，自九月盡十二月爲歲之夕。上旬爲月之朝，中旬爲月之中，下旬爲月之夕。平旦至

食時爲日之朝，隅中至日昳爲日之中（日昳，殿本作‘日映’，‘昳’通‘映’），晡時至黃昏爲日之夕。受之，受其凶咎也。”《大傳》又云：“其二辰以次相將，其次受之。”鄭玄曰：“二辰謂日、月也。假令歲之朝也，日、月中則上公受之，日、月夕則下公受之；歲之中也，日、月朝則孤卿受之，日、月夕則大夫受之；歲之夕也，日、月朝則上士受之，日、月中則下士受之。其餘差以尊卑多少，則悉矣。”《管子》曰：“明王有四禁：春無殺伐，無割大陵，伐大木（木，殿本作‘本’，誤），斬大山，行大火，誅大臣，收穀賦錢；夏無遏水，達名川，塞大谷，動土功，射鳥獸；秋無赦過，釋罪，緩刑；冬無爵賞祿，傷伐五藏。故春政不禁，則五穀不成；夏政不禁，則草木不榮；秋政不禁，則姦邪不勝；冬政不禁，則地氣不藏。四者俱犯，則陰陽不和，風雨不時，火流邑，大風飄屋，折樹木，地草夭，冬雷，草木夏落，而秋蟲不藏，宜死者生，宜蟄者鳴，多螣蟇蟲也。六畜不蕃，民多夭死，國貧法亂，逆氣下生。故曰臺榭相望者，亡國之廉也；馳車充國者，追察之馬也；翠羽朱飾者，斬生之斧也；五采纂組者，蓄功之室也。明王知其然（王，當作‘主’，中華本徑改），故遠而不近，能去此取彼，則主道備也（主，大德本、殿本作‘王’，是）。”《續漢書》曰：“建武二年，尹敏上疏曰：‘六沴作見，若是供御，帝用不差，神則大喜，五福乃降，用章于下。若不供御，六罰既侵，六極其下。明供御則天報之福，不供御則禍災至。欲尊六事之體，則貌、言、視、聽、思、心之用，合六事之揆以致乎太平（合，大德本作“治”），而消除轊軻孽害也。’”【今注】六沴：沴，服虔注云：“害也。”六氣不和，氣不和而相傷爲沴。平旦：天亮的時候。古人根據天色把夜半以後分爲雞鳴、昧旦、平旦三階段，昧旦指天將亮而未亮的時間，平旦指天亮的時間。　食時：古人“朝食”（吃早飯）之時，即7至9時。　隅中：將午之時，即9至11時。　日昳：太陽偏西之時，即每天13至15時。

晡時：傍晚吃飯的時刻，即 15 至 17 時。　黃昏：太陽已落，天未黑的時候，19 至 21 時。　大陵：大的墳陵。　蟄：動物入冬藏伏土中，不飲不食。干寶《搜神記》卷一二：“蟲土閉而蟄，魚淵潛而處。”　螟螣：兩種害蟲。《詩・小雅・大田》：“去其螟螣，及其蟊賊。”毛傳：“食心曰螟，食葉曰螣。”又《古今韻會舉要》卷二八：“螟，蟲名。山南多饒此物，如蚊而小，攢聚映日，齧人作痕。”　六畜：馬、牛、羊、雞、狗、豬。《左傳》昭公二十五年：“爲六畜、五牲、三犧，以奉五味。”杜預注：“馬、牛、羊、雞、犬、豕。”　六罰：恒雨、恒陽、恒奧、恒寒、恒風、恒陰。　六極：六種人世困厄之事，是君王用以懲治爲惡者的手段。《尚書・洪範》：“六極：一曰凶短折，二曰疾，三曰憂，四曰貧，五曰惡，六曰弱。”孔穎達疏：“六極，謂窮極惡事有六。”　轗軻：坎坷，路不平。《樂府古辭・滿歌行》：“轗軻世間，何有何亡。”

　　建武元年，赤眉賊率樊崇、逢安等共立劉盆子爲天子。[1]然崇等視之如小兒，百事自由，初不恤錄也。[2]後正旦至，君臣欲共饗，既坐，酒食未下，群臣更起，亂不可整。時大司農楊音案劍怒曰：[3]“小兒戲尚不如此！”其後遂破壞，安等皆誅死。[4]唯音爲關內侯，[5]以壽終。

　　[1]【今注】赤眉：新莽時期的農民起義軍，以樊崇爲首。爲與王莽軍隊區別，將眉塗成赤紅色，故稱“赤眉”。《漢書》卷九九下《王莽傳下》：“赤糜聞之，不敢入界。”顏師古曰：“糜，眉也。以朱塗眉，故曰赤眉。古字通用。”　樊崇：字細君。王莽天鳳五年（18）率百餘人起事於莒，得饑民擁護大破王莽軍。所部發展至十餘萬，號赤眉軍，爲統帥。更始三年（25）擁立劉盆子，進軍長安，推翻劉玄政權。東漢光武帝建武三年（27）爲劉秀所困，

敗降。力圖再起，被殺。　逢安：字少子。王莽天鳳五年，樊崇起事，安起兵回應，爲赤眉軍首領之一。劉玄更始二年，與崇等進兵關中，後擁立劉盆子爲帝，任左大司馬。光武帝建武三年，與樊崇、劉盆子等降漢。後圖再起，被殺。　劉盆子：西漢城陽王劉章之後。傳見本書卷一一。

[２]【今注】恤録：予以撫恤，並記其功。《漢書》卷九九上《王莽傳上》：“孝武皇帝恤録軍功，裂三萬户以封衛青，青子三人，或在繦褓，皆爲通侯。”

[３]【今注】大司農楊音：赤眉軍首領之一。初從劉玄，後擁立劉盆子爲帝，任大司農，入長安。光武帝建武三年爲劉秀所圍，隨樊崇、劉盆子降漢。由於楊音在長安時對劉秀叔父劉良有恩，因賜爵關内侯，卒於鄉里。

[４]【今注】案，紹興本、大德本、殿本“安”前有“崇”字，當據補。

[５]【今注】關内侯：爵名。秦漢時設置二十等爵制，關内侯排第十九。《史記》卷九《吕太后本紀》：“諸中宦者令丞皆爲關内侯。”《集解》引如淳曰：“列侯出關就國，關内侯但爵其身，有加異者，與關内之邑，食其租税也。《風俗通義》曰‘秦時六國未平，將帥皆家關中，故稱關内侯’。”此處指楊音。

　　光武崩，[１]山陽王荆哭不哀，[２]作飛書與東海王，[３]勸使作亂。明帝以荆同母弟，[４]太后在，[５]故隱之。後徙王廣陵，[６]荆遂坐後謀反自殺也。[７]

[１]【今注】光武：東漢開國皇帝劉秀，公元25年至57年在位。紀見本書卷一。

[２]【今注】山陽王荆：東漢光武帝劉秀之子劉荆，建武十五年（39）封爲山陽公，兩年後被封爲山陽王。後徙封廣陵王。傳見

本書卷四二。

[3]【今注】飛書：匿名的書信。本書卷一〇上《皇后紀上》："八年，乃作飛書以陷竦。"李賢注："飛書，若今匿名書也。"東海王：東漢光武帝劉秀長子劉彊。郭后所生，立爲皇太子。郭后廢，彊不自安，請出就藩國，封爲東海王。傳見本書卷四二。

[4]【今注】明帝：東漢明帝劉莊，公元 57 年至 75 年在位。紀見本書卷二。

[5]【今注】案，太，殿本作"大"，二字通。

[6]【今注】廣陵：劉荆的封國，治所在今江蘇揚州市。本書卷四二《光武十王傳》："時西羌反，荆不得志，冀天下因羌驚動有變，私迎能爲星者與謀議。帝聞之，乃徙封荆廣陵王，遣之國。"

[7]【今注】案，後，大德本、殿本作"復"，是。

　　章帝時，[1]竇皇后兄憲以皇后甚幸於上，[2]故人人莫不畏憲。憲於是强請奪沁水長公主田，[3]公主畏憲，與之，憲乃賤顧之。後上幸公主田，覺之，問憲，憲又上言借之。上以后故，但譴敕之，不治其罪。後章帝崩，竇太后攝政，憲秉機密，忠直之臣與憲忤者，憲多害之，其後憲兄弟遂皆被誅。

[1]【今注】章帝：東漢章帝劉炟，公元 75 年至 88 年在位。紀見本書卷三。

[2]【今注】竇皇后兄憲：即竇憲，字伯度，竇融曾孫。傳見本書卷二三。

[3]【今注】沁水長公主：劉致，東漢明帝之女。本書卷一〇下《皇后紀下·附皇女》："皇女致，三年封沁水公主，適高密侯鄧乾。"章帝時竇憲恃寵，嘗侵奪其園田，而公主畏勢，不敢計較。後帝責憲，使還公主園田。

桓帝時，[1]梁冀秉政，[2]兄弟貴盛自恣，好驅馳過度，至於歸家，猶馳驅入門，百姓號之曰“梁氏滅門驅馳”。後遂誅滅。

[1]【今注】桓帝：東漢桓帝劉志，公元146年至167年在位。紀見本書卷七。

[2]【今注】梁冀：字伯卓，安定烏氏（今寧夏固原市東南）人。傳見本書卷三四。

和帝永元十年、[1]十三年、十四年、十五年，皆淫雨傷稼。[2]安帝元年四年秋，[3]郡國十淫雨傷稼。[4]

[1]【今注】和帝：東漢和帝劉肇，公元88年至105年在位。紀見本書卷四。 永元：東漢和帝劉肇年號（89—105）。

[2]【劉昭注】《古今注》曰：“光武建武六年九月，大雨連月，昔稼更生（昔，大德本、殿本作‘苗’，是），鼠巢樹上。十七年，雒陽暴雨，壞民廬舍，壓殺人，傷害禾稼。”【今注】淫雨：久雨。《禮記·月令》：“行秋令，則天多沉陰，淫雨蚤降。”鄭玄注：“淫，霖也，雨三日以上爲霖。” 古今注：書名。三卷，晉崔豹撰。崔豹，字正熊，一作正能，晉惠帝時官至太傅。該書一百九十多則，對古代各類事物進行解說詮釋，內容包羅萬象，其具體內容分爲八類：輿服一，都邑二，音樂三，鳥獸四，魚蟲五，草木六，雜注七，問答釋義八。

[3]【今注】安帝：東漢安帝劉祜，公元106年至125年在位。紀見本書卷五。 案，元年，“年”當作“初”，中華本據黃山《後漢書校補》改。元初即東漢安帝劉祜年號（114—120）。

[4]【劉昭注】《方儲對策》曰：“雨不時節，妄賞賜也。”

【今注】雨不時節：下雨不合時宜也不符節律。《國語·晉語八》："夫德廣遠而有時節，是以遠服而邇不遷。"韋昭注："作之有時，動之有序。"

　　永寧元年，[1]郡國三十三淫雨傷稼。

　　[1]【今注】永寧：東漢安帝劉祜年號（120—121）。

　　建光元年，[1]京都及郡國二十九淫雨傷稼。是時羌反久未平，[2]百姓屯戍，不解愁苦。

　　[1]【今注】建光：東漢安帝劉祜年號（121—122）。
　　[2]【今注】羌反：兩漢時期居於隴西、漢陽、金城塞外西羌部落的反叛。本書卷八七《西羌傳》："建光元年春，馬賢率兵召盧忽斬之，因放兵擊其種人，首虜二千餘人，掠馬牛羊十萬頭，忍良等皆亡出塞。"

　　延光元年，[1]郡國二十七淫雨傷稼。[2]

　　[1]【今注】延光：東漢安帝劉祜年號（122—125）。
　　[2]【劉昭注】案本傳陳忠奏，以爲王侯二千石爲女使伯榮獨拜車下，柄在臣妾。【今注】陳忠：字伯始，陳寵之子。傳見本書卷四六。　伯榮：東漢安帝劉祜的乳母王盛之女。本書《陳忠傳》載："時帝數遣黃門常侍及中使伯榮往來甘陵，而伯榮負寵驕蹇，所經郡國莫不迎爲禮謁。"李賢注："伯榮，帝乳母王聖女也。"

　　二年，郡國五連雨傷稼。

順帝永建四年,[1]司隸、荆、豫、兗、冀部淫雨傷稼。[2]

[1]【今注】順帝:東漢順帝劉保,公元125年至144年在位。紀見本書卷六。 永建:東漢順帝劉保年號（126—132）。

[2]【今注】司隸:州名。下轄河南、河内、河東、弘農、京兆、馮翊、扶風。轄境約相當於今陝西關中與商洛地區及山西、河南部分地區。 荆:州名。下轄南陽、南郡、江夏、零陵、桂陽、武陵、長沙。轄境約相當於今湘、鄂二省及豫、桂、黔、粤的一部分。 豫:州名。下轄潁川、汝南、梁國、沛國、陳國、魯國。轄境約當今淮河以北、伏牛山以東豫東、皖北地。 兗:州名。下轄陳留、東郡、東平、任城、泰山、濟北、山陽、濟陰。轄境約當今山東西部及河南東部。 冀:州名。下轄魏郡、鉅鹿、常山、中山、安平、河間、清河、趙國、勃海。轄境約當今河北中南部、山東西端和河南北端。

六年,冀州淫雨傷稼。

桓帝延熹二年夏,[1]霖雨五十餘日。是時,大將軍梁冀秉政,[2]謀害上所幸鄧貴人母宣,[3]冀又擅殺議郎邴尊。[4]上欲誅冀,懼其持權日久,威勢强盛,恐有逆命,害及吏民,密與近臣中常侍單超等圖其方略。[5]其年八月,冀卒伏罪誅滅。[6]

[1]【今注】延熹:東漢桓帝劉志年號（158—167）。

[2]【今注】大將軍:官名。位在三公之下,爲將軍最高稱號,多由貴戚擔任,統兵征戰並掌握政權,位重權高。本書《百官志一》:“將軍,不常置。本注曰:掌征伐背叛。比公者四:第一大

將軍，次驃騎將軍，次車騎將軍，次衛將軍。又有前、後、左、右將軍。"劉昭注引蔡質《漢儀》曰："漢興，置大將軍、驃騎，位次丞相，車騎、衛將軍、左、右、前、後，皆金紫，位次上卿。典京師兵衛，四夷屯警。"

[3]【今注】鄧貴人母宣：鄧香之妻、桓帝皇后鄧猛女之母，後改嫁梁紀。本書卷三四《梁冀傳》："初，掖庭人鄧香妻宣生女猛，香卒，宣更適梁紀。梁紀者，冀妻壽之舅也。壽引進猛入掖庭，見幸，爲貴人，冀因欲認猛爲其女以自固，乃易猛姓爲梁。"

[4]【今注】議郎：官名。負責顧問應對。 邴尊：東漢桓帝皇后鄧猛女的姐夫，曾擔任過議郎，後被梁冀派刺客暗殺。本書《梁冀傳》："時猛姊壻邴尊爲議郎，冀恐尊沮敗宣意，乃結刺客於偃城，刺殺尊，而又欲殺宣。"

[5]【今注】中常侍：官名。皇帝寵幸近臣，掌顧問應對，東漢時多由宦官擔任。 單超：河南（今河南洛陽市）人。宦官。桓帝初爲中常侍，幫助桓帝誅滅梁冀及宗親黨羽，封新豐侯，爲"五侯"之一，後拜車騎將軍。傳見本書卷七八。

[6]【劉昭注】案，《公沙穆傳》，永壽元年霖雨，大水，三輔以東莫不湮没（三，大德本作"二"，誤）。【今注】公沙穆：字文義，北海膠東（今山東平度市）人。習《韓詩》《公羊春秋》，尤善推步之術。曾隱居東萊山，後舉孝廉，遷繒相。再遷弘農令。桓帝永壽元年（155），三輔以東霖雨成災，穆預告百姓移居高地，得免水害。位至遼東屬國都尉。傳見本書卷八二下。 永壽：東漢桓帝劉志年號（155—158）。

靈帝建寧元年夏，[1]霖雨六十餘日。是時大將軍竇武謀變廢中官。[2]其年九月，長樂五官史朱瑀等共與中常侍曹節起兵，[3]先誅武，交兵闕下，敗走，追斬武兄弟，死者數百人。[4]

[1]【今注】靈帝：東漢靈帝劉宏，公元 168 年至 189 年在位。紀見本書卷八。　建寧：東漢靈帝劉宏年號（168—172）。

[2]【今注】竇武：字游平，扶風平陵（今陝西咸陽市西北）人。竇融的玄孫。其長女爲桓帝皇后，封槐里侯，拜城門校尉。桓帝崩，竇武立靈帝，更封聞喜侯，拜大將軍，輔朝政。後與陳蕃等謀誅宦官曹節、王甫等，事泄自殺。傳見本書卷六九。

[3]【今注】長樂五官史：官名。長樂宮的管理官員。《資治通鑑》卷五六《漢紀》孝靈皇帝建寧元年九月：“典中書者先以告長樂五官史朱瑀，瑀盜發武奏。”胡三省注：“長樂，太后宮也。太后宮有女尚書五人，五官史主之。”史，殿本作“吏”。　朱瑀：靈帝時宦官，任長樂宮五官史，管理長樂宮。曾參與曹節等矯詔誅竇武、陳蕃等，封華容侯。　曹節：字漢豐，南陽新野（今河南新野縣）人。宦官。傳見本書卷七八。

[4]【劉昭注】案，武死無兄弟，有兄子。

熹平元年夏，[1]霖雨七十餘日。是時中常侍曹節等，共誣曰勃海王悝謀反，[2]其十月誅悝。

[1]【今注】熹平：東漢靈帝劉宏年號（172—178）。

[2]【今注】勃海王悝：即劉悝，東漢桓帝之弟。封蠡吾侯，嗣渤海王。延熹八年（165）坐謀不道貶癭陶王，後與中常侍王甫結怨，被其誣告謀反，自殺。事見本書卷五五《千乘貞王伉傳》。

中平六年夏，[1]霖雨八十餘日。是時靈帝新棄群臣，大行尚在梓宮，[2]大將軍何進與佐軍校尉袁紹等共謀欲誅廢中官。[3]下文陵畢，中常侍張讓等共殺進，[4]兵戰京都，死者數千。

[1]【今注】中平：東漢靈帝劉宏年號（184—189）。

[2]【今注】大行：剛死而尚未定諡號的皇帝、皇后。本書卷五《安帝紀》：“大行皇帝不永天年。”李賢注引《前書音義》曰：“禮有大行人、小行人，主諡號官也。”韋昭云：“大行者，不反之辭也。天子崩，未有諡，故稱大行也。”《穀梁傳》桓公十八年范甯《集解》曰：“大行受大名。”《風俗通》曰：“天子新崩，未有諡，故且稱大行皇帝。”　梓宮：皇帝、皇后的棺槨。《漢書》卷六八《霍光傳》：“賜金錢、繒絮，繡被百領，衣五十篋，璧珠璣玉衣，梓宮、便房、黃腸題湊各一具，樅木外臧椁十五具。”服虔曰：“棺也。”顏師古曰：“以梓木爲之，親身之棺也。爲天子制，故亦稱梓宮。”

[3]【今注】何進：字遂高，南陽宛（今河南南陽市臥龍區）人。屠户出身，其妹在靈帝時被選入宮爲貴人，又爲皇后，故先後任郎中、潁川太守、侍中等。傳見本書卷六九。　佐軍校尉袁紹：字本初，汝南汝陽（今河南商水縣）人。傳見本書卷七四上。此處“佐軍”當爲“中軍”之訛（參見曹金華《後漢書稽疑》，第974頁）。

[4]【今注】張讓：潁川（今河南禹州市）人。東漢靈帝時爲中常侍，封列侯，威勢顯赫。少帝立，大將軍何進欲誅張讓等，謀泄，讓等先發制人反殺進。後被袁紹追殺，劫少帝走河上，投河而死。傳見本書卷七八。

　　更始諸將軍過雒陽者數十輩，[1]皆幘而衣婦人衣繡擁髁。[2]時智者見之，以爲服之不中，身之災也，乃奔入邊郡避之。是服妖也。[3]其後更始遂爲赤眉所殺。

[1]【今注】更始：即劉玄，字聖公，東漢光武帝劉秀族兄。初投平林軍，後合於綠林軍，大破王莽軍，被推爲更始將軍，又被

擁立爲帝，年號更始。傳見本書卷一一。

　　[2]【今注】䙱：半臂羽衣。本書卷一上《光武帝紀上》："而服婦人衣，諸于繡䙱，莫不笑之，或有畏而走者。"李賢注云："《前書音義》曰：'諸于，大掖衣也，如婦人之袿衣。'字書無'䙱'字，《續漢書》作'襦'，（並）音其物反。楊雄《方言》曰：'襜褕，其短者，自關之西謂之裺襦。'郭璞注云：'俗名襦襬。'據此，即是諸于上加繡襦，如今之半臂也。"

　　[3]【今注】服妖：服飾怪異，古人以爲奇裝異服會預示天下之變。《漢書·五行志中之上》："風俗狂慢，變節易度，則爲剽輕奇怪之服，故有服妖。"

　　桓帝元嘉中，[1]京都婦女作愁眉、啼糚、墮馬髻、折要步、齲齒笑。所謂愁眉者，細而曲折。啼糚者，薄拭目下，若啼處。墮馬髻者，作一邊。[2]折要步者，足不在體下。齲齒笑者，若齒痛，樂不欣欣。始自大將軍梁冀家所爲，京都歙然，諸夏皆放效。此近服妖也。梁冀二世上將，婚媾王室，大作威福，將危社稷。天誡若曰：[3]兵馬將往收捕，婦女憂愁，蹙眉啼泣，[4]吏卒掣頓，[5]折其要脊，令髻傾邪，雖强語笑，無復氣味也。到延熹二年，舉宗誅夷。

　　[1]【今注】元嘉：東漢桓帝劉志年號（151—153）。

　　[2]【劉昭注】《梁冀別傳》曰："冀婦女又有不聊生髻。"【今注】梁冀別傳：撰人不詳，二卷，久佚。《隋書·經籍志》史部雜傳類無著錄，《舊唐書·經籍志》史部雜傳類、《新唐書·藝文志》史部傳記類及《通志·藝文略》傳記類著錄"《梁冀傳》二卷"。

[3]【今注】天誡若曰：上天警戒地下子民。多數是針對具體的人事而發，以"治道"内容爲主，以董仲舒、劉向爲開端，用史家口吻借用"天"的名義，使得具體的治道帶有不容置疑的天道的意味。亦作"天戒若""天意若"。

[4]【今注】踧：通"蹙"。緊迫、窘迫。

[5]【今注】挈頓：硬拉、强奪。《釋名・釋姿容》："挈，制也，制頓之使順己也。"

延熹中，梁冀誅後，京都幘顔短耳長，短上長下。時中常侍單超、左悺、徐璜、具瑗、唐衡在帝左右，[1]縱其姦慝。海内慍曰：一將軍死，五將軍出。家有數侯，子弟列布州郡，賓客雜襲騰騫，[2]上短下長，與梁冀同占。到其八年，桓帝因日蝕之變，乃拜故司徒韓寅爲司隸校尉，[3]以次誅鉏，京都正清。[4]

[1]【今注】左悺：東漢桓帝初爲小黄門史，以誅梁冀功遷中常侍，封上蔡侯。其人暴虐尤甚，後爲司隸校尉韓演劾奏，自殺。

徐璜：東漢桓帝時爲中常侍，以誅梁冀功封武原侯。恃寵驕横，時人謂之"徐卧虎"。　具瑗：東漢桓帝初爲中常侍。以誅梁冀功封東武陽侯。恃寵驕恣，時人稱爲"具獨坐"。後坐貶都鄉侯，卒於家。　唐衡：東漢桓帝初爲小黄門史。以誅梁冀功遷中常侍，封汝陽侯。與單超等同日封，並稱"五侯"，恃權驕縱，殘害百姓。時人呼爲"唐兩墮"。

[2]【今注】騰騫：指升官進爵。

[3]【今注】韓寅：即韓演，字伯南，韓棱之孫。東漢順帝時爲丹陽太守，桓帝永壽三年（157）爲司徒。梁冀被誅，坐阿黨抵罪，遣歸。延熹九年（166）復徵拜司隸校尉。　司隸校尉：官名。監察司隸所轄七郡，統領有軍隊。

[4]【劉昭注】臣昭案：本傳，寅誅左悺貶具瑗，雖剋折姦首，群閹相蒙，京都未爲正清。

延熹中，京都長者皆著木屐；婦女始嫁，至作漆畫五采爲系。此服妖也。到九年，黨事始發，[1]傳黃門北寺，[2]臨時惶惑，不能信天任命，多有逃走不就考者，九族拘繫，及所過歷，長少婦女皆被桎梏，應木屐之象也。

[1]【今注】黨事：黨錮之事。蔡邕《陳太丘碑》："會遭黨事，禁錮二十年。"

[2]【今注】黃門北寺：獄名。"黃門北寺獄"省稱。本書卷六七《李膺傳》："帝愈怒，遂下膺等於黃門北寺獄。"

靈帝建寧中，京都長者皆以葦方笥爲糒具，[1]下士盡然。時有識者竊言：葦方笥，郡國讞篋也；[2]今珍用之，此天下人皆當有罪讞於理官也。到光和三年癸丑赦令詔書，[3]吏民依黨禁錮者赦除之，有不見文，他以類比疑者讞。於是諸有黨郡皆讞廷尉，[4]人名悉入方笥中。

[1]【今注】葦方笥：即葦笥，用葦草編製的方形盛器，古代常用來盛衣服或食品。亦用以存放獄案材料。

[2]【今注】讞：審判定罪。《集韻·去聲·綫韻》："讞，議罪也。"

[3]【今注】光和：東漢靈帝劉宏年號（178—184）。

[4]【今注】廷尉：官名。秦始置，九卿之一，掌刑獄。西漢

初因之，秩中二千石。景帝時改稱大理，武帝時復稱廷尉。

靈帝好胡服、胡帳、胡牀、胡坐、胡飯、胡空侯、胡笛、胡舞，[1]京都貴戚皆競爲之。此服妖也。其後董卓多擁胡兵，[2]填塞街衢，虜掠官掖，[3]發掘園陵。

[1]【今注】空侯：即箜篌，古樂器名。《宋書·樂志》：“空侯，初名坎侯。漢武帝賽滅南越，祠太一后土用樂，令樂人侯暉依琴作坎侯，言其坎坎應節奏也。侯者，因工人姓爾。後言空，音訛也。”大德本作“箜侯”，殿本作“箜篌”。

[2]【今注】董卓：字仲穎，隴西臨洮（今甘肅岷縣）人。東漢靈帝時拜東中郎將，代盧植擊黃巾軍，軍敗抵罪。後拜并州牧。靈帝死後，率軍進入洛陽，廢少帝立獻帝，專擅朝政。袁紹等起兵討卓，卓焚洛陽挾獻帝西入長安，自爲太師，凶暴滋甚。後爲王允、呂布所殺。傳見本書卷七二。

[3]【今注】案，官，紹興本、大德本、殿本作“宮”，是。

靈帝於宮中西園駕四白驢，躬自操轡，驅馳周旋，以爲大樂。於是公卿貴戚轉相放效，至乘輜軿以爲騎從，[1]互相侵奪，賈與馬齊。案《易》曰：“時乘六龍以御天。”行天者莫若龍，行地者莫如馬。《詩》云：“四牡騤騤，載是常服。”“檀車煌煌，四牡彭彭。”夫驢乃服重致遠，上下山谷，野人之所用耳，何有帝王君子而驂服之乎！遲鈍之畜，而今貴之。天意若曰：國且大亂，賢愚倒植，凡執政者皆如驢也。其後董卓陵虐王室，多援邊人以充本朝，胡夷異種，跨蹈中國。[2]

[1]【今注】輼輬：輼車和輬車的並稱，泛指有屏蔽的車子。《漢書》卷七六《張敞傳》："禮，君母出門則乘輼輬。"顏師古曰："輼輬，衣車也。輼音囚，又音楚疑反。輬音步千反，又音步丁反。"

[2]【今注】跨蹈：占有，統有。

　　熹平中，省内冠狗帶綬，[1]以爲笑樂。有一狗突出，走入司徒府門，或見之者，莫不驚怪。[2]《京房易傳》曰：[3]"君不正，臣欲篡，厥妖狗冠出。"後靈帝寵用便嬖子弟，永樂賓客、鴻都群小，傳相汲引，公卿牧守，比肩是也。又遣御史於西鄉賣官，[4]關内侯顧五百萬者，賜與金紫；詣闕上書占令長，隨縣好醜，豐約有賈。強者貪如豺虎，弱者略不類物，實狗而冠者也。司徒古之丞相，壹統國政。天戒若曰：宰相多非其人，尸禄素餐，[5]莫能據正持重，阿意曲從；今在位者皆如狗也，故狗走入其門。[6]

　　[1]【今注】省：宮省，指皇宮禁中。　冠狗帶綬：給狗佩戴帽子和腰帶。本書卷八《靈帝紀》："又於西園弄狗，著進賢冠，帶綬。"

　　[2]【劉昭注】《袁山松書》曰（山松，大德本作"崧"，本卷下同不注）："光和四年，又於西園弄狗以配人也（殿本無'也'字）。"【今注】袁山松書：即袁山松撰《後漢書》。袁山松又作袁崧，東晉人，撰《後漢書》一百卷，久佚。此書紀傳品質不高，志書較全，佚文亦多。劉勰《文心雕龍》稱其"袁張所製，偏駁不倫"。

　　[3]【今注】京房易傳：《易傳》類術數書，西漢京房撰。該

書主要言述災異之説。又京房撰有《京氏易傳》，而《搜神記》等書所引用《京房易傳》的内容與《京氏易傳》不同，學界懷疑二者並不是同一本書。

[4]【今注】西鄉：當作"西邸"。官舍名。東漢靈帝在西園開設的邸舍，鬻賣官爵。本書《靈帝紀》："初開西邸賣官，自關内侯、虎賁、羽林，入錢各有差。"李賢注引《山陽公載記》曰："時賣官，二千石二千萬，四百石四百萬，其以德次應選者半之，或三分之一，於西園立庫以貯之。"鄉，大德本、殿本作"邸"，是。

[5]【今注】尸禄素餐：空食俸禄而不盡其職，無所事事。劉向《説苑·至公》："久踐高位，妨群賢路，屍禄素餐，貪欲無猒。"

[6]【劉昭注】應劭曰："靈帝數以車騎將軍過拜孽臣内孽，又贈亡人，顯號加於頑凶，印綬汙於腐屍。昔辛有睹被髮之祥，知其爲戎，今假號雲集，不亦宜乎!"【今注】車騎將軍：官名。本來負責征伐背叛，有戰事時乃拜官出征，事成之後便罷官。東漢末年開始成爲常設的將軍官名，典掌京師宮衛。　辛有睹被髮之祥：辛有，春秋時周人。平王時大夫，於平王東遷時經伊川，目睹有被髮而祭於野者，以爲不合於禮，不及百年將淪爲戎狄之居。後秦、晉遷陸渾之戎居伊川。

　　靈帝數遊戲於西園中，令後宮采女爲客舍主人，身爲商賈服。行至舍，采女下酒食，因共飲食以爲戲樂。此服妖也。其後天下大亂。[1]

[1]【劉昭注】《風俗通》曰："時京師賓婚嘉會，皆作《魁櫑》，酒酣之後，續以挽歌。"《魁櫑》，喪家之樂。挽歌，執紼相偶和之者。天戒若曰：國家當急殄悴，諸貴樂皆死亡也。自靈帝崩後，京師壞滅，户有兼屍，蟲而相食，《魁櫑》、挽歌，斯之效乎?【今注】風俗通：即東漢應劭《風俗通義》。劭字仲遠，東漢

獻帝時官至太山太守，後事袁紹官軍謀校尉。原書三十二卷，今存十卷，論考古代歷史、風俗禮儀、時人流品、音律器樂，等等。《隋書·經籍志》《舊唐書·經籍志下》和《新唐書·藝文志三》均將其歸入子部雜家類。　魁櫑：即傀儡，用土木製成的偶像，用於喪樂及嘉會。　挽歌：挽柩者所唱哀悼死者之歌。

獻帝建安中，[1]男子之衣，好爲長躬而下甚短，女子好爲長裙而上甚短。時益州從事莫嗣以爲服妖，[2]是陽無下而陰無上也，天下未欲平也。後還，遂大亂。[3]

[1]【今注】獻帝：東漢獻帝劉協，公元189年至220年在位。紀見本書卷九。　建安：東漢獻帝劉協年號（196—220）。

[2]【今注】益州從事：職事官，益州刺史的屬吏，如別駕、治中、主簿、功曹等都稱爲從事。　莫嗣：人名。事迹不詳。

[3]【劉昭注】《袁山松》曰（山松，大德本作“崧”。汲本後有“書”字，下同，不另出校）：“禪位於魏。”【今注】袁山松：《袁山松書》的省稱。

靈帝光和元年，南宮侍中寺雌雞欲化雄，[1]一身毛皆似雄，但頭冠尚未變。詔以問議郎蔡邕。[2]邕對曰：“貌之不恭，則有雞禍。宣帝黃龍元年，未央宮雌雞化爲雄，不鳴無距。[3]是歲元帝初即位，立王皇后。至初元元年，丞相史家雌雞化爲雄，冠距鳴將。[4]是歲后父禁爲平陽侯，[5]女立爲皇后。至哀帝晏駕，[6]后攝政，王莽以后兄子爲大司馬，[7]由是爲亂。臣竊推之，頭，元首，人君之象；今雞一身已變，未至於頭，而上知之，是將有其事而不遂成之象也。若應之不精，政無所改，頭冠或成，爲患茲大。"是後張角作亂稱黃巾，[8]遂破壞。四方疲於賦役，多叛者。上不改政，遂至天下大亂。[9]

[1]【今注】南宮侍中寺：官署名。南宮爲漢代雒陽皇宮，侍中寺是以侍中、黃門侍郎構成的負責文書平省的政務秘書機構。

[2]【今注】蔡邕：字伯喈，陳留圉（今河南杞縣）人。博學，好辭章、數術、天文，精通音律。有《蔡中郎集》，已佚，今存輯本。傳見本書卷六〇下。

[3]【今注】不鳴無距：不打鳴，也没有雄雞爪子後面突出像腳趾的跗骨。《漢書・五行志中之上》："毛衣變化而不鳴，不將，無距。"顏師古曰："距，雞附足骨，鬭時所用刺之。"

[4]【今注】冠距鳴將：有冠有距而能鳴唤群雞。喻有號召力。

[5]【今注】平陽：當作"陽平"，中華本據王先謙《後漢書集解》引錢大昕説改。

[6]【今注】哀帝：西漢哀帝劉欣，公元前7年至前1年在位。紀見《漢書》卷一一。

[7]【今注】王莽：新朝的建立者，字巨君，西漢元帝皇后之侄。成帝時封新都侯，遷騎都尉、光禄大夫、侍中，後代王根爲大司馬。哀帝立，免官就國。平帝立，王莽復任大司馬，總攬朝政，進太傅，號安漢公，後加稱宰衡。其女爲皇后，又加九錫，不久毒死平帝，立兩歲的孺子嬰，以攝政名義居天子位，朝會稱假皇帝，改元居攝。初始元年（8）稱帝，改國號爲新。天鳳四年（17），全國各地爆發農民起義。地皇四年（23），綠林等入長安，王莽逃至漸臺，爲商人杜吳所殺。傳見《漢書》卷九九。

[8]【今注】張角：奉事黃老，創太平道，自稱"大賢良師"。東漢靈帝時，借治病傳教，十餘年間，徒衆達數十萬人，遍及青、

徐、幽、冀、荆、揚、兗、豫八州。靈帝中平元年（184）起義，自稱天公將軍，提出"蒼天已死，黃天當立"，以頭纏黃巾爲標志，稱"黃巾軍"。與弟張梁率幽、冀兩州黃巾軍，擊破北中郎將盧植、東中郎將董卓。不久後病死。

[9]【今注】案，至，殿本作"致"。

　　桓帝永興二年四月丙午，^[1]光禄勳吏舍壁下夜有青氣，^[2]視之，得玉鉤、玦各一。鉤長七寸二分，周五寸四分，^[3]身中皆雕鏤。此青祥也。玉，金類也。七寸二分，商數也。^[4]五寸四分，徵數也。^[5]商爲臣，徵爲事，蓋爲人臣引決事者不肅，將有禍也。是時梁冀秉政專恣，後四歲，梁氏誅滅也。

[1]【今注】永興：東漢恒帝劉志年號（153—154）。

[2]【今注】光禄勳吏：光禄勳的小吏。本書《百官志二》："光禄勳，卿一人，中二千石。本注曰：掌宿衛宮殿門户，典謁署郎更直執戟，宿衛門户，考其德行而進退之。郊祀之事，掌三獻。丞一人，比千石。"劉昭注引《漢官》曰："員吏四十四人，其十人四科，三人百石，一人斗食，二人佐，六人騎吏，八人學事，十三人守學事，一人官醫。衛士八十一人。"

[3]【今注】案，"周"字前中華本據《東觀漢記》及《宋書·符瑞志》補"玦"字。

[4]【今注】商數：商音代表的數字。商，古代五音之一。《禮記·月令》："其音商。"鄭玄曰："三分徵，益一以生商，商數七十二。屬金者，以其濁次宮，臣之象也。秋氣和，則商聲調。"

[5]【今注】徵數：徵音代表的數字。徵，古代五音之一。《禮記·月令》："其音徵。"鄭玄曰："三分宮，去一以生徵，徵數五十四。屬火者，以其微清，事之象也。夏氣和，則徵聲調。"

　　延熹五年，太學門無故自壞。[1]襄楷以爲太學前疑
所居，[2]其門自壞，文德將喪，教化廢也。是後天下遂
至喪亂。

　　[1]【今注】太學：西漢開始設立在京城，用以培養人才的最
高官學機構。

　　[2]【劉昭注】本傳楷書無"前疑"之言也。【今注】襄楷：
字公矩，平原隰陰（今山東齊河縣東北）人。好學博古，善天文陰
陽之術。桓帝時宦官專權，楷因屢次上疏勸諫下獄。靈帝時舉方正
徵爲博士，不就，終卒於家。傳見本書卷三〇下。

　　永康元年十月壬戌，[1]南宫平城門内屋自壞。金沴
木，木動也。其十二月，宫車晏駕。[2]

　　[1]【今注】永康：東漢桓帝劉志年號（167）。
　　[2]【今注】宫車晏駕：宫車晚出，喻天子崩逝。

　　靈帝光和元年，南宫平城門内屋、武庫屋及外東
垣屋前後頓壞。[1]蔡邕對曰："平城門，正陽之門，與
宫連，郊祀法駕所由從出，門之最尊者也。武庫，禁
兵所藏。東垣，庫之外障。《易傳》曰：[2]'小人在位，
上下咸悖，厥妖城門内崩。'《潛潭巴》曰：[3]'宫瓦自
墮，諸侯强陵主。'此皆小人顯位亂法之咎也。"[4]其
後黄巾賊先起東方，庫兵大動。皇后同父兄何進爲大
將軍，同母弟苗爲車騎將軍，[5]兄弟並貴盛，皆統兵在
京都。其後進欲誅廢中官，爲中常侍張讓、段珪等所

殺,[6]兵戰宮中闕下，更相誅滅，天下兵大起。

[1]【今注】案，此事本書卷八《靈帝紀》載於熹平六年（177）二月。

[2]【今注】易傳：即《京房易傳》。

[3]【今注】潛潭巴：即《春秋潛潭巴》，漢代無名氏撰，關於《春秋》的讖緯類典籍，言災異天人相感之道。宋代以後散佚。

[4]【今注】案，大德本無“此”字。

[5]【今注】苗：即何苗，何進之弟。東漢靈帝時任河南尹，後以鎮壓農民軍拜車騎將軍，封濟陽侯。少帝時何進謀誅宦官，苗屢爲宦官說項。進被宦官殺死後，部曲吳匡等攻殺苗。

[6]【今注】段珪：東漢靈帝時十常侍之一。中平六年（189）與張讓等謀殺大將軍何進，劫少帝及陳留王，爲閔貢追殺。

三年二月，公府駐駕廡自壞,[1]南北三十餘間。[2]

[1]【今注】公府：三公府。　駐駕：停車之處。　廡：廊屋。

[2]【今注】案，三十，本書卷八《靈帝紀》李賢注引《續漢志》作“四十”。

中平二年二月癸亥，廣陽城門外上屋自壞也。[1]

[1]【今注】廣陽城門：東漢雒陽城廣陽門。本書卷八《靈帝紀》：“二月己酉，南宮大災，火半月乃滅。己（癸）亥，廣陽門外屋自壞。”李賢注曰：“洛陽城西面南頭門也。”

　　獻帝初平二年三月，[1]長安宣平城門外屋無故自壞。[2]至三年夏，司徒王允使中郎將呂布殺太師董卓，[3]夷三族。[4]

　　[1]【今注】初平：東漢獻帝劉協年號（190—193）。

　　[2]【今注】宣平城門：漢長安城東北門。案，此事本書卷九《獻帝紀》在初平四年三月。

　　[3]【今注】王允：字子師，太原祁（今山西祁縣）人。傳見本書卷六六。　　呂布：字奉先，五原九原（今内蒙古包頭市西）人。傳見本書卷七五、《三國志》卷七。

　　[4]【劉昭注】《袁山松》曰："李傕等攻破長安城，害允等。"【今注】李傕：字稚然，北地（今寧夏吳忠市西南）人。東漢末群雄之一。原爲董卓部將，幫其擊破朱儁。東漢獻帝初平三年（192）董卓被殺，李傕與郭汜等攻打長安，挾持漢獻帝，任大司馬、車騎將軍、司隸校尉等，掌控朝政。後與郭汜反目，獻帝被曹操迎奉到許都。獻帝建安三年（198），被梁興、張橫等斬殺。事見本書卷七二《董卓傳》。

　　興平元年十月，[1]長安市門無故自壞。至二年春，李傕、郭汜鬭長安中，[2]傕迫劫天子，移置傕塢，盡燒宮殿、城門、官府、民舍，放兵寇鈔公卿以下。冬，天子東還雒陽，傕、汜追上到曹陽，[3]虜掠乘輿輜重，[4]殺光祿勳鄧淵、廷尉宣璠、少府田邠等數十人。[5]

　　[1]【今注】興平：東漢獻帝劉協年號（194—195）。

　　[2]【今注】郭汜：又名郭多，張掖（今甘肅張掖市西北）

人，東漢末軍閥。原爲董卓部將，與李傕等擊敗朱儁，並在董卓被殺後，聯手攻伐長安，挾持漢獻帝，任揚烈將軍，後將軍等，把持朝政。後與李傕反目。東漢獻帝建安二年（197），被部將伍習誅殺。事見本書卷七二《董卓傳》、傳見《三國志》卷六。

[3]【今注】曹陽：溪澗名。本書卷九《獻帝紀》："壬申，幸曹陽。"李賢注曰："曹陽，澗名，在今陝州西南七里，俗謂之七里澗。崔浩云：'自南山北通於河。'"

[4]【今注】乘輿：泛指皇帝所用器物，後代稱皇帝。蔡邕《獨斷》卷上："天子車馬衣服器盛百物曰乘輿。出於律，曰'敢盜乘輿、服御物'，謂天子所服食者也。天子至尊，不敢褻瀆言之，故託之於乘輿。乘猶載也，輿猶車也，天子以天下爲家，不以京師宮室爲常處，則當乘車輿以行天下，故群臣託乘輿以言之，或謂之車駕。"

[5]【今注】光禄勳：官名。負責宮廷宿衛。　鄧淵：應作鄧泉，唐人避諱改。本書《獻帝紀》："十一月庚午，李傕、郭汜等追乘輿，戰於東澗，王師敗績，殺光禄勳鄧泉。"　宣璠：東漢時任司隸校尉、光禄勳、廷尉。　少府：官名。管理宮廷財政。　田邠：應作"田芬"。本書《獻帝紀》："李傕等復來追戰，王師大敗，殺略宮人，少府田芬、大司農張義等皆戰殁。"

《五行傳》曰："好攻戰，[1]輕百姓，[2]飾城郭，[3]侵邊境，[4]則金不從革。"[5]謂金失其性而爲災也。又曰："言之不從，是謂不乂。[6]厥咎僭，[7]厥罰恒陽，[8]厥極憂。[9]時則有詩妖，[10]時則有介蟲之孽，[11]時則有犬禍，[12]時則有口舌之痾，[13]時則有白眚、白祥，惟木沴金。"介蟲，《劉歆傳》以爲"毛蟲"。[14]乂，治也。

[1]【劉昭注】鄭玄注曰："參、伐爲武府，攻戰之象。"

[2]【劉昭注】鄭玄注曰："輕之者，不重民命。《春秋傳》曰：'師出不正反，戰不正勝也。'"

[3]【劉昭注】鄭玄注曰："昴、畢間爲天街。《甘氏經》曰：'天街保塞，孔塗道衢。'保塞，城郭之象也。《月令》曰：'四鄙入保。'"【今注】昴：星宿名。二十八宿之一。又名"髦頭""旄頭"。《晉書·天文志上》："昴七星，天之耳目也，主西方，主獄事。又爲旄頭，胡星也。"　畢：星宿名。二十八宿之一。古人以爲主兵主雨，故亦借指雨師。《宋史·天文志四》："畢宿八星，主邊兵弋獵。"　天街：星名。《史記·天官書》："昴、畢間爲天街。"張守節《正義》："天街二星，在畢昴間，主國界也。街南爲華夏之國，街北爲夷狄之國。"　甘氏經：託名戰國時期甘德所撰天文星占書，與石申《石氏經》合稱《甘石星經》。　月令：即《禮記·月令》。禮家抄合《呂氏春秋》十二月紀之首章而成。所記爲農曆十二個月的時令、行政及相關事物。

[4]【劉昭注】鄭玄曰："畢主邊兵。"

[5]【劉昭注】鄭玄注曰："君行此四者，爲逆天西宮之政。西宮於地爲金，金性從刑，而革人所用爲器者也，無故治之不銷（治，汲本作'冶'，是），或入火飛亡，或鑄之裂形，是爲不從革。其他變異，皆屬沴也。"《洪範》曰："從革作辛。"馬融曰："金之性，從人而更（人，中華本據《後漢書集解》引惠棟説改作'大'），可銷鑠也。"《漢書音義》曰："言人君言不見從，則金鐵亦不從人意。"【今注】馬融：字季長，扶風茂陵（今陝西興平市東北）人。馬援之從孫，尤長於古文經學。傳見本書卷六〇上。

[6]【劉昭注】鄭玄曰（大德本"曰"前有"注"字）："乂，治也。君言不從，則是不能治其事也。"　【今注】案，殿本無"之"字。

[7]【劉昭注】鄭玄曰："君臣不治，則僭差矣。"

[8]【劉昭注】鄭玄曰："金主秋，秋氣殺，殺氣失，故常陽也（陽，殿本作'暘'，本注下同）。"《春秋考異郵》曰："君行非是，則言不見從；言不見從（大德本無'言'字），則下不治；下不治，則僭差過制度，奢侈驕泰。天子僭天，大夫僭人主，諸侯僭上，陽無以制。從心之喜，上憂下，則常陽從之。推設其迹，考之天意，則大旱不雨，而民庶大災傷。"《淮南子》曰："殺不辜則國赤地。"【今注】金主秋：五行搭配中，春爲木主東方，夏爲火主南方，秋爲金主西方，冬爲水主北方。　春秋考異郵：讖緯書，《春秋緯》之一，無名氏撰，宋均曾爲其作注。該書主要講風雨氣候及物象變化與人事政教相應，説明萬物應天之道。唐宋以後散佚。

[9]【劉昭注】鄭玄曰："殺氣失，故於人爲憂。"

[10]【劉昭注】鄭玄曰："詩之言志也。"

[11]【劉昭注】鄭玄曰："蟒、螽、蜩、蟬之類，生於火而藏於秋者也，屬金。"【今注】蟒：蝗蟲的幼蟲。　螽：蝗蟲一類害蟲的總稱。　蜩：蟬的一種，亦稱秋蟬。《詩·豳風·七月》："四季秀葽，五月鳴蜩。"毛傳："蜩，螗也。"孔穎達疏："《方言》曰：楚謂蟬爲蜩，宋衛謂之螗，陳鄭謂之蜋蜩，秦晉謂之蟬。是蜩、蟬一物方俗異名耳。"

[12]【劉昭注】鄭玄曰："犬畜之以口吠守者，屬言。"

[13]【劉昭注】鄭玄曰："言氣失之病。"

[14]【今注】劉歆傳：即劉歆《洪範五行傳説》，與劉向《洪範五行傳論》所論五行體系有極大差異。久佚。

安帝永初元年十一月，[1]民訛言相驚，司隸、并、冀州民人流移。[2]時鄧太后專政。[3]婦人以順爲道，故《禮》"夫死從子"之命。今專王事，[4]此不從而僭也。[5]

　　［1］【今注】永初：東漢安帝劉祜年號（107—113）。

　　［2］【今注】并：州名。下轄上黨、太原、上郡、西河、五原、雲中、定襄、鴈門、朔方。其地約當今河北保定和山西太原、大同一帶。

　　［3］【今注】鄧太后：即鄧綏，鄧禹的孫女，東漢和帝的皇后。入宮後不久爲貴人，陰后以巫蠱事廢，遂立爲皇后。和帝卒，親自臨朝，策立殤帝、安帝。紀見本書卷一〇上。

　　［4］【今注】案，王，大德本、汲本、殿本作“主”，是。

　　［5］【劉昭注】《古今注》曰：“章帝建初五年，東海、魯國、東平、山陽、濟陰、陳留民訛言相驚有賊，捕至京師，民皆入城也。”【今注】建初：東漢章帝劉炟年號（76—84）。　東海：郡國名。治郯縣（今山東郯城縣北）。　魯國：郡國名。治魯國（今山東曲阜市）。　東平：郡國名。治無鹽縣（今山東東平縣）。　山陽：郡國名。治昌邑縣（今山東巨野縣城南昌邑村）。　濟陰：郡國名。治定陶縣（今山東菏澤市定陶區）。　陳留：郡國名。治陳留縣（今河南開封市陳留鎮）。

　　世祖建武[1]五年夏，旱。《京房傳》曰：“欲德不用，兹謂張，厥災荒，其旱陰雲不雨，變而赤因四陰。衆出過時，兹謂廣，其旱不生。上下皆蔽，兹謂隔，其旱天赤三月，時有雹殺飛禽。上緣求妃，兹謂僭，其旱三月大温亡雲。[2]君高臺府，兹謂犯，陰侵陽，其旱萬物根死，有火災。庶位踰節，兹謂僭，其旱澤物枯，爲火所傷。”[3]是時天下僭逆者未盡誅，軍多過時。[4]

　　［1］【劉昭注】《古今注》曰：“建武三年七月，雒陽大旱，

帝至南郊求雨，即日雨。"

[2]【今注】案，大，殿本作"太"，誤。

[3]【劉昭注】《春秋考異郵》曰："國大旱，冤獄結。旱者，陽氣移，精不施，君上失制，奢淫僭差，氣亂感天，則旱徵見。"又云："陰厭陽移，君淫民惡，陰精不舒，陽偏不施。"又云："陽偏，民怨徵也。在所以感之者，上奢則求多，求多則下竭，下竭則潰，君不仁。"《管子》曰："春不收枯骨伐枯木而起去之，則夏旱。"《方儲對策》曰："百姓苦，士卒煩碎，責租稅失中，暴師外營，經歷三時，內有怨女，外有曠夫。王者熟惟其祥（惟，大德本、汲本、殿本作'推'），揆合於天，圖之事情，旱災可除。夫旱者過日，天王無意於百姓，恩德不行，萬民煩擾，故天應以無澤。"

[4]【劉昭注】《古今注》曰："建武六年六月，九年春，十二年五月（二，大德本作'一'），二十一年六月，明帝永平元年五月，八年冬，十一年八月，十五年八月，十八年三月，並旱。"【今注】永平：東漢明帝劉莊年號（58—75）。

　　章帝章和二年夏，[1]旱。時章帝崩後，竇太后兄弟用事奢僭。[2]

[1]【今注】章和：東漢章帝劉炟年號（87—88）。

[2]【劉昭注】《古今注》曰："建初二年夏，雒陽旱。四年夏，元和元年春，並旱。"案《楊終傳》，建初元年大旱，穀貴，終以爲廣陵、楚、淮陽、濟南之獄徙者數萬人，吏民怨曠，上疏云久旱。《孔叢》曰："建初元年大旱，天子憂之，侍御史孔子豐乃上疏曰（大德本、殿本無'子'字）：'臣聞爲不善而災報，得其應也；爲善而災至，遭時運也。陛下即位日淺，視民如傷，而不幸耗旱，時運之會耳，非政教所致也。昔成湯遭旱，因自責，

省畋散積，減御損食，而大有年。意者陛下未爲成湯之事焉。'天子納其言而從之，三日雨即降。轉拜黃門郎，典東觀事。"【今注】元和：東漢章帝劉炟年號（84—87）。　楚：郡國名。治彭城縣（今江蘇徐州市）。章和二年以楚郡置彭城國。　淮陽：郡國名。治陳縣（今河南淮陽縣）。章和二年淮陽國改爲陳國。　濟南：郡國名。治東平陵縣（今山東濟南市章丘區）。　孔叢：即《孔叢子》，七卷，託名孔鮒撰。該書記叙孔子及子思、子上、子高、子順、孔鮒等人的言行。《隋書·經籍志一》《舊唐書·經籍志上》和《新唐書·藝文志一》歸入經部論語類。　侍御史：官名。秦朝置，漢朝沿設，在御史大夫之下，掌舉劾彈奏之職。　孔子豐：孔豐，字子豐，太常孔臧之後。拜侍御史，後轉黃門侍郎，典東觀事。　黄門郎：官名。又稱黃門侍郎。秦代初置，爲皇帝近侍之臣，可傳達詔令，漢代以後沿用此官職，負責協助皇帝處理朝廷事務。　東觀：東漢洛陽南宮内觀名。明帝詔班固等修撰《漢記》於此，書成名爲《東觀漢記》。章和二帝時爲皇宮藏書之府。後因以稱國史修撰之所。

　　和帝永元六年秋，京都旱。時雒陽有冤囚，和帝幸雒陽寺，[1]録囚徒，[2]理冤囚，收令下獄抵罪。行未還宮，澍雨降。[3]

　　[1]【今注】雒陽寺：雒陽的官舍。《資治通鑑》卷四九《漢紀》安帝永初二年："皇太后幸雒陽寺。"胡三省注："賢曰：'寺，官舍也。'《風俗通》曰：'寺，嗣也，理事之吏，嗣續於其中。'"
　　[2]【今注】録囚徒：由皇帝或有關官吏訊察囚犯並決定可否原宥的制度，又稱"慮囚"。《漢書》卷七一《雋不疑傳》："每行縣録囚徒還。"顏師古曰："省録之，知其情狀有冤滯與不也。今云慮囚，本録聲之去者耳，音力具反。而近俗不曉其意，訛其文遂爲

思慮之慮，失其源矣。行音下更反。"

[3]【劉昭注】《古今注》曰："永元二年，郡國十四旱。十五年，丹陽郡國二十二並旱（丹陽，中華本據《後漢書校補》改爲'雒陽'），或傷稼。"《古今注》曰（底本"古今注"前有"安帝"二字，應爲下段正文。今改）："永初元年，郡國八旱，分遣議郎請雨。"案本紀二年五月，旱，皇太后幸雒陽寺，錄囚徒，即日降雨。六月，京都及郡國四十大水。雖去旱得水，無救爲災。

安帝永初六年夏，[1]旱。[2]

[1]【今注】案，安帝，底本誤植於上句劉昭注文，今正之。
[2]【劉昭注】《古今注》曰："三年，郡國八（殿本'八'後有'旱'字），四年、五年夏，並旱。"

七年夏，旱。
元初元年夏，旱。
二年夏，旱。[1]

[1]【劉昭注】三年夏旱（《後漢書校補》以爲據劉昭注補體例，"三年夏旱"前當有"臣昭案本紀"五字），時西羌寇亂，軍屯相繼，連十餘年。

六年夏，旱。[1]

[1]【劉昭注】《古今注》曰："建光元年，郡國四旱。延光元年，郡國五並旱，傷稼。"【今注】建光：東漢安帝劉祜年號（121—122）。

順帝永建三年夏，旱。

五年夏，旱。

陽嘉二年夏，[1]旱。時李固對策，[2]以爲奢僭所致也。[3]

[1]【今注】陽嘉：東漢順帝劉保年號（132—135）。

[2]【今注】李固：字子堅，漢中南鄭（今陝西漢中市）人。李合之子。東漢順帝時以對策直陳外戚、宦官擅權之弊，拜議郎。歷任荊州刺史、泰山太守、將作大匠、大司農。沖帝即位，遷太尉，與大將軍梁冀共參録尚書事。反對梁冀立桓帝，以此黜免。桓帝時被梁冀所誣，下獄死。傳見本書卷六三。

[3]【劉昭注】臣昭案：本紀元年二月，京師旱。《郎顗傳》：“人君恩澤不施於民，禄去公室，臣下專權所致也。”又《周舉傳》：“三年，河南、三輔大旱，五穀傷災，天子親自露坐德陽殿東廂請雨（德陽，殿本作‘陽德’）。”

沖帝永嘉元年夏，[1]旱。時沖帝幼崩，太尉李固勸太后及兄梁冀立嗣帝，[2]擇年長有德者，天下賴之，則功名不朽。年幼未可知，如後不善，悔無所及。時太后及冀貪立年幼，欲久自專，遂立質帝，[3]八歲。此不用德。[4]

[1]【今注】沖帝：東漢沖帝劉炳，公元144年至145年在位。紀見本書卷六。　案，永嘉，當作“永熹”，中華本據《後漢書集解》所引何焯説改。永熹爲漢沖帝劉炳年號，僅一年，即公元145年。

[2]【今注】案，中華本據《後漢書校補》認爲“及”字係

衍文。

　　[3]【今注】質帝：劉纘，東漢章帝之玄孫。沖帝死，梁太后與梁冀將其迎入即帝位，年八歲。在位一年，葬於静陵，謚號孝質皇帝。紀見本書卷六。

　　[4]【劉昭注】《古今注》曰："本初元年二月，京師旱。"【今注】本初：東漢質帝劉纘年號（146）。

　　桓帝元嘉元年夏，[1]旱。是時梁冀秉政，妻子並受封，寵踰節。

　　[1]【今注】元嘉：東漢桓帝劉志年號（151—153）。

　　延熹元年六月，旱。[1]

　　[1]【劉昭注】京房占曰："人君無施澤惠利於下，則致旱也。不救，必蝗蟲害穀；其救也，貰謫罰（讁，殿本作'擿'），行寬大，惠兆民，勞功吏，賜鰥寡，稟不足。"案陳蕃上疏："宮女多聚不御，憂悲之感，以致水旱之困也。"【今注】京房占：此條文字又見《藝文類聚》卷一〇〇《災異部》和《太平御覽》卷八七九《咎徵部六》，謂出自京房《別對災異》。　陳蕃：字仲舉，汝南平輿（今河南平輿縣北）人。舉孝廉，太尉李固薦爲議郎，歷任豫章太守、尚書令、大鴻臚、光禄勳，東漢桓帝時累遷太尉，靈帝時爲太傅，録尚書事，封高陽侯。後謀誅宦官事泄，率官屬諸生八十餘人，拔刀突入宮門，被害。傳見本書卷六六。

　　靈帝熹平五年夏，旱。[1]

　　[1]【劉昭注】蔡邕作《伯夷叔齊碑》曰"熹平五年，天下大旱，禱請名山，求獲荅應。時處士平陽蘇騰，字玄成，夢陟首陽，有神馬之使在道。明覺而思之，以其夢陟狀上聞。天子開三府請雨使者，與郡縣戸曹掾吏登山升祠。手書要曰：'君況我聖主以洪澤之福。'天尋興雲，即降甘雨"也。【今注】案，平陽蘇騰，《後漢書集解》引惠棟説，認爲據《水經注》，蘇騰係河南平縣人，非平陽。

　　　六年夏，旱。

　　　光和五年夏，旱。

　　　六年夏，旱。是時常侍、黃門僭作威福。

　　　獻帝興平元年秋，長安旱。是時李傕、郭汜專權縱肆。[1]

　　[1]【劉昭注】　《獻帝起居注》曰："建安十九年夏四月，旱。"【今注】獻帝起居注：又作《漢獻帝起居注》，五卷，久佚。根據佚文來看，該書以編年體爲基本體例，記事始於中平六年（189）東漢靈帝駕崩，終於建安二十一年（216）二月壬申，圍繞漢獻帝皇帝權力的確立、展開與結束進行叙述。《隋書·經籍志二》《舊唐書·經籍志上》和《新唐書·藝文志二》都將其歸入史部起居注類。關於此書作者，史無明載，徐沖推斷是漢魏之際的荀彧和華歆。（參徐沖《觀書辨音：歷史書寫與魏晉精英的政治文化》，北京大學出版社2020年版，第1—42頁）

　　　更始時，南陽有童謡曰：[1]"諧不諧，在赤眉。得不得，在河北。"是時更始在長安，世祖爲大司馬平定河北。[2]更始大臣並僭專權，故謡妖作也。[3]後更始遂爲赤眉所殺，是更始之不諧在赤眉也。世祖自河北興。

[1]【今注】南陽：郡國名。治宛縣（今河南南陽市臥龍區）。

[2]【今注】大司馬：官名。掌邦政。東漢初爲三公之一，旋改太尉，東漢末年又別置大司馬，位在三公之上。此處代指東漢光武帝劉秀。本書卷一上《光武帝紀上》：“及更始至洛陽，乃遣光武以破虜將軍行大司馬事。”李賢注引《漢官儀》曰：“太尉，秦官也，武帝更名大司馬。”

[3]【今注】謠妖：即詩妖。

世祖建武六年，蜀童謠曰：“黃牛白腹，五銖當復。”[1]是時公孫述僭號於蜀，[2]時人竊言王莽稱黃，述欲繼之，故稱白；[3]五銖，漢家貨，明當復也。述遂誅滅。王莽末，天水童謠曰：[4]“出吳門，望緹群。見一蹇人，言欲上天；令天可上，地上安得民！”時隗囂初起兵於天水，[5]後意稍廣，欲爲天子，遂破滅。囂少病蹇。吳門，冀郭門名也。緹群，山名也。

[1]【今注】五銖：即五銖錢，漢代錢幣。

[2]【今注】公孫述：字子陽，扶風茂陵（今陝西興平市東北）人。王莽時爲導江卒正，後在成都自立爲蜀王，次年稱帝，國號“成家”。迷信鬼神，好符命，後爲吳漢、臧宮所敗，被創而死。傳見本書卷一三。

[3]【今注】案，白，殿本作“曰”，誤。

[4]【今注】天水：郡國名。治平襄縣（今甘肅通渭縣西北）。東漢永平十七年（74），天水郡更名漢陽郡，改治冀縣（今甘肅天水市甘谷縣）。

[5]【今注】隗囂：字季孟，天水成紀（今甘肅靜寧縣西南）人。王莽末爲當地豪強擁立據隴西起兵，初附劉玄，旋自稱西州上將軍。後歸光武帝，又叛附公孫述。後屢爲漢軍所敗，憂憤死。傳見本書卷一三。

順帝之末，京都童謠曰："直如弦，死道邊。曲如鉤，反封侯。"案順帝即世，[1]孝質短祚，大將軍梁冀貪樹疏幼，以爲己功，專國號令，以贍其私。太尉李固以爲清河王雅性聰明，[2]敦詩悦禮，加又屬親，立長則順，置善則固。而冀建白太后，策免固，徵蠡吾侯，[3]遂即至尊。固是月幽斃于獄，[4]暴屍道路，而太尉胡廣封安樂鄉侯、司徒趙戒厨亭侯、司空袁湯安國亭侯云。[5]

[1]【今注】案，世，大德本、殿本作"位"。
[2]【今注】案，太，殿本作"大"，二字通。　清河王：即劉蒜，章帝之曾孫，順帝末嗣清河王。沖帝卒被徵至京欲立其爲帝，而梁冀與太后立質帝，乃罷歸國。桓帝時貶爲尉氏侯，徙桂陽，自殺。
[3]【今注】蠡吾侯：即東漢桓帝劉志。本書卷七《桓帝紀》："祖父河間孝王開，父蠡吾侯翼，母匽氏。翼卒，帝襲爵爲侯。"
[4]【今注】案，月，紹興本、殿本作"日"，誤。
[5]【今注】胡廣：字伯始，南郡華容（今湖北潛江市）人。安帝時舉孝廉，奏章爲天下第一。拜尚書郎，五遷至尚書僕射，歷仕司空、司徒、太尉，官至太傅，歷安、順、沖、質、桓、靈六帝。後附和梁冀立桓帝，封育陽安樂鄉侯。傳見本書卷四四。案，大德本脫"安"字。　趙戒：字志伯。舉孝廉，遷荆州刺史，

順帝時累官至太尉。質帝卒，憚於梁冀權勢，立桓帝，封厨亭侯。

袁湯：字仲河，袁彭之弟。傳習《孟氏易》，桓帝初爲司空，封安國亭侯。累遷司徒、太尉，以災異策免。事迹見本書卷四五《袁京傳》。

桓帝之初，[1]天下童謠曰：“小麥青青大麥枯，誰當穫者婦與姑。丈人何在西擊胡，吏買馬，君具車，請爲諸君鼓嚨胡。”案元嘉中涼州諸羌一時俱反，南入蜀、漢，東抄三輔，[2]延及并、冀，大爲民害。命將出衆，每戰常負，中國益發甲卒，麥多委棄，但有婦女穫刈之也。“吏買馬，君具車”者，言調發重及有秩者也。“請爲諸君鼓嚨胡”者，不敢公言，私咽語。

[1]【今注】案，桓，紹興本作“淵聖御名”，“淵聖”爲宋欽宗趙桓尊號，此處係避諱。

[2]【今注】三輔：京兆尹、左馮翊和右扶風三個郡級行政區的合稱，因治所同在長安城中，故稱“三輔”。《太平御覽》卷一六四引《三輔黄圖》：“武帝太初元年改内史爲京兆尹，以渭城以西屬右扶風，長安以東屬京兆尹，長陵以北屬左馮翊，以輔京師，謂之三輔。”

桓帝之初，京都童謠曰：“城上烏，尾畢逋。公爲吏，子爲徒。一徒死，百乘車。車班班，[1]入河間。[2]河間姹女工數錢，[3]以錢爲室金爲堂。石上慊慊舂黄梁。[4]梁下有懸鼓，[5]我欲擊之丞卿怒。”案此皆謂爲政貪也。“城上烏，尾畢逋”者，處高利獨食，不與下共，謂人主多聚斂也。“公爲吏，子爲徒”者，言蠻夷將畔逆，父既爲軍吏，其子又爲卒徒往擊之也。
"一徒死，百乘車"者，言前一人往討胡既死矣，後
又遣百乘車往。[6] "車班班，入河間"者，言上將崩，
乘輿班班入河間迎靈帝也。[7] "河間姹女工數錢，[8] 以
錢爲室金爲堂"者，靈帝既立，其母永樂太后好聚金
以爲堂也。[9] "石上慊慊舂黃粱"者，言永樂雖積金
錢，慊慊常苦不足，[10] 使人舂黃粱而食之也。"梁下有
懸鼓，我欲擊之丞卿怒"者，言永樂主教靈帝，使賣
官受錢，所禄非其人，天下忠篤之士怨望，欲擊懸鼓
以求見，丞卿主鼓者，亦復諂順，怒而止我也。

[1]【今注】班班：絡繹不絕貌。

[2]【今注】河間：郡國名。治樂城縣（今河北獻縣河城街村
南）。桓帝崩，無子，皇太后與父城門校尉竇武定策禁中，使守光
禄大夫劉儵持節，將左右羽林至河間奉迎。

[3]【今注】姹女：少女，美女。

[4]【今注】慊慊：心不滿足貌。　案，梁，紹興本、大德
本、殿本作"粱"，二字通。

[5]【今注】懸鼓：官署所掛之鼓，供擊鼓召集、求見之用。
《漢書》卷七七《何並傳》："林卿既去，北度涇橋，令騎奴還至寺
門，拔刀剥其建鼓。"顏師古曰："諸官曹之所通呼爲寺。建鼓一名
植鼓。建，立也。謂植木而旁懸鼓焉。縣有此鼓者，所以召集號
令，爲開閉之時。"

[6]【劉昭注】臣昭曰：志家此釋豈未盡乎？往徒一死，何
用百乘？其後驗竟爲靈帝作。此言一徒，似斥桓帝，帝貴任群閹，
參委機政，左右前後莫非刑人，有同囚徒之長，故言寄一徒也。
且又弟則廢黜，身無嗣，魁然單獨（魁，大德本作"刑"），非

一而何？百乘車者，乃國之君。解犢後徵，正膺斯數，繼以班班，尤得以類焉。【今注】魁然：獨立不群。《漢書》卷六五《東方朔傳》：“今世之處士，魁然無徒，廓然獨居。”顏師古注：“魁讀曰塊。”　解犢：即解犢亭，又作“解瀆亭”，地名，在今河北安國市。東漢靈帝劉宏登基前及其生父劉萇的封爵皆爲解瀆亭侯。

[7]【劉昭注】應劭釋此句云：“徵靈帝者，輪班擁節入河間也。”

[8]【劉昭注】一本作“妖女”。

[9]【今注】永樂太后：即董太后，解瀆亭侯劉萇之妻，東漢靈帝劉宏之生母。因居於永樂宮，故通稱“永樂太后”。

[10]【今注】案，苦，殿本、汲本作“若”，誤。

桓帝之初，京都童謠曰：“游平賣印自有平，不辟豪賢及大姓。”案到延熹之末，鄧皇后以譴自殺，乃以竇貴人代之，[1]其父名武字游平，[2]拜城門校尉。[3]及太后攝政，爲大將軍，與太傅陳蕃合心戮力，惟德是建，印綬所加，咸得其人，豪賢大姓，皆絕望矣。

[1]【今注】竇貴人：即竇妙，大將軍竇武長女，東漢桓帝劉志第三任皇后，後擁立漢靈帝劉宏爲帝，成爲皇太后。本書卷六九《竇武傳》：“延熹八年，長女選入掖庭，桓帝以爲貴人，拜武郎中。”紀見本書卷一〇下。

[2]【今注】游平：即大將軍竇武，字游平。

[3]【今注】城門校尉：官名。西漢武帝時初置，職掌京師城門守衛，東漢光武帝沿置之，後多爲外戚寵貴所把持。

桓帝之末，京都童謠曰：“茅田一頃中有井，四方纖纖不可整。嚼復嚼，今年尚可後年鐃。"[1]案《易》曰："拔茅茹以其彙，征吉。"茅喻羣賢也。井者，法也。于時中常侍管霸、蘇康憎疾海內英哲，[2]與長樂少府劉囂、太常許詠、尚書柳分、[3]尋穆、史佟、[4]司隸唐珍等，[5]代作脣齒。河內牢川詣闕上書：[6]"汝、潁、南陽，[7]上采虛譽，專作威福；甘陵有南北二部，[8]三輔尤甚。"由是傳考黄門北寺，始見廢閣。"茅田一頃"者，言羣賢衆多也。"中有井"者，言雖阨窮，不失其法度也。"四方纖纖不可整"者，言姦慝大熾，不可整理。"嚼復嚼"者，京都飲酒相强之辭也。言食肉者鄙，不恤王政，徒耽宴飲歌呼而已也。"今年尚可"者，言但禁錮也。"後年鐃"者，陳、竇被誅，[9]天下大壞。

[1]【劉昭注】《風俗通》作"譊"。

[2]【今注】管霸：東漢桓帝時中常侍，頗具才略。靈帝即位後，竇武首先將其誅殺。　蘇康：桓帝時爲掖庭令，爲帝遍巡采女。後任中常侍，靈帝即位後被竇武所殺。

[3]【劉昭注】《袁山松書》曰，柳分權豪之黨，爲范滂所奏者。【今注】長樂少府：官名。太后宮寢長樂宮的官員。　劉囂：字重寧。東漢桓帝時爲太僕。靈帝時爲司空，不久後被罷官。案，太常，殿本作"大常"，二字通。　許詠：或作許永，字永先。曾爲司隸校尉，捕治宦官。（詳考參見曹金華《後漢書稽疑》，第209頁）傳見謝承《後漢書》卷八。詠，大德本作"永"。　范滂：字孟博，汝南征羌（今河南漯河市郾城區）人。少舉孝廉，曾任清詔使、光祿勳主事。按察郡縣，舉劾權豪。後汝南太守宗資請署功曹，滂嚴整疾惡，抑制宦官，抽拔異節。桓帝時以黨事下獄，靈帝

初再興黨錮之獄，自投案，後死獄中。傳見本書卷六七。

　　[4]【劉昭注】佟後亦爲司隸。應劭曰，史佟，左官媮進者也。【今注】尋穆：人名。東漢河內（今河南武陟縣）人。　史佟：諸侯國的官員，因爲狡黠而得以遷任。　媮：鄙薄、輕視。《左傳》襄公三十年：“晉未可媮也⋯⋯其朝多君子，其庸可媮乎！”杜預注：“媮，薄也。”

　　[5]【今注】唐珍：字惠伯。幼時爲神童。荊州刺史度尚甚稱重，靈帝時，累官太常、司空。

　　[6]【今注】河內牢川：河內，郡國名。治懷縣（今河南武陟縣）。牢川，或作“牢修”“牢循”（詳考參見曹金華《後漢書稽疑》，第875頁）。

　　[7]【今注】汝：即汝南郡，郡國名。治平輿縣（今河南平輿縣北）。　潁：即潁川郡，郡國名。治陽翟縣（今河南禹州市）。

　　[8]【今注】甘陵：漢安帝生父清河王劉慶和生母孝德皇后的陵寢，在今河北邢臺市清河縣南部。又漢安帝將清河國厝縣改爲甘陵縣，並移治所於此，在今河北南宮市段盧頭鎮懸空村附近。

　　[9]【今注】陳竇：即太傅陳蕃和大將軍竇武。

　　桓帝之末，京都童謠曰：“白蓋小車何延延。河間來合諧，河間來合諧！”案解犢亭屬饒陽河間縣也。[1]居無幾何而桓帝崩，使者與解犢侯皆白蓋車從河間來。延延，衆貌也。是時御史劉儵建議立靈帝，[2]以儵爲侍中，中常侍侯覽畏其親近，[3]必當間己，白拜儵泰山太守，[4]因令司隸迫促殺之。朝廷少長，[5]思其功效，乃拔用其弟郃，[6]致位司徒，[7]此爲合諧也。

　　[1]【劉昭注】臣昭案：《郡國志》饒陽本屬涿（涿，大德本

作"涼"），後屬安平。靈帝既是河間王曾孫，謠言自是有徵，無俟河間之縣爲驗（殿本、汲本"河間"之前有"明"字，當據補；河，紹興本作"何"，誤）。【今注】涿：郡國名。治涿縣（今河北涿州市）。　安平：郡國名。原屬涿郡，東漢安帝延光元年（122）以樂成國廢絕，改國曰安平。後屬冀州，治信都縣（今河北衡水市冀州區）。

[2]【今注】劉儵：東漢桓帝時爲侍御史、泰山太守。

[3]【今注】侯覽：山陽防東（今山東單縣東北）人。東漢桓帝初爲中常侍，佞猾貪侈，以誅梁冀功封高鄉侯。靈帝時爲督郵張儉劾奏，反誣儉與李膺、杜密等爲黨，造成黨錮之禍。後以專權被劾，自殺。傳見本書卷七八。

[4]【今注】泰山太守：官名。泰山郡最高行政長官。泰山郡，治奉高縣（今山東泰安市東）。

[5]【今注】案，少，紹興本作"必"，誤。

[6]【今注】郃：即劉郃，字季承，劉儵之弟。嘗任濟陰太守、大鴻臚，因劉儵議立靈帝之功而遷司徒。後謀誅宦官張讓、曹節等，事泄下獄死。大德本作"郤"，誤。

[7]【今注】案，位，大德本作"仕"。

靈帝之末，京都童謠曰："侯非侯，王非王，千乘萬騎上北芒。"案到中平六年，史侯登躡至尊，[1]獻帝未有爵號，爲中常侍段珪等數十人所執，公卿百官皆隨其後，到河上，乃得來還。此爲"非侯非王上北芒"者也。[2]

[1]【今注】史侯：東漢少帝劉辯。本書卷一〇下《靈思何皇后紀》："生皇子辯，養於史道人家，號曰史侯。"李賢注引《獻帝春秋》曰："靈帝數失子，不敢正名，養道人史子眇家，號曰

史侯。"

[2]【劉昭注】《英雄記》曰："京師謠歌咸言'河臘叢進',獻帝臘日生也。《風俗通》曰:'烏臘烏臘。'"案逆臣董卓滔天虐民,窮凶極惡,關東舉兵欲共誅之,轉相顧望,莫肯先進,處處停兵數十萬,若烏臘蟲,相隨橫取之矣。【今注】英雄記:又作《漢末英雄記》,十卷,三國魏王粲撰,久佚。該書記述漢末亂世眾多人物行狀,可補正史之缺。《隋書·經籍志二》歸入史部雜史類,著錄"《漢末英雄記》八卷,王粲撰,殘缺。梁有十卷"。《舊唐書·經籍志上》和《新唐書·藝文志二》也歸入史部雜事類,前者著錄"《漢末英雄記》十卷,王粲等撰",後者著錄"王粲《漢書英雄記》十卷"。 臘日:臘祭之日,農曆十二月初八。宗懍《荊楚歲時記》:"十二月八日爲臘日。" 關東:函谷關或潼關以東地區。

靈帝中平中,京都歌曰:"承樂世董逃,遊四郭董逃,蒙天恩董逃,帶金紫董逃,行謝恩董逃,整車騎董逃,垂欲發董逃,與中辭董逃,出西門董逃,瞻宮殿董逃,望京城董逃,日夜絕董逃,心摧傷董逃。"[1]案"董"謂董卓也,言雖跋扈,縱其殘暴,終歸逃竄,至於滅族也。[2]

[1]【劉昭注】楊孚《卓傳》曰:"卓改爲董安。"【今注】案,摧,殿本作"推"。

[2]【劉昭注】《風俗通》曰:"卓以董逃之歌主爲己發,大禁絕之,死者千數。"靈帝之末,禮樂崩壞,賞刑失中,毀譽無驗,競飾僞服,以盜典制,遠近翕然,咸名後生放聲者爲時人。有識者竊言(識,大德本作"此";竊,大德本作"切"):舊曰

世人，次曰俗人，今更曰時人，此天促其期也（此，大德本作
"識"）。其間無幾，天下大壞也。

　　獻帝踐祚之初，[1]京都童謠曰：[2]"千里草，何青
青。十日卜，不得生。"案千里草爲董，十日卜爲卓。
凡別字之體，皆從上起，左右離合，無有從下發端者
也。今二字如此者，天意若曰：卓自下摩上，以臣陵
君也。"青青"者，暴盛之貌也。不得生者，亦旋
破亡。[3]

　　[1]【今注】案，祚，殿本作"阼"。
　　[2]【今注】案，都，大德本、殿本作"師"。
　　[3]【劉昭注】獻帝初童謠曰："燕南垂，趙北際，中央不合
大如礪，唯有此中可避世。"公孫瓚以爲易地當之，遂徙鎮焉，乃
修城積穀，以待天下之變。建安三年，袁紹攻瓚，瓚大敗，縊其
姊妹妻子，引火自焚，紹兵趣登臺斬之。初，瓚破黃巾，殺劉虞，
乘勝南下，侵據齊地。雄威大振，而不能開廓遠圖，欲以堅城觀
時，坐聽圍戮，斯亦自易地而去世也。【今注】公孫瓚：字伯珪，
遼西令支（今河北遷安市西）人。靈帝時爲遼東屬國長史，降虜校
尉。以鎮壓黃巾軍，拜奮武將軍，封薊侯。後據冀州與袁紹相爭。
獻帝時爲袁紹所敗，縊死其妻子姊妹，自焚而死。傳見本書卷七
三。　劉虞：字伯安，東海郯（今山東郯城縣西北）人。傳見本書
卷七三。

　　建安初，荊州童謠曰：[1]"八九年間始欲衰，至十
三年無孑遺。"言自中興以來，[2]荊州無破亂，及劉表
爲牧，[3]又豐樂，[4]至此逮八九年。[5]當始衰者，謂劉

表妻當死，諸將並零落也。十三年無子遺者，言十三
年表又當死，民當移詣冀州也。[6]

[1]【今注】荊州：州名。下轄南陽、南郡、江夏、零陵、桂
陽、武陵、長沙七郡。轄境約相當於今湘、鄂二省及豫、桂、黔、
粵的一部分。

[2]【今注】案，中興，《後漢書集解》引何焯説，謂當作
“中平”。

[3]【今注】劉表：字景升，山陽高平（今山東鄒城市西南）
人。傳見本書卷七四下。

[4]【今注】案，據《三國志》卷六《魏書·劉表傳》裴松之
注引《搜神記》，“又”前當補“民”字。

[5]【今注】案，至此逮八九年，《三國志·劉表傳》裴松之
注引《搜神記》作“至建安八年九年”。

[6]【劉昭注】干寶《搜神記》曰：“是時華容有女子忽啼呼
云：‘有大喪（據《三國志·劉表傳》裴松之注引《搜神記》
“有”前當補“荆州將”三字）！’言語過差，縣以爲妖言，繫獄
百餘日，忽於獄中哭曰（於，大德本作‘然’）：‘劉荆州今日
死。’華容去州數日（日，《三國志·劉表傳》裴松之注引《搜神
記》作‘百里’），即遣馬吏驗視，表果死（《三國志·劉表傳》
裴松之注引《搜神記》‘表’前有‘而劉’二字）。縣乃出之。續
又歌吟曰：‘不意李立爲貴人。’後無幾，曹公平荆州，以涿郡李
立字建賢爲荆州刺史。”【今注】干寶：字令升。勤學博覽，以才
器召爲著作郎。平杜弢有功，賜爵關內侯。後領國史，累遷散騎常
侍。著《晉紀》《搜神記》，並注《周官》《周易》。傳見《晉書》
卷八二。　搜神記：干寶撰筆記體志怪小説集。《晉書·干寶傳》：
“又寶兄嘗病氣絶，積日不冷，後遂悟，云見天地間鬼神事，如夢
覺，不自知死。寶以此遂撰集古今神祇靈異人物變化，名爲《搜神

記》，凡三十卷。"該書輯録諸多鬼怪奇異故事以及瑣聞雜記，雜糅佛道，在中國小説史上占據重要地位，對後世影響深遠。久佚，現通行者爲明人胡應麟所輯二十卷本，另有今人李劍國輯三十卷本，最爲精審。　華容：侯國。治所在今湖北潛江市西南。　劉荆州：即劉表，時任荆州牧。　曹公：魏武帝曹操，字孟德，一名吉利，小名阿瞞，曹嵩之子。二十歲舉孝廉爲郎，遷頓丘令，拜騎都尉，參與鎮壓黄巾軍，遷濟南相。東漢獻帝初平三年（192），任兖州牧，分化誘降黄巾軍，編其精鋭爲青州兵。建安元年（196），迎獻帝都許，用獻帝名義發號施令。先後破吕布、袁術、袁紹，逐漸統一北方。建安十三年進位丞相，率軍南下，在赤壁爲孫權、劉備聯軍所敗。後封魏王，卒謐武，魏文帝時追尊武帝，廟號太祖。著《孫子略解》《兵書接要》等。又善詩文，今存《曹操集》。紀見《三國志》卷一。

順帝陽嘉元年十月中，望都蒲陰狼殺童兒九十七人。[1]時李固對策，引《京房易傳》曰"君將無道，害將及人，去之深山全身，[2]厥災狼食人"。[3]陛下覺寤，比求隱滯，[4]故狼災息。[5]

[1]【今注】望都蒲陰：望都，縣名，治所在今河北保定市望都縣。蒲陰，縣名，東漢章帝元和三年（86）改曲逆縣置，治所在今河北完縣東南。兩縣均屬中山國。

[2]【今注】案，中華本據《後漢書集解》引惠棟説，謂"山"後當補"以"字。

[3]【今注】案，災，中華本據《後漢書集解》引惠棟説，謂當作"妖"。

[4]【今注】隱滯：隱居不仕。

[5]【劉昭注】《東觀書》曰："中山相朱遂到官，不出奉祠

北嶽。詔曰：'災暴緣類，符驗不虛，政失厥中，狼災爲應，至乃殘食孩幼，朝廷愍悼，思惟咎徵，博訪其故。山嶽尊靈，國所望秩，而遂比不奉祠，怠慢廢典，不務懇惻，淫刑放濫，害加孕婦，毒流未生，感和致災。其詳思改救，追復所失。有不遵憲，舉正以聞。'"【今注】東觀書：即《東觀漢記》，一百四十三卷，紀傳體斷代史，班固等人撰。該書記述了東漢光武帝至靈帝百餘年歷史，因在東觀設館所修而得名，又名《漢記》《東觀》。流傳之初，與《史記》《漢書》並稱"三史"，地位重要。范曄《後漢書》集諸家之大成，加之屢有注音釋義，遂大行於世，《東觀漢記》於是浸微。《隋書·經籍志二》著錄"《東觀漢記》一百四十三卷。起光武記注至靈帝，長水校尉劉珍等撰"，《舊唐書·經籍志上》著錄一百二十七卷，《宋史·藝文志》著錄八卷，可見該書在唐宋以後逐漸散佚。　中山相：官名。中山國的相，該國最高行政長官。本書《百官志五》："每國置相一人，其秩各如本縣。本注曰：主治民，如令、長，不臣也。"　朱遂：事迹不詳。　北嶽：古代五嶽之一，曲陽恒山，即今河北保定市大茂山。

靈帝建寧中，群狼數十頭入晉陽南城門齧人。[1]

[1]【劉昭注】《袁山松書》曰："光和三年正月，虎見平樂觀，又見憲陵上，齧衛士（齧，殿本作'嚙'）。蔡邕封事曰（大德本無'封事'二字）：'政有苛暴，則虎狼食人。'"【今注】晉陽：縣名。太原郡治所，在今山西太原市晉源區。　案，齧，大德本、殿本作"嚙"。　平樂觀：宮觀名。漢明帝取飛廉銅馬於此處置。大概位置在今河南洛陽市孟津縣平樂鎮。　憲陵：東漢順帝劉保的陵寢。本書卷六《沖帝紀》："九月丙午，葬孝順皇帝於憲陵，廟曰敬宗。"李賢注曰："在洛陽西十五里，陵高八丈四尺，周三百步。"在今河南洛陽市孟津縣平樂鄉平樂村北。

後漢書　志第十四

五行二[1]

災火　草妖　羽蟲孽　羊禍

[1]【今注】案，二，底本作"五"，大德本、殿本作"二"，據改。

《五行傳》曰："棄法律，[1]逐功臣，[2]殺太子，[3]以妾爲妻，[4]則火不炎上。"[5]謂火失其性而爲災也。又曰："視之不明，是謂不悊。[6]厥咎舒，[7]厥罰常燠，[8]厥極疾。[9]時則有草妖，[10]時則有蠃蟲之孽，[11]時則有羊禍，[12]時則有赤眚、赤祥，惟水沴火。"蠃蟲，《劉歆傳》以爲"羽蟲"。[13]

[1]【劉昭注】鄭玄注《尚書大傳》曰："東井主法令也。"【今注】東井：井宿，二十八宿之一，居南方。井宿八星橫列於天河，形似井字，居參宿左足下玉井之東，故稱東井，掌管法令。《開元占經》卷六三《東井占一》引《黃帝占》曰："東井，天府法令也，天讒也，一名東陵，一名天井，一名東井，一名天關，一

名天闕，一曰天之南門，三光之正道。"

[2]【劉昭注】鄭玄曰："功臣制法律者也。或曰，喙主尚食、七星主衣裳，張爲食厨，翼主天倡。經曰：'帝曰：臣作朕股肱耳目，予欲左右有民（大德本"予"前有"曰"字），汝翼。予欲觀古人之象，日、月、星辰、山、龍、華蟲，作繢宗彝，藻、火、粉、米、黼、黻、絺繡，以五采章施于五色作服，汝明。予欲聞六律、五聲、八音，在治忽，以出納五言，汝聽。'是則食與服樂，臣之所用爲大功也。七星北有酒旗，南有天厨，翼南有器府。"【今注】喙：柳宿，二十八宿之一，居南方。南方七宿合稱朱雀，其中，柳宿對應朱雀之嘴，故稱喙。《史記·天官書》："柳爲鳥注，主木草。"司馬貞《索隱》引《漢書·天文志》："'注'作'喙'。"　尚食：官名。秦始設，掌供奉皇帝膳食，屬六尚。東漢後，其職併於太官、湯官。《通典》卷二六《殿中監》："尚食局奉御：'始秦置六尚，有尚食焉。後漢以後，併其職於太官、湯官。'"　七星：星宿，二十八宿之一，對應朱雀之頸。《史記·天官書》："七星，頸，爲員官，主急事。"司馬貞《索隱》引宋均曰："頸，朱鳥頸也。員官，喉也。物在喉嚨，終不久留，故主急事也。"張守節《正義》："七星爲頸，一天都，主衣裳文繡，主急事。"　張：張宿，二十八宿之一，居南方。對應朱雀之嗉。《史記·天官書》："張，素，爲厨，主觴客。"司馬貞《索隱》："素，嗉也。"張守節《正義》："張六星，六爲嗉，主天厨食飲賞賫觴客。"　翼：翼宿，二十八宿之一，居南方。對應朱雀之翅。　天倡：天之樂府。《史記·天官書》："翼爲羽翮，主遠客。"張守節《正義》："翼二十二星爲天樂府，又主夷狄，又主遠客。"《開元占經》卷六三《翼宿占六》引石氏贊曰："翼主天倡以戲娛，故近太微竝尊嬉。翼二十二星主天倡，建旗秉節物滿張。"　經曰：此段所引出自《尚書·虞書·益稷》。　酒旗：星宿名。居星宿北軒轅星右角。《開元占經》卷六九《酒旗星占五十八》引甘氏曰："酒旗

三星，在軒轅右角。” 　天厨：星宿名。屬三垣之紫微垣，三垣是古代天文學中北方星區名稱，包括太微垣、紫微垣、天市垣。按，三垣居二十八宿以北，七星即星宿居南方，故鄭玄“七星南有天厨”之説存疑。本句酒旗、器府皆南方星座，“天厨”疑爲“外厨”訛誤。外厨屬柳宿。《開元占經》卷六三《外厨星占三十九》引甘氏曰：“外厨六星，在柳南。”又，“張爲食厨”，若天厨意指張宿，則“七星南有天厨”亦可通。 　器府：星宿名。居軫宿南。《開元占經》卷七〇《器府占四十二》引甘氏曰：“器府三十星，在軫南。”

[3]【劉昭注】鄭玄曰：“五行火生土，天文以參繼東井，四時以秋代夏，殺太子之象也。《春秋傳》曰：‘夫千乘之主，將廢正而立不正，必殺正也。’”【今注】參：參宿，二十八宿之一。參宿左足下玉井之東有井宿，即東井，故鄭玄曰“參繼東井”。

[4]【劉昭注】鄭玄曰：“軒轅爲后妃，屬南宫。其大星女主之位。女御在前，妾爲妻之象也。”【今注】軒轅：星宿名。居星宿北。《史記·天官書》：“軒轅，黄龍體。”司馬貞《索隱》引《援神契》：“軒轅十二星，后宫所居。” 　南宫：星區名。對應四象之一朱雀。古代天文學中，二十八宿依據四象劃分爲：東宫青龍、北宫玄武、西宫白虎、南宫朱雀。南宫構成鳥象的星宿爲柳、星、張、翼。《史記·天官書》：“南宫朱鳥，權、衡。”

[5]【劉昭注】鄭玄曰：“君行此四者，爲逆天南宫之政。南宫於地爲火，火性炎上，然行人所用烹餁者也，無故因見作熱，燔熾爲害，是爲火不炎上。其他變異（上其，大德本作‘其上’，誤），皆屬沴。”《春秋考異郵》曰：“火者，陽之精也。人合天氣五行陰陽，極陰反陽，極陽生陰，故應人行以災不祥，在所以感之，萌應轉旋，從逆殊心也。”

[6]【劉昭注】鄭玄曰：“視，瞭也。君視不明，則是不能瞭其事也。”《洪範》曰：“視曰明。”

　　[7]【劉昭注】讖曰：“君舒急，臣下有倦，白黑不別，賢不肖並，不能憂民急，氣爲之舒緩，草不搖。”鄭玄曰：“君臣不瞭則舒緩矣。”

　　[8]【劉昭注】鄭玄曰：“視曰火，火主夏。夏氣長，長氣失，故常燠。”

　　[9]【劉昭注】鄭玄曰：“長氣失，故於人爲疾。”

　　[10]【劉昭注】鄭玄曰：“草，視之物可見者，莫衆於草。”

　　[11]【劉昭注】鄭玄曰：“蠶螟蟲之類。蟲之生於火而藏於秋者也。”

　　[12]【劉昭注】鄭玄曰：“羊畜之遠視者也，屬視。”

　　[13]【今注】案《洪範五行傳》以爲“蠃蟲之孽”，劉歆則以爲“羽蟲之孽”，《漢書·五行志中之下》“説曰”：“温奥生蟲，故有蠃蟲之孽，謂螟螣之類當死不死，未當生而生，或多於故而爲災也。劉歆以爲屬思心不容……劉歆《視傳》曰有羽蟲之孽，雞旤。説以爲於天文南方啄爲鳥星，故爲羽蟲；旤亦從羽，故爲雞；雞於《易》自在‘巽’。説非是。”劉歆的解説其實受到了《月令》思想的影響，按照《月令》的圖式：貌屬東，爲鱗蟲；視屬南，爲羽蟲；言屬西，爲毛蟲；聽屬北，爲介蟲；思屬中，爲倮蟲，劉歆《五行傳説》“孽”類的名目設置大體遵循了這一圖式，祇是具體內容有所變化。班固否定了漢儒關於蠃蟲之孽的解説，全依劉歆《視傳》之説。至本書《五行志》纔正式把“羽蟲之孽”作爲災異名目標出，後世沿用不輟。

　　建武中，漁陽太守彭寵被徵。[1]書至，明日潞縣火，[2]災起城中，飛出城外，燔千餘家，殺人。《京房易傳》曰：“上不儉，下不節，盛火數起，燔宫室。”儒説火以明爲德而主禮。時寵與幽州牧朱浮有隙，[3]疑浮見浸譖，故意狐疑，其妻勸無應徵，遂反叛攻浮，卒誅滅。[4]

[1]【今注】漁陽：郡名。治漁陽縣（今北京市懷柔區北房鎮）。　太守：官名。古代郡級行政區長官，掌佐守典武職，秩真二千石。東漢設州牧後，太守爲州牧或刺史下一級行政官。　彭寵：字伯通，南陽宛（今河南南陽市卧龍區）人。東漢大臣。新莽時期任大司空士，後歸順劉秀，任漁陽太守，爲劉秀平定河北提供將領、士兵、糧草，立下大功，後因幽州牧朱浮構陷，失去劉秀信任。東漢光武帝建武三年（27），彭寵反，自立爲燕王，於建武五年被家奴所殺。傳見本書卷一二。

[2]【今注】潞縣：治所在今河北三河市西南。

[3]【今注】幽州：州名。治薊縣（今北京市西城區南）。牧：州牧，官名。掌一州軍政，秩二千石，位次九卿。　朱浮：字叔元，沛國蕭（今安徽蕭縣西北）人。傳見本書卷三三。

[4]【劉昭注】《古今注》曰："建武六年十二月，雒陽市火。二十四年正月戊子，雷雨霹靂，火災高廟北門。明帝永平元年六月己亥，桂陽見火飛來，燒城寺。章帝建初元年十二月，北宮火燒壽安殿，延及右掖門。元和三年六月丙午，雷雨，火燒北宮朱爵西闕。"【今注】高廟：漢高祖廟。宗廟是古代帝王、諸侯祭祀祖宗的廟宇。西漢初，皇帝宗廟大致分爲：立於長安城内的京廟，立於陵寢附近的陵廟，正廟之外另設的"原廟"，立於郡、國的郡國廟。高廟即京廟之一，立於長安城内。漢高祖時，始設郡、國廟，高廟除立於京師外，還立於郡、國。東漢光武帝建武二年，雒陽修建高廟，置高祖至平帝十一帝神主。（詳見郭善兵《中國古代帝王宗廟禮制研究》，人民出版社2007年版，第71—94、172—175頁）　桂陽：郡名。治郴縣（今湖南彬州市北湖區）。　北宮：宮殿名。東漢雒陽城宮殿主要分南宮、北宮。南宮、北宮西漢時已具規模，有城垣，東、西、南、北城門分别名爲蒼龍、白虎、朱雀、

玄武，宮內有宮、亭、殿、署等建築。北宮重建於漢明帝時，主要供皇帝及嬪妃寢居。主要建築分布情況如下。中軸綫上自北向南爲平洪殿、朔平署、宣明殿、德陽殿、德陽門、和歡殿、安福殿、温飭殿。温飭殿西側自北向南爲西掖亭、右掖門；東側自北向南爲東掖亭、左掖門；南側自北而南爲端門、司馬門。中軸綫西側自北向南爲永樂宮、崇政殿、崇德署。崇德殿南有兩門，即西神虎門、東金商門。兩門南爲兩觀，即西白虎觀、東增喜觀。中軸綫東側有兩排建築，西排建築自北向南爲崇德殿、章德殿、壽安殿、含德殿、章臺殿、天禄殿；東排建築自北向南爲永安宮、景福殿、安昌殿、延休殿、迎春殿、永寧殿。延休殿與迎春殿之間，自西而北爲建禮門、崇賢門、雲龍門。另外，西漢長安亦建有北宮，居未央宮北。

　　壽安殿：宮殿名。東漢北宮、南宮皆有，本條所指居北宮。　右掖門：宮門名。東漢北宮、南宮皆有，本條所指居北宮。　朱爵西闕：東漢北宮朱雀門旁之闕，亦稱“朱雀闕”。闕是宮殿、祠廟和陵墓前的一種高建築物，通常左右各一，作爲記官爵、功績和裝飾之用。

　　和帝永元八年十二月丁巳，南宮宣室殿火。[1]是時和帝幸北宮，竇太后在南宮。明年，竇太后崩。

　　[1]【今注】宣室殿：宮殿名。居東漢南宮。南宮主要供皇帝和群臣朝賀議政。主要建築分布情況如下。中軸綫自北向南爲平朔殿、千秋萬歲殿、中德殿、崇德殿、章華門、却非殿、却非門、端門、司馬門。中軸綫西側，西排建築自北向南爲西宮、長秋宮、阿閣、蘭臺、雲臺、楊安殿、含章殿、顯親殿、雲臺殿；東排建築自北向南爲建德殿、宣德殿、玉堂殿、嘉德殿、嘉德門、承福殿、宣室殿、明光殿、鴻都門、右掖門。中軸綫東側，西排建築自北向南爲東宮、温德殿、樂成殿、章德殿、敬法殿、銅馬殿、金馬門、左

掖門；東排建築自北向南爲東觀、承風殿、竹殿、壽安殿、黄龍殿、鳳凰殿、清凉殿、侍中盧。

十三年八月己亥，北宫盛饌門閤火。[1]是時和帝幸鄧貴人，[2]陰后寵衰怨恨，[3]上有欲廢之意。明年，會得陰后挾僞道事，遂廢遷于桐宫，[4]以憂死，立鄧貴人爲皇后。

[1]【今注】盛饌門閤：宫門名。居東漢北宫。閤爲宫中小門。《資治通鑑》卷四八《漢紀》孝和皇帝十三年：“秋，八月，己亥，北宫盛饌門閤火。”胡三省注：“盛饌門閤，御厨門閤也。”

[2]【今注】鄧貴人：鄧綏，南陽新野（今河南新野縣）人。東漢和帝第二任皇后。紀見本書卷一〇上。

[3]【今注】陰后：陰麗華，南陽新野人，東漢和帝第一任皇后。紀見本書卷一〇上。

[4]【今注】桐宫：商代桐地的宫室。伊尹曾放太甲於此地。《史記》卷三《殷本紀》：“帝太甲既立三年，不明，暴虐，不遵湯法，亂德，於是伊尹放之於桐宫。”裴駰《集解》引鄭玄曰：“地名也，有王離宫焉。”

十五年六月辛酉，漢中城固南城門災。[1]此孝和皇帝將絶世之象也。其後二年，宫車晏駕，殤帝及平原王皆早夭折，[2]和帝世絶。

[1]【今注】漢中：郡名。治南鄭縣（今陝西漢中市漢臺區）。城固：縣名。治所在今陝西城固縣東。

[2]【今注】殤帝：東漢殤帝，劉隆，和帝少子，登基時出生

剛滿百天，因爲年幼，由皇太后鄧綏臨朝聽政。一歲時夭折，是中國歷史上壽命最短的皇帝，謚號孝殤皇帝。紀見本書卷四。 平原王：劉勝，東漢和帝長子，母不詳。少有痼疾，東漢殤帝延平元年（106）封平原王，爲王八年後薨，葬於京城。傳見本書卷五五。

安帝[1]永初二年四月甲寅，漢陽河陽城中失火，[2]燒殺三千五百七十人。先是和帝崩，有皇子二人，皇子勝長，[3]鄧皇后貪殤帝少，欲自養長立之。延平元年，[4]殤帝崩。勝有厥疾不篤，群臣咸欲立之，太后以前既不立勝，遂更立清河王子，是爲安帝。司空周章等心不掩服，[5]謀欲誅鄧氏，廢太后、安帝，而更立勝。元年十一月，事覺，章等被誅。其後涼州叛羌爲害大甚，[6]涼州諸郡寄治馮翊、扶風界。[7]及太后崩，鄧氏被誅。

[1]【劉昭注】《古今注》曰："永初元年十二月，河南郡縣火，燒殺百五人。二年，河南郡縣又失火（失，大德本作'大'），燒五百八十四人。"【今注】河南：河南尹，政區名。治雒陽縣（今河南洛陽市東）。

[2]【今注】漢陽：郡名。治冀縣（今甘肅天水市西北）。案，河陽，中華本據《後漢書集解》引錢大昕説改作"阿陽"。阿陽，縣名。治所在今甘肅靜寧縣西南。

[3]【今注】勝：和帝長子平原王劉勝。

[4]【今注】延平：東漢殤帝劉隆年號（106）。

[5]【今注】司空：官名。掌水土事，位次三公。東漢三公包括太尉、司徒、司空。 周章：字次叔，南陽隨（今湖北隨州市曾都區）人。東漢大臣。舉孝廉，歷任中郎將、光禄勳、太常、司

空。後密謀廢太后，封安帝爲遠國王，立平原王劉勝，事發，自殺。傳見本書卷三三。　案，掩，殿本、汲本作“厭”，是。

[6]【今注】涼州：州名。治隴縣（今甘肅清水縣北）。案，大，大德本、殿本作“太”。

[7]【今注】馮翊：左馮翊，政區名。治臨晉縣（今陝西大荔縣東南）。三輔之一。三輔本指治理京畿地區的三位官員，後指其所管轄的地區，包括京兆、左馮翊、右扶風。　扶風：右扶風，政區名。治槐里縣（今陝西興平市東南）。三輔之一。

四年三月戊子，杜陵園火。[1]

[1]【今注】杜陵：陵墓名。爲西漢宣帝陵，在今陝西西安市東南。宣帝劉詢是西漢第十位皇帝，卒於黃龍元年（前49），謚號孝宣皇帝。

元初四年二月壬戌，武庫火。[1]是時羌叛，大爲寇害，發天下兵以攻禦之，積十餘年未已，天下厭苦兵役。

[1]【劉昭注】《東觀書》曰：“燒兵物百一十五種（一，殿本、汲本作‘二’，是），直千萬以上。”

延光元年八月戊子，陽陵園寢殿火。[1]凡災發于先陵，此太子將廢之象也。若曰：不當廢太子以自翦，如火不當害先陵之寢也。[2]明年，上以讒言廢皇太子爲濟陰王。[3]後二年，宮車晏駕。中黃門孫程等十九人起兵殿省，[4]誅賊臣，立濟陰王。

　　[1]【今注】陽陵：陵墓名。爲西漢景帝陵，在今陝西咸陽市東北。景帝劉啓卒於後元三年（前141），謐號孝景皇帝。　寢殿：古代造於陵墓之寢，是死者靈魂飲食起居的場所，亦供祭祀。此外，還指君主及其家族飲食起居之地。據禮書記載，帝王陵園中建有寢的陵寢制度，開始於秦，推行於西漢，但從現有考古資料結合文獻記載看，應開始於戰國時期，起源可追溯至商。東漢時期，確立了以朝拜祭祀爲主要内容的陵寢制度。（詳見楊寬《中國古代陵寢制度史研究》，上海古籍出版社1985年版，第14—39頁）

　　[2]【今注】案，如，殿本作“則”。

　　[3]【今注】濟陰王：劉保，即東漢順帝，父爲安帝劉祜。初爲皇太子，因樊豐等人構陷，被廢作濟陰王。安帝卒後，閻皇后無子，立幼兒劉懿爲皇帝，劉懿早卒，劉保在孫程等十九人的擁立下，登基爲帝。順帝建康元年（144）卒，葬於憲陵，廟號敬宗，謐號孝順皇帝。紀見本書卷六。

　　[4]【今注】孫程：字稚卿，涿郡新城（今河北保定市徐水區西）人。東漢宦官。因擁劉保爲漢順帝，得封浮陽侯，拜騎都尉。傳見本書卷七十八。

　　四年秋七月乙丑，漁陽城門樓災。
　　順帝永建三年七月丁酉，茂陵園寢災。[1]

　　[1]【劉昭注】《古今注》曰：“二年五月戊辰（二，大德本、殿本作‘三’），守宮失火，燒宮藏財物盡。四年，河南郡縣失火，燒人六畜。”【今注】茂陵：陵墓名。爲西漢武帝陵，在今陝西興平市東北。武帝劉徹是西漢第七位皇帝，卒於後元二年（前87），謐號孝武皇帝。

　　陽嘉元年，恭陵廡災，[1]及東西莫府火。[2]太尉李固以爲奢僭所致。陵之初造，禍及枯骨，規廣治之尤飾。又上欲更造宮室，益臺觀，故火起莫府，燒材木。

[1]【今注】恭陵：陵墓名。爲東漢安帝陵，在今河南洛陽市東。安帝劉祜是東漢第六位皇帝，卒於延光四年（125），謚號孝安皇帝。

[2]【劉昭注】《古今注》曰“十二月，河南郡國火燒廬舍，殺人”也。【今注】莫府：即幕府。古代將軍行軍時，住宿、辦公場所稱幕府。“莫府”之名源於先秦。軍隊回駐城邑後，將軍的辦公場所仍習慣稱爲莫府，但帶有濃烈軍事色彩。（詳見楊泓《讀〈史記·李將軍列傳〉兼談兩漢“莫府”圖像和模型》，《故宮博物院院刊》2019 年第 2 期）

永和元年十月丁未，[1]承福殿火。[2]先是爵號阿母宋娥爲山陽君；[3]后父梁商本國侯，[4]又多益商封；商長子冀當繼商爵，以商生在，復更封冀爲襄邑侯；追號后母爲開封君：皆過差非禮。[5]

[1]【今注】案，此事本書卷六《順帝紀》繫於“丁亥”。

[2]【劉昭注】臣昭案：《楊厚傳》是災（昭，紹興本作“招”，誤）。【今注】承福殿：宮殿名。位於東漢南宮。

[3]【今注】宋娥：又稱宋阿母，是東漢順帝劉保的乳母。時太子劉保被廢爲濟陰王，宋娥與孫程等宦官共同擁立劉保即位，得封山陽郡，邑五千户。東漢順帝陽嘉二年（133），有地震等災，李固進言認爲宋娥所得封爵等恩賞太過。順帝永和二年（137），宋娥與李元等宦官相互賄賂，事發，被奪爵歸田舍。事見本書卷六一《左雄傳》、卷七八《孫程傳》。

[4]【今注】梁商：字伯夏，安定烏氏（今寧夏固原市東南）人。東漢外戚、大臣，女爲順帝皇后。傳見本書卷三四。奏議文見《全後漢文》卷二二。

[5]【劉昭注】《古今注》曰："六年十二月，雒陽酒市失火，燒肆，殺人。"

漢安元年三月甲午，雒陽劉漢等百九十七家爲火所燒，[1]後四年，宮車比三晏駕，[2]建和元年君位乃定。[3]

[1]【劉昭注】《東觀書》曰："其九十家不自存，詔賜錢廩穀。"《古今注》曰："火或從室屋間物中，不知所從起，數月乃止。十二月，雒陽失火。"

[2]【今注】宮車比三晏駕：順帝、沖帝、質帝接連去世，故稱。宮車，帝王后妃等所乘坐的車輛，常借指帝、后。比，接連，挨着。晏駕，車駕晚出，古代稱帝王死亡的諱辭。《史記》卷七九《范雎蔡澤列傳》："宮車一日晏駕，是事之不可知者一也。"裴駰《集解》引韋昭曰："凡初崩爲'晏駕'者，臣子之心猶謂宮車當駕而晚出。"

[3]【今注】建和：東漢桓帝劉志年號（147—149）。

桓帝建和二年五月癸丑，北宮掖庭中德陽殿火，[1]及左掖門。先是梁太后兄冀挾姦枉，以故太尉李固、杜喬正直，[2]恐害其事，令人誣奏固、喬而誅滅之。是後梁太后崩，而梁氏誅滅。

[1]【今注】德陽殿：宮殿名。位於東漢北宮。

［2］【今注】杜喬：字叔榮，河內林慮（今河南林州市）人。東漢大臣，歷任南郡太守、東海國相、侍中、光禄大夫、太子太傅、大司農、光禄勳、太尉。爲人剛正。傳見本書卷六三。

延熹四年正月辛酉，南宮嘉德殿火。[1]戊子，丙署火。[2]二月壬辰，武庫火。五月丁卯，原陵長壽門火。[3]先是亳后因賤人得幸，[4]號貴人，爲后。上以后母宣爲長安君，封其兄弟，愛寵隆崇，[5]又多封無功者。去年春，白馬令李雲坐直諫死。[6]至此彗除心、尾，[7]火連作。

［1］【今注】嘉德殿：宮殿名。位於東漢南宮。

［2］【今注】丙署：署名。東漢宮中之署，以甲、乙、丙等爲次編號。置長官七人，秩比四百石，銅印黃綬。

［3］【今注】原陵：陵墓名。爲東漢光武帝陵，在今河南洛陽市孟津區東北。光武帝劉秀是東漢開國皇帝，卒於建武中元二年（57），諡號光武皇帝。

［4］【今注】亳后：鄧猛女。南陽新野（今河南新野縣）人。東漢桓帝第二任皇后，和熹皇后鄧綏的姪孫女。紀見本書卷一〇下。“亳”通“薄”。

［5］【今注】案，愛，《後漢書校補》認爲當作“爵”。

［6］【今注】白馬：縣名。治所在今河南滑縣東。　李雲：字行祖，甘陵（今山東臨清市東北）人。東漢大臣。傳見本書卷五七。

［7］【今注】彗：彗星。又稱“掃帚星”，古代星占理論中有除舊布新之義。《漢書》卷四《文帝紀》：“有長星出於東方。”文穎注：“大法，孛、彗星多爲除舊布新，火災，長星多爲兵革事。”

除：掃除，掃過。　心：心宿，二十八宿之一，居東方。　尾：

尾宿，二十八宿之一，居東方。

　　五年正月壬午，南宮丙署火。四月乙丑，恭北陵東闕火。[1]戊辰，虎賁掖門火。[2]五月，康陵園寢火。[3]甲申，中藏府承禄署火。[4]七月己未，南宮承善闥内火。[5]

　　[1]【今注】恭北陵：陵墓名。爲東漢順帝母李氏恭愍皇后陵，在今河南洛陽市東。因在恭陵之北，故名恭北陵。李氏是東漢順帝劉保之母，卒於安帝元初二年（115），順帝上尊謚爲恭愍皇后。

　　[2]【今注】虎賁掖門：宮門名。位於東漢北宮。虎賁，皇宮中禁衛兵的一種，負責護送保衛君主。

　　[3]【今注】康陵：陵墓名。爲東漢殤帝陵，在今河南洛陽市東。殤帝劉隆卒於延平元年（106），謚號孝殤皇帝。又，西漢平帝陵墓亦名康陵。

　　[4]【今注】中藏府承禄署：官署名。中藏府置令一人，掌宮中幣帛金銀諸貨物，秩六百石。承禄署爲其官署。

　　[5]【今注】承善闥内：承善闥，宮門名。位於東漢南宮。闥爲宮中小門。

　　六年四月辛亥，康陵東署火。七月甲申，平陵園寢火。[1]

　　[1]【今注】平陵：陵墓名。爲西漢昭帝陵，在今陝西咸陽市西北。昭帝劉弗陵，公元前87年至前74年在位。謚號孝昭皇帝。

八年二月己酉，南宮嘉德署、黃龍、千秋萬歲殿皆火。[1]四月甲寅，安陵園寢火。[2]閏月，南宮長秋、和歡殿後鉤盾、掖庭朔平署各火。[3]十一月壬子，[4]德陽前殿西閣及黃門北寺火，[5]殺人。[6]

[1]【今注】黃龍：宮殿名。位於東漢南宮。　千秋萬歲殿：宮殿名。位於東漢南宮。

[2]【今注】安陵：陵墓名。爲西漢惠帝陵，在今陝西咸陽市東北。惠帝劉盈是西漢第二位皇帝，卒於惠帝七年（前188），謚號孝惠皇帝。

[3]【今注】長秋：宮名。位於東漢南宮。　和歡殿：宮殿名。位於東漢南宮，長秋宮內。　鉤盾：官署名。位於東漢北宮。置令一人，秩六百石，由宦官充任，掌苑囿游觀。　掖庭：官署名。位於東漢北宮。置令一人，秩六百石，由宦官充任，掌後宮貴人、采女事。　朔平署：官署名。位於東漢北宮。置司馬一人，秩比千石，主守北門。

[4]【今注】案，大德本、殿本無“一”字。

[5]【今注】德陽前殿：宮殿名。位於東漢北宮。前殿，即正殿。

[6]【劉昭注】《袁山松書》曰：“是時連月有火災，諸官寺或一日再三發（官，大德本、汲本、殿本作‘宮’，是）。又夜有訛言，擊鼓相驚。陳蕃、劉智茂上疏諫曰（劉智茂，中華本據《後漢書集解》引惠棟説改作‘劉矩、劉茂’）：‘古之火皆君弱臣强，極陰之變也。前始春而獄刑慘，故火不炎上。前入春節連寒，木冰，暴風折樹，又八九州郡並言隕霜殺菽。春秋晉執季孫行父，木爲之冰。夫氣弘則景星見，化錯則五星開，日月蝕。災爲已然，異爲方來，恐卒有變，必於三朝，唯善政可以已之。願察臣前言，不棄愚忠（忠，大德本作“惠”），則元元幸甚。’書

奏不省。"

　　九年三月癸巳，京都夜有火光轉行，民相驚譟。[1]

　　[1]【劉昭注】《袁山松書》曰（山松，大德本作"崧"）："是時宦豎專朝，鉤黨事起，上尋無嗣，陳蕃、竇武爲曹節等所害，天下無復紀綱。"

　　靈帝熹平四年五月，延陵園災。[1]

　　[1]【今注】延陵：陵墓名。爲西漢成帝陵，在今陝西咸陽市北。成帝劉驁是西漢第十二位皇帝，卒於綏和二年（前7），謚號孝成皇帝。

　　光和四年閏月辛酉，北宮東掖庭永巷署災。[1]

　　[1]【劉昭注】陳蕃諫云（云，殿本作"曰"）："楚女悲而西宮災，不御宮女，怨之所致也。"【今注】北宮東掖庭：掖庭爲漢代宮中旁舍，供妃嬪居住，因位於北宮之東，故稱東掖庭。　永巷署：官署名。置令一人，秩六百石，由宦官充任，掌宮婢侍從。

　　五年五月庚申，德陽前殿西北入門内永樂太后宮署火。[1]

　　[1]【今注】案，火，本書卷八《靈帝紀》及李賢注引本志均作"災"，《後漢書校補》疑此處作"火"誤。

中平二年二月己酉，南宮雲臺災。[1]庚戌，樂城門災，[2]延及北闕，道西燒嘉德、和歡殿。[3]案雲臺之災自上起，榱題數百，[4]同時並然，若就縣華鐙，[5]其日燒盡，延及白虎、威興門、尚書、符節、蘭臺。夫雲臺者，乃周家之所造也，圖書、術籍、珍玩、寶怪皆所藏在也。《京房易傳》曰：“君不思道，厥妖火燒宮。”是時黃巾作慝，變亂天常，七州二十八郡同時俱發，命將出衆，雖頗有所禽，然宛、廣宗、曲陽尚未破壞，[6]役起負海，[7]杼柚空懸，[8]百姓死傷已過半矣。而靈帝曾不克己復禮，虐侈滋甚，尺一雨布，騂騎電激，官非其人，政以賄成，內嬖鴻都，[9]並受封爵。京都為之語曰：“今兹諸侯歲也。”天戒若曰：放賢賞淫，何以舊典為？故焚其臺門祕府也。其後三年，靈帝暴崩，續以董卓之亂，火三日不絕，京都為丘墟矣。[10]

[1]【今注】雲臺：高臺名。位於東漢南宮，因高聳入雲得名。東漢明帝追念前世功臣，畫鄧禹等二十八將於雲臺。本書卷二二《馬武傳》：“永平中，顯宗追感前世功臣，乃圖畫二十八將於南宮雲臺，其外又有王常、李通、竇融、卓茂，合三十二人。”

[2]【劉昭注】南宮中門。【今注】案，城，中華本據《後漢書校補》改作“成”。

[3]【今注】案，中華本據本書卷八《靈帝紀》李賢注於“道”前補“度”字。

[4]【今注】榱：椽子，放在檩上支撐屋瓦的木條。榱題即椽子前端。《孟子·盡心下》：“堂高數仞，榱題數尺，我得志，弗為也。”趙岐注：“榱題，屋霤也。”

[5]【今注】華鐙：雕飾華美、光輝燦爛的燈。古代燈由金屬

製成，故爲鐙。《楚辭》卷九《招魂》："蘭膏明燭，華燈錯些。"朱熹注："徐鉉曰：'錠中置燭，故謂之鐙。'"

[6]【今注】宛：縣名。治所在今河南南陽市臥龍區。　廣宗：縣名。治所在今河北威縣東。　曲陽：縣名。一爲上曲陽，屬常山國，治所在今河北曲陽縣；一爲下曲陽，屬鉅鹿郡，治所在今河北晉州市西北。本書卷五〇《淮陽頃王昞傳》："豹立八年薨，子暠嗣。三十二年，遭黃巾賊，棄國走，建安十一年國除。"卷八《靈帝紀》："冬十月，皇甫嵩與黃巾賊戰於廣宗，獲張角弟梁。角先死，乃戮其尸。以皇甫嵩爲左軍騎將軍。十一月，皇甫嵩又破黃巾于下曲陽，斬張角弟寶。"常山王暠遇黃巾軍棄國，上曲陽時屬常山國，因此很可能遭遇黃巾軍。皇甫嵩後收復下曲陽，故下曲陽當時也被黃巾軍占領。然，下曲陽距宛、廣宗更近，皇甫嵩先破廣宗，後破下曲陽。因此，本條所指大概率爲下曲陽。

[7]【今注】役起負海：東漢靈帝中平元年（184），鉅鹿人張角稱"蒼天已死，黃天當立，歲在甲子，天下大吉"，興兵反漢。響應部衆來自沿海及內陸多州，連結郡國，皆頭戴黃巾，人數達數十萬，焚燒官府，劫掠城邑，州郡失守。戰事波及青、徐、揚等靠海州郡，故稱"役起負海"。

[8]【今注】杼柚空懸：杼和柚爲織布機上的兩個部件，即持緯的梭子和承經的筘。本條以織布機空蕩蕩，意指生產廢馳、經濟凋敝。《詩·小雅·大東》："小東大東，杼柚其空。"鄭玄箋："小也大也，謂賦斂之多少也。小亦於東，大亦於東，言其政偏，失砥矢之道也。"

[9]【今注】內嬖鴻都：君主寵愛來自鴻都門學校的人。東漢靈帝光和元年（178），始置鴻都門學校，因位於洛陽鴻都門而得名。學生由州、郡、三公選拔，學習尺牘、詩賦、書畫、篆刻等課程，多與宦官交好，出校後任刺史、尚書等官職，爲士大夫所鄙棄。本書卷六〇下《蔡邕傳下》："光和元年，遂置鴻都門學，畫孔子及七十二弟子像。其諸生皆勑州郡三公舉用辟召，或出爲刺史、

太守，入爲尚書、侍中，乃有封侯賜爵者，士君子皆恥與爲列焉。"

[10]【劉昭注】《魏志》曰："魏明帝青龍二年，崇華殿災，詔問太史令高堂隆：'此何咎？於禮寧有祈禳之義乎？'對曰：'夫災變之發，皆所以明教誡也，唯率禮修德可以勝之。《易傳》曰："上不儉，下不節，孽火燒其室。"又曰："君高其臺，天火爲災。"此人君苟飾宮室，不知百姓空竭，故天應之以旱，火從高殿起也。上天降監，故譴告陛下，陛下宜增崇人道，以荅天意。昔太戊有桑穀生於朝，武丁有雉雊登於鼎，皆聞災恐懼，側身修德，三年之後，遠夷朝貢，故號曰中宗、高宗。此則前代之明鑒也。今案舊占，災火之發，皆以臺榭宮室爲誡（誡，大德本作"戒"）。然今宮室之所以充廣者，實由宮人猥多之故，宜簡擇留其淑懿，如周之制，罷省其餘（罷，大德本作"能"）。此則祖乙之所以訓高宗（乙，殿本作"已"），高宗之所以享遠號也。'詔問隆：'吾聞漢武帝時柏梁災，而起宮殿以厭之，其義云何？'對曰：'臣聞西京柏梁既災，越巫陳方，建章是營，以厭火祥，乃夷越之巫所爲，非聖賢之明訓也。《五行志》曰：'柏梁災，其後有江充巫蠱衛太子事。'如志之言，越巫建章無所厭也。孔子曰：'災者，修類應行，精祲相感，以戒人君。'是以聖主觀災責躬，退以修德，以消復之。今宜罷散民役，宮室之制務從約節，内足以待風雨，外足以講禮儀，清掃所災之處，不敢於此有所立作，蓂莢嘉禾，必生此地，以報陛下虔恭之德。疲民之力，竭民之財，實非所以致符瑞而懷遠人也。'"臣昭曰：高堂隆之言災，其得天心乎！雖與本志所明不同，靈帝之時有焉，故載其言，廣災異也。

【今注】魏志：《三國志》之《魏書》。　魏明帝：即曹叡，字元仲，是曹魏的第二位皇帝。曹叡善詩文，在位期間，成功抵禦吳蜀攻伐，平定鮮卑，設置律博士，命陳群等制定《魏律》十八篇，對後世法典的編纂有一定影響。但統治後期廣興土木，廣采衆女。景初三年（239）卒，謚號明帝。紀見《三國志》卷三。　崇華殿：

宫殿名。三國魏文帝黄初元年（220），曹魏於東漢北宫故地重建洛陽城，修築了凌雲臺、崇華殿等。　太史令：官名。掌天時、星曆，歲尾奏新年曆，國祭、喪、娶奏良日及時節禁忌，有瑞應、災異則記之。秩六百石。　高堂隆：字升平，泰山平陽（今山東新泰市）人。三國曹魏大臣。初爲泰山督郵，後投靠曹操，任相軍議掾、平陽王傅、給事中、博士、駙馬都尉、散騎常侍、光禄勳等職。高堂隆多次直言上書，魏明帝青龍年間（233—237）大興土木，打算遷置長安大鐘，爲其進言阻之。崇華殿發生火災，高堂隆藉機勸諫明帝遵禮修德。魏明帝景初元年（237）卒，有文集十卷，《張掖郡玄石圖》一卷，皆已佚。傳見《三國志》卷二五。　太戊有桑穀生於朝：太戊，商朝第九位君主。桑穀，二木名，古代以桑穀共生於朝爲不祥。典出《尚書·咸有一德》附《書序》："伊陟相太戊，亳有祥，桑穀共生於朝。"孔傳："祥，妖怪。二木合生，七日大拱，不恭之罰。"孔穎達疏："桑穀二木，共生於朝。朝非生木之處，是爲不善之征。"　武丁有雊雉登於鼎：武丁，商朝第二十三位君主。雊雉，鳴叫的野鳥。古代以"雊雉"爲災異之象。典出《尚書·高宗肜日》附《書序》："高宗祭成湯，有飛雉升鼎耳而雊。祖己訓諸王，作《高宗肜日》，高宗之訓。"孔傳："耳不聰之異。雊，鳴。"孔穎達疏："雉乃野鳥，不應入室，今乃入宗廟之内，升鼎耳而鳴，孔以雉鳴在鼎耳，故以爲'耳不聰之異'也。"　漢武帝時柏梁災：西漢武帝太初元年（前104），柏梁臺毁於火災。武帝在方士公孫卿的進言下，修諸侯官邸於甘泉，之後受越人勇之厭勝之術的影響，修建建章宫，規模宏大。柏梁，即柏梁臺，西漢武帝元鼎二年（前115）始建，居長安未央宫北，因以柏木爲梁而得名。　蓮莆：古瑞草名。《孫氏瑞應圖》："蓮莆，王者不徵滋味，庖厨不逾深盛，則生於厨。一名倚扇，一名實閭，一名倚蓮。生如蓮，枝多葉少，根如絲，轉而生風。主於飲食清涼，驅殺蟲蠅。舜時生於厨。又堯時冬死復生。又舜時生於厨及階左。"　嘉禾：生長奇異的禾，古代以其爲祥瑞。《尚書·微子之命》附《書序》：

"唐叔得禾，異畝同穎，獻諸天子。王命唐叔歸周公于東，作歸禾。"孔傳："異畝同穎，天下和同之象，周公之德所致。"《孫氏瑞應圖》："嘉禾，五穀之長，盛德之精也。文者則二本而同秀，質者則同本而異秀，此夏、殷時嘉禾也。周時嘉禾三年，本同穗異，貫桑而生，其穗盈箱，生於唐叔之國，以獻，周公曰：'此嘉禾也，太和氣之所生焉，此文王之德。'乃獻文王之廟。"又云："嘉禾，五穀之長，王者德茂則生。"

獻帝初平元年八月，霸橋災。[1]其後三年，董卓見殺。[2]

[1]【今注】霸橋：橋名。秦穆公稱霸於西戎，改滋水為霸水，以顯示霸功。水上有橋，名霸橋，位於今陝西西安市東北。漢代送客多到此橋作別。《三輔黃圖·橋》："霸橋在長安東，跨水作橋，漢人送客至此橋，折柳贈別。"

[2]【劉昭注】臣昭案：《劉焉傳》，興平元年，天火燒其城府輜重，延及民家，館邑無餘也。

庶徵之恒燠，《漢書》以冬溫應之。中興以來，亦有冬溫，而記不錄云。[1]

[1]【劉昭注】《越絕》范蠡曰（絕，大德本作"記"，誤）："春燠而不生者，王者德不完也。夏寒而不長者，臣下不奉主令也。秋暑而復榮者，百官刑不斷也。冬溫而泄者，發府庫賞無功也。此四者，邦之禁也。"《管子》曰："臣乘君威，則陰侵陽，盛夏雪降，冬不冰也（冰，大德本作'水'，誤）。"【今注】案，《洪範》"火不炎下"之咎徵為恒奧，"奧"通"燠"。恒奧指夏日

陽氣過盛，至秋天當衰未衰，造成冬日氣温較高，即暖冬現象。《漢書・五行志中之下》云：“盛夏日長，暑以養物，政弛緩，故其罰常奥也。”本志謂“《漢書》以冬温應之”，實則《漢書》是以“亡冰”應之。　越絶：《越絶書》，記載中國早期吳越歷史的典籍。以春秋末年至戰國初期吳、越爭霸的歷史事實爲主幹，上溯夏禹，下迄兩漢，旁及諸侯列國，涉及政治、經濟、軍事、天文、地理、曆法、語言等多個方面，有獨詳史料，亦可與其他典籍文獻互證。現存十五卷，其成書年代、作者、卷數、書名、篇名等，至今仍存在爭議。　范蠡：字少伯，楚國宛地三户人。春秋末期政治、軍事、經濟學家和道家學者，爲中國早期商業理論家，“楚學”開拓者之一。因不滿楚國政治黑暗，投奔越國，扶助越王勾踐復國，後隱去。著《范蠡》二篇，今佚。

　　安帝元初三年，有瓜異本共生，一瓜同蒂，[1]時以爲嘉瓜。或以爲瓜者外延，離本而實，女子外屬之象也。是時閻皇后初立，[2]後閻后與外親耿寶等共譖太子，[3]廢爲濟陰王，更外迎濟北王子犢立之，[4]草妖也。[5]

　　[1]【今注】案，一，當作“八”，中華本據《後漢書集解》引惠棟説改。

　　[2]【今注】閻皇后：閻姬。河南滎陽（今河南滎陽市東北）人，東漢安帝皇后。紀見本書卷一〇下。

　　[3]【今注】耿寶：字君達，扶風茂陵（今陝西興平市東北）人。東漢外戚、將領。其妹爲安帝生父清河王之妃。安帝即位後，耿寶享内寵，與樊豐等人進讒，廢皇太子劉保爲濟陰王，後被閻太后貶，自殺。事見本書卷五四《楊震傳》。

　　[4]【今注】濟北王子犢：劉犢，又名劉懿，東漢第七位皇

帝，濟北王劉壽子。安帝去世後，閻太后爲把持朝政，迎立劉懿爲帝，即少帝。安帝延光四年（125），劉懿卒，僅在位二百多天，其間閻顯等獨攬朝權。之後孫程等擁立劉保爲帝，即順帝。

　　[5]【劉昭注】《古今注》曰："和帝永元七年三月，江夏縣民舍柱生兩枝，其一長尺五寸，分爲八枝，其一長尺六寸，分爲五枝，皆青也。"【今注】江夏：郡名。治沙羨縣（今湖北武漢市西南）。

　　桓帝延熹九年，雒陽城局竹柏葉有傷者。占曰："天子凶。"

　　靈帝熹平三年，右校別作中有兩樗樹，皆高四尺所，[1]其一株宿夕暴長，長丈餘，大一圍，作胡人狀，頭目鬢鬚髮備具。《京房易傳》曰："王德衰，下人將起，則有木生人狀。"[2]

　　[1]【今注】案，所，殿本作"許"。

　　[2]【劉昭注】臣昭：以木生人狀，下人將起，京房之占雖以證驗，貌類胡人，猶未辨了。董卓之亂，實擁胡兵，傕、汜之時，充斥尤甚，遂窺間宮嬪，剝虐百姓。鮮卑之徒，踐藉畿封，胡之害深，亦已毒矣。【今注】傕汜：即李傕、郭汜。　鮮卑：古代東胡部落。秦漢之際，東胡被匈奴冒頓單于擊敗，退居烏桓山和鮮卑山，形成烏桓和鮮卑二族。東漢少帝昭寧元年（189），董卓入京亂政，其部下的涼州"羌胡"兵搶劫擄掠，犯下各種罪行。

　　五年十月壬午，御所居殿後槐樹，皆六七圍，自拔，倒豎根在上。[1]

［1］【劉昭注】臣昭曰："槐是三公之象，貴之也。靈帝授位，不以德進，貪愚是升，清賢斯黜，槐之倒植，豈以斯乎？"

中平元年夏，東郡，[1]陳留濟陽、長垣，[2]濟陰冤句、離狐縣界，[3]有草生，其莖靡纍腫大如手指，狀似鳩雀龍蛇鳥獸之形，[4]五色各如其狀，毛羽頭目足翅皆具。[5]近草妖也。是歲黃巾賊始起。皇后兄何進、異父兄朱苗，[6]皆爲將軍，領兵。後苗封濟陽侯，進、苗遂秉威權，持國柄，漢遂微弱，自此始焉。[7]

［1］【今注】東郡：治濮陽縣（今河南濮陽市華龍區西南）。

［2］【今注】陳留：郡名。治陳留縣（今河南開封市祥符區東南）。　濟陽：縣名。治所在今河南蘭考縣東北。　長垣：縣名。治所在今河南長垣縣東北。

［3］【劉昭注】《風俗通》曰："西及城皇陽武城郭路邊。"【今注】濟陰：郡名。治定陶縣（今山東菏澤市定陶區西北）。殿本作"陰濟"，誤。　冤句：縣名。治所在今山東曹縣西北。　離狐縣：本屬東郡，東漢章帝建初四年（79）屬濟陰國，元和元年（84），濟陰復爲漢郡。治所在今河南濮陽縣東南。

［4］【今注】案，形，殿本作"刑"，誤。

［5］【劉昭注】《風俗通》曰："亦作人狀，操持兵弩，萬萬備具，非但仿佛，類良熟然也。"

［6］【今注】朱苗：即何苗，本姓朱，因其母改嫁何真而改姓何。字叔達，南陽宛（今河南南陽市卧龍區）人。東漢外戚大臣，靈帝皇后同母兄，大將軍何進異父異母弟。任越騎校尉、河南尹，因破滎陽農民軍有功，遷車騎將軍，封滎陽侯。靈帝去世後，何進計劃誅殺宦官，何苗及其母被宦官收買，向太后告密，勸阻何進。

後何進被宦官誅殺，其部下吳匡因此忌恨何苗，又懷疑何苗通謀宦官，遂與董卓弟董旻攻殺何苗，棄尸苑中。事見本書卷六九《何進傳》。

[7]【劉昭注】應劭曰："關東義兵先起於宋、衞之郊，東郡太守橋瑁負衆怙亂，陵蔑同盟，忿嫉同類（嫉，殿本作'疾'），以殞厥命。陳留、濟陰迎助，謂爲離德，棄好即戎，吏民殲之。草妖之興，豈不或信！"【今注】橋瑁：字元偉，睢陽（今河南商丘市南）人。東漢末大臣，任兗州刺史、東郡太守。獻帝初平元年（190），假傳京城三公書信至州郡，聲討董卓，推袁紹爲盟主。後因與劉岱不和，爲其所殺。事見本書卷七四上《袁紹傳》。

中平中，長安城西北六七里空樹中，有人面生鬢。[1]

[1]【劉昭注】《魏志》曰："建安二十五年正月，曹公在雒陽，起建始殿，伐濯龍樹而血出。又掘徙梨（徙，紹興本作'徒'，誤），根傷而血出（傷，大德本作'傍'）。曹公惡之，遂寢疾，是月薨。"【今注】建始殿：宮殿名。東漢獻帝建安二十五年（220），曹操建於漢雒陽北宮故地。黃初元年（220），曹丕稱帝，定都雒陽，以建始殿爲臨時的朝會正殿。 伐濯龍樹而血出：《三國志》卷一《魏書·武帝紀》："庚子，王崩于洛陽，年六十六。"裴松之注引《魏晉世語》："太祖自漢中至洛陽，起建始殿，伐濯龍祠而樹血出。"濯龍，園名，近東漢雒陽北宮。

獻帝興平元年九月，桑復生椹，可食。[1]

[1]【劉昭注】臣昭曰：桑重生椹，誠是木異，必在濟民，安知非瑞乎？時蒼生死敗，周、秦殲盡，餓魂餒鬼，不可勝言，

食此重椹，大拯危命，雖連理附枝，亦不能及。若以爲怪，則建武野穀旅生，麻菽尤盛，復是草妖邪？

　　安帝延光三年二月戊子，有五色大鳥集濟南臺，十月，又集新豐，時以爲鳳皇。或以爲鳳皇陽明之應，故非明主，則隱不見。凡五色大鳥似鳳者，多羽蟲之孽。是時安帝信中常侍樊豐、江京、阿母王聖及外屬耿寶等讒言，[1] 免太尉楊震，[2] 廢太子爲濟陰王，不悊之異也。章帝末，號鳳皇百四十九見。時直臣何敞以爲羽孽似鳳，[3] 翱翔殿屋，不察也。[4] 記者以爲其後章帝崩，以爲驗。案宣帝、明帝時，五色鳥群翔殿屋，賈逵以爲胡降徵也。[5] 帝多善政，雖有過，不及至衰缺，末年胡降二十萬口，爾其驗也。[6] 帝之時，羌胡外叛，讒慝內興，羽孽之時也。《樂叶圖徵》説五鳳皆五色，[7] 爲瑞者一，爲孽者四。[8]

　　[1]【今注】樊豐：東漢宦官，任中常侍，與安帝乳母王聖、江京構陷謀廢太子劉保爲濟陰王。後又詐作詔書，調發錢穀、材木，修建家舍園觀。太尉楊震上書告發，反遭誣陷，被逼自殺。延光四年（125）隨安帝出巡，安帝中途駕崩，回京後，外戚閻顯舉發其與周廣、王聖等人的結黨行徑，樊豐被下獄處死。事見本書卷五四《楊震傳》、卷七八《孫程傳》。　江京：東漢宦官，任小黄門、中常侍、大長秋。與安帝乳母王聖、中常侍樊豐共同謀廢太子劉保爲濟陰王。安帝去世後，迎立北鄉侯劉懿爲帝，待劉懿病重，江京建議太后閻姬另選諸侯王子即位。宦官孫程等發動政變擁立劉保登基，江京被殺。事見本書《孫程傳》。　王聖：東漢安帝乳母，得封野王君。鄧太后臨朝時，曾與小黄門李閏進讒離間太后與安

帝。其後，又與宦官樊豐、江京譖殺太子劉保乳母王男、廚監邴吉，謀廢劉保爲濟陰王。恃寵而驕、貪贓枉法，譖誅太尉楊震等。劉懿即位後，被閻顯舉發，徙雁門。事見本書《孫程傳》。

[2]【今注】楊震：字伯起，弘農華陰（今陝西華陰市東）人。好學博覽，任荆州刺史、東萊太守、太僕、太常、司徒、太尉。爲官正直，多次上書進諫。傳見本書卷五四。又，楊震碑原刻在河南陝州閿鄉縣，首題“漢故太尉楊公神道碑銘”，碑陰有題名，石佚。碑刻信息見歐陽修《集古録》卷二、《廣川書跋》卷五、洪适《隸釋》卷一二等，翻刻本拓片見《北京圖書館藏中國歷代石刻拓本彙編》册一（中州古籍出版社 1989 年版）。

[3]【今注】何敞：字文高，扶風平陵（今陝西咸陽市西北）人。東漢大臣，任侍御史、尚書、汝南太守等。傳見本書卷四三。

[4]【劉昭注】臣昭曰：已論之於《敞傳》。【今注】案，本書《何敞傳》：“元和中，辟太尉宋由府，由待以殊禮。敞論議高，常引大體，多所匡正。司徒袁安亦深敬重之。是時京師及四方累有奇異鳥獸草木，言事者以爲祥瑞。敞通經傳，能爲天官，意甚惡之。乃言於二公曰：‘夫瑞應依德而至，災異緣政而生。故鸜鵒來巢，昭公有乾侯之厄；西狩獲麟，孔子有兩楹之殯。海鳥避風，臧文祀之，君子譏焉。今異鳥翔於殿屋，怪草生於庭際，不可不察。’由、安懼然不敢荅。”

[5]【今注】賈逵：字景伯，扶風平陵（今陝西咸陽市西北）人。東漢大臣，經學家、天文學家。著有《春秋左氏傳解詁》三十篇、《國語解詁》二十一篇、《春秋釋訓》一卷、《毛詩雜義難》十卷等。傳見本書卷三六。

[6]【今注】案，爾，汲本、殿本作“是”。

[7]【今注】樂叶圖徵：書名。《叶圖徵》是《樂緯》的一種。

[8]【劉昭注】《叶圖徵》曰：“似鳳有四，並爲妖：一曰鸑鷟，鳩喙，圓目，身義戴信嬰禮膺仁負智，至則旱役之感也；二

日發明，烏喙，大頸，翼大（大德本作‘大翼’），大脛，身仁戴智嬰義膺信負禮，至則喪之感也；三曰焦明，長喙，疏翼，圓尾，身義戴信嬰仁膺智負禮，至則水之感也；四曰幽昌，兑目（兑，大德本、殿本作‘鋭’），小頭，大身，細足，脛若鱗葉，身智戴信負禮膺仁，至則旱之感也。”《國語》曰：“周之興也，鸑鷟鳴岐。”《説文》曰：“五方神鳥：東方曰發明，南方曰焦明，西方曰鷫鷞，北方曰幽昌（北，紹興本作‘此’，誤），中央曰鳳皇。”【今注】鸑鷟：傳説中的神鳥。《國語》卷一韋昭注：“三君云：鸑鷟，鳳之别名也。”　案，鳳凰本爲大瑞，漢末地方上報屢見五色大鳥，以之爲鳳凰，然漢末政治混亂，“瑞應非時”，五色大鳥不當爲祥瑞，所以時人又將鳳凰之屬作出區分，祇有一種是鳳凰，其餘四種祇是像鳳凰，其實爲妖，這纔有了鳳凰與鷫鷞、發明、焦明、幽昌的區分。《叶圖徵》的内容亦見於唐代《天地瑞祥志》《稽瑞》和敦煌寫本 P.2683《瑞應圖》，文字互有出入，以本志爲勝。《説文》又將此五種神鳥與五方對應，至《天地瑞祥志》所引《叶圖徵》中纔較爲完整地呈現，P.2683《瑞應圖》則繪有發明、幽昌、鷫鷞、焦明四種神鳥的圖像，説明文字更接近於《天地瑞祥志》。（參孫英剛《祥瑞抑或羽孽：五色大鳥與中古時代的政治宣傳》，《神文時代：讖緯、術數與中古政治研究》，上海古籍出版社 2014 年版，第 215—241 頁；游自勇《敦煌寫本 P.2683〈瑞應圖〉新探》，《敦煌吐魯番研究》第 16 卷，上海古籍出版社 2016 年版，第 297—313 頁）

桓帝元嘉元年十一月，五色大鳥見濟陰己氏。時以爲鳳皇。[1]此時政治衰缺，梁冀秉政阿枉，上幸亳后，皆羽孽時也。[2]

　　[1]【今注】案，皇，大德本作“凰”。

　　[2]【劉昭注】臣昭案：魏朗對策，桓帝時雅入太常、宗正府。朗説見本傳注。【今注】魏朗：字少英，會稽上虞（今浙江紹興市上虞區）人。東漢大臣，任縣吏、彭城令、九真都尉、尚書、河内太守等職。通曉《春秋圖緯》《五經》。傳見本書卷六七。宗正府：官署名。置卿一人，秩中二千石，由皇族充任，掌皇族外戚事務。

　　靈帝光和四年秋，五色大鳥見于新城，[1]衆鳥隨之，時以爲鳳皇。時靈帝不恤政事，常侍、黃門專權，羽孽之時也。衆鳥之性，見非常班駁，[2]好聚觀之，至於小爵希見梟者，[3]虤見猶聚。[4]

　　[1]【今注】新城：北新城，縣名。本屬涿郡，東漢桓帝延熹元年（158）屬博陵郡，治所在今河北保定市徐水區西。
　　[2]【今注】班駁：亦作“斑駁”。雜色，色彩斑斕。《楚辭·九歎·憂苦》：“同駑贏與椉駔兮，雜班駁與闒茸。”王逸注：“班駁，雜色也。”
　　[3]【今注】爵：通“雀”。《漢書》卷九九上《王莽傳上》：“鳳皇來儀，神爵降集。”
　　[4]【今注】虤：同“暴”。突然。

　　中平三年八月中，懷陵上有萬餘爵，[1]先極悲鳴，已因亂鬭相殺，皆斷頭，懸著樹枝枳棘。[2]到六年，靈帝崩，大將軍何進以内寵外孽，積惡日久，欲悉糾黜，以隆更始冗政，而太后持疑，事久不決。進從中出，於省内見殺，因是有司瀒滌虔劉，[3]後禄而尊厚者無餘矣。[4]夫陵者，高大之象也。天戒若曰：諸懷爵禄而尊厚者，還自相害至滅亡也。[5]

[1]【今注】懷陵：陵墓名。爲東漢沖帝陵，在今河南洛陽市東北。沖帝劉炳卒於永憙元年（145），謚號孝衝皇帝。

[2]【今注】枳棘：枳木與棘木。因其多刺而稱惡木。古代常以其比喻險惡環境或惡人小人。《韓非子·外儲說左下》：“夫樹相棃橘柚者，食之則甘；樹枳棘者，成而刺人，故君子慎所樹。”《楚辭·九歎·愍命》：“折芳枝與瓊華兮，樹枳棘與薪柴。”王逸注：“以言賤棄君子而育養小人也。”

[3]【今注】盪滌：清洗，清除。　虔劉：劫掠，殺戮。《左傳》成公十三年：“芟夷我農功，虔劉我邊陲。”

[4]【今注】案，後，《後漢書校補》認爲當作“懷”。

[5]【劉昭注】《古今注》曰：“建武九年，六郡八縣鼠食稼。”《張璠紀》曰：“初平元年三月，獻帝初入未央宮，瞿雉飛入未央宮，獲之。”《獻帝春秋》曰：“建安七年，五色大鳥集魏郡，衆鳥數千隨之。”《魏志》曰：“二十三年，秃秋鳥集鄴宮文昌殿後池（秋鳥，紹興本、大德本、殿本作‘鶖’，是）。”【今注】張璠紀：書名。張璠所著《後漢紀》。張璠，安定（今甘肅涇川縣北）人，東晉秘書郎，參著作事，通曉易學，著有《周易集解》十卷、《略論》一卷，著《後漢紀》三十卷，未完成，已佚。　獻帝春秋：書名。編年體，記東漢獻帝事。作者不詳，一説爲袁曄。久佚，今有元陶宗儀輯本一卷，收入《説郛》。　魏郡：治鄴縣（今河北臨漳縣西南）。　鄴宮文昌殿：鄴宮，宮殿名。曹操始建於鄴城北部，東漢獻帝建安二十一年（216），曹操封魏王，以鄴宮爲魏王宮殿，鄴宮在某些方面有仿天子宮殿之處。文昌殿爲鄴宮正殿，用來朝會賓客，位於鄴宮中軸綫上。

桓帝建和三年秋七月，北地廉雨肉似羊肋，[1]或大

如手。近赤祥也。是時梁太后攝政，兄梁冀專權，枉
誅漢良臣故太尉李固、杜喬，天下冤之。其後梁氏
誅滅。

[1]【劉昭注】《説文》曰："肋，脅骨也。"【今注】北地：
郡名。治富平縣（今寧夏吳忠市西南）。　廉：縣名。治所在今寧
夏賀蘭縣。

後漢書　志第十五

五行三

大水　水變色　大寒　雹　冬雷　山鳴　魚孽　蝗

　　《五行傳》曰："簡宗廟，不禱祠，[1] 廢祭祀，[2] 逆天時，[3] 則水不潤下。"[4] 謂水失其性而爲災也。[5] 又曰："聽之不聰，是謂不謀。[6] 厥咎急，[7] 厥罰恒寒，[8] 厥極貧。[9] 時則有鼓妖，[10] 時則有魚孽，[11] 時則有豕禍，[12] 時則有耳痾，[13] 時則有黑眚、黑祥，惟火沴水。"魚孽，《劉歆傳》以爲"介蟲之孽"，謂蝗屬也。[14]

　　[1]【劉昭注】鄭玄注曰："虛、危爲宗廟。"【今注】虛危：虛宿和危宿，皆爲二十八宿之一，都屬北方七宿。在中國古代天文學中，二十八宿各有其對應的象徵含義，其中虛、危宿具有廟堂祭祀、宗廟的含義。
　　[2]【劉昭注】鄭玄曰："牽牛主祭祀之牲。"【今注】牽牛：牛宿，二十八宿之一，屬北方七宿。牛宿具有祭祀儀式中奉獻給神的牲畜的含義，《史記·天官書》："牽牛爲犧牲。"

[3]【劉昭注】鄭玄曰："月在星紀，周以爲正，月在玄枵，殷以爲正，皆不得四時之正，逆天時之象也。《春秋》定十五年'夏五月辛卯郊'（卯，大德本、汲本、殿本作'亥'，是），譏運卜三正（運，大德本作'連'，誤；三，大德本作'二'，誤），以至失時，是其類也。"【今注】星紀：十二星次之一。下句玄枵亦爲十二星次之一。十二星次是沿赤道或黄道將一周天十二等分産生的坐標系（後漢之時爲赤道，唐以後爲黄道），用以表示星體的運行位置。日月之會，十一月在星紀，周以十一月爲正月，故鄭玄説"月在星紀，周以爲正"。同理，十二月日月之會在玄枵，殷以十二月爲正月，即"月在玄枵，殷以爲正"。漢代人認爲夏正建寅（一月）纔是得四時之正，周正建子（十一月）、殷正建丑（十二月）皆非其正。

[4]【劉昭注】鄭玄曰："君行此四者，爲逆天北宫之政也。北宫於地爲水。水性浸潤下流，人所用灌溉者也。無故源流竭絶，川澤以涸，是爲不潤下。其他變異皆屬沴。"

[5]【劉昭注】《太公六韜》曰："人主好破壞名山，壅塞大川，決通名水，則歲多大水，五穀不成也。"【今注】太公六韜：古代兵書。相傳爲太公望所作，一般認爲成書於西漢以前。北宋國子監編定《武經七書》，將《六韜》納入其中，定爲六十篇，此後《六韜》六十篇本廣爲流傳，一些文字遂散佚。此句不見於今本《六韜》。

[6]【劉昭注】鄭玄曰："君聽不聰，則是不能謀其事也。"《洪範》曰："聰作謀。"孔安國曰："所謀必成當。"馬融曰："上聰則下進其謀。"

[7]【劉昭注】鄭玄曰："君臣不謀則急矣。"《易傳》曰："誅罰絶理（誅，大德本作'謀'），不云下也；顓事有知，不云謀也。"

[8]【劉昭注】鄭玄曰："聽曰水，水主冬，冬氣藏，藏氣失，

故常寒。"

[9]【劉昭注】鄭玄曰："藏氣失，故於人爲貧。"

[10]【劉昭注】鄭玄曰："鼓聽之應也。"

[11]【劉昭注】鄭玄曰："魚，蟲之生水而游於水者也。"

[12]【劉昭注】鄭玄曰："豕，畜之居閒衞而聽者也，屬聽。"

[13]【劉昭注】鄭玄曰："聽氣失之病。"

[14]【劉昭注】《月令章句》（殿本句末有"曰"字）："介者，甲也。謂龜蟹之屬也。"《古今注》曰："光武建武四年，東郡以北傷水（東，紹興本作'來'，誤）。七年六月戊辰，雒水盛，溢至津城門，帝自行水，弘農都尉治析爲水所漂殺（所，紹興本作'沂'，誤），民溺，傷稼，壞廬舍。二十四年六月丙申，沛國睢水逆流，一日一夜止。章帝建初八年六月癸巳，東昏城下池水變赤如血。"臣昭案：諸史光武之時，郡國亦嘗有水災（嘗，大德本、殿本作"常"），而志不載。本紀"八年秋大水"，又云"是歲大水"，今據杜林之傳，列之孝和之前。《東觀書》曰："建武八年間，郡國比大水（比，汲本、殿本作'七'），涌泉盈溢。杜林以爲倉卒時兵擅權作威，張氏雖皆降散，猶尚有遺脫，長吏制御無術，令得復熾，元元侵陵之所致也。上疏曰：'臣聞先王無二道（二，紹興本作"曰"，誤），明聖用而治。見惡如農夫之務去草焉，芟夷蘊崇之，絶其本根，勿使能植（植，紹興本、殿本作"殖"），畏其易也。古今通道，傳其法於有根。狼子野心，奔馬善驚。成王深知其終卒之患，故以殷氏六族分伯禽，七族分康叔，懷姓九宗分唐叔，撿押其姦宄，又遷其餘於成周，舊地雜俗，旦夕拘録，所以挫其强御之力，詘其驕恣之節也。及漢初興，上稽舊章，合符重規，徙齊諸田，楚昭、屈、景，燕、趙、韓、魏之後，以稍弱六國强宗。邑里無管利之家（管，中華本認爲據文意當作"營"），野澤無兼并之民，萬里之統，海内賴安。後輒因

衰麤之痛，脅以送終之義，故遂相率而陪園陵，無反顧之心。追觀往法（觀，紹興本作"即"，誤），政皆神道設教，强幹弱枝，本支百世之要也。是皆以永享康寧之福（皆以，殿本作"以皆"，是），無怵惕之憂，繼嗣承業，恭己而治，蓋此助也。其被災害民輕薄無累重者，兩府遣吏護送饒穀之郡。或懼死亡，卒爲傭賃，亦所以消散其口救，瞻全其性命也。昔魯隱有賢行，將致國於桓公，乃留連貪位，不能早退。況草創兵長，卒無德能，直以擾亂，乘時擅權，作威玉食，狙猱之意（狙猱，大德本作"世侯"，中華本據何焯校本改作"狙猱"），徼幸之望，曼延無足（足，《後漢書校補》認爲當校改作"定"），張步之計是也。小民負縣官不過身死，負兵家滅門殄世。陛下昭然獨見成敗之端，或屬諸侯官府（官，大德本作"宫"），元元少得舉首仰視，而尚遺脱，二千石失制御之道，令得復昌熾從橫（令，紹興本作"合"，誤；從，大德本、殿本作"縱"）。比年大雨，水潦暴長，涌泉盈溢，災壞城郭官寺，吏民廬舍，潰徙離處，潰成坑坎。臣聞水，陰類也。《易》卦"地上有水比"，吉性不相害（吉，紹興本、殿本作"言"，是；相，紹興本作"用"，誤），故曰樂也。而猥相毁墊淪失，常敗百姓安居。殆陰下相爲蠹賊，有小大勝負不齊，均不得其所，侵陵之象也。《詩》云："畏天之威，于時保之。"唯陛下留神明察，往來懼思，天下幸甚。'"《謝承書》曰："陳宣子興，沛國蕭人也。剛猛性毅，博學，明魯詩。遭王莽篡位，隱處不仕。光武即位，徵拜諫議大夫。建武十年，雒水出造津，城門校尉欲奏塞之，宣曰：'昔周公卜雒以安宗廟，爲萬世基，水不當入城門。如爲災異，人主過而不可辭，塞之無益。昔東郡金堤大決，水欲没郡，令、吏、民散走；太守王尊亡身勅以住立不動，水應時自消。尊人臣，尚修止弭災（止，紹興本、大德本作"正"，殿本作"政"），豈況朝廷中興聖主，天所挺授，水必不入。'言未絕，水去。上善其言。後乘輿出，宣列引在前，行遲（大德本

無‘行’字），乘輿欲驅，鉤宣車蓋使疾行，御者墮車下。宣前
諫曰：‘王者承天統地，動有法度，車則和鸞，步則佩玉，動静應
天。昔孝文時，邊方有獻千里馬者，還而不受。陛下宜上稽唐虞，
下以文帝爲法。’上納其言，遂徐行按轡。遷爲河堤謁者，以病
免，卒於家。”【今注】月令章句：即蔡邕爲《禮記·月令》所作
章句。此書《隋書·經籍志》著録爲十二卷，《玉海》引《中興館
閣書目》稱“今存一卷”，朱彝尊《經義考》稱爲佚書，知宋時已
非全帙，明以後全部佚失，清馬國翰、蔡雲有輯本。　弘農：郡
名。治弘農縣（今河南靈寶市）。　都尉：官名。郡都尉掌佐郡太
守，典一郡之武職，秩比二千石。　析：縣名。治所在今河南西峽
縣。　沛國：郡國名。治相縣（今江蘇淮北市）。　睢水：河名。
從鴻溝分出，流經今河南、安徽、江蘇，注入泗水。　東昏城：漢
東昏縣城，在今河南蘭考縣東北。　杜林：字伯山，扶風茂陵（今
陝西興平市東北）人。東漢光武帝時仕至大司空。博洽多聞，時稱
通儒。精通《古文尚書》，被後世推爲“小學之宗”。傳見本書卷
二七。　殷氏六族分伯禽七族分康叔懷姓九宗分唐叔：周公旦東征
商朝殘餘勢力以後，將殷民條氏、徐氏、蕭氏、索氏、長勺氏、尾
勺氏六族分封給長子伯禽，將殷民陶氏、施氏、繁氏、錡氏、樊
氏、飢氏、終葵氏七族分封給周武王之弟康叔，將懷姓九宗分封給
周武王之弟唐叔。　衰麤（cū）：即斬衰粗服。“麤”通“粗”。
《儀禮·喪服》：“喪服。斬衰裳”，服三年之喪穿用裁割後不縫邊的
布做的衰裳（衰即上身衣服，裳即下身衣服）。斬衰是喪服等級中
最重的一種，漢制子爲父服、臣爲君服齊斬之衰，此處指皇帝去
世。　脅以送終之義：爲辦理喪事的規範所脅。　怵惕：戒懼。
《尚書·冏命》：“怵惕惟厲，中夜以興，思免厥愆。”孔傳：“言常
悚懼惟危，夜半以起，思所以免其過悔。”　魯隱：魯隱公，名息，
魯惠公庶長子，爲惠公繼室聲子所生。　桓公：魯桓公，名允，魯
惠公嫡子，爲惠公妻宋仲子所生。魯行周制，立子以嫡不以長，但

惠公去世時桓公尚幼小，故以長子隱公攝政。桓公既長，隱公仍行居攝之事，桓公乃使人殺隱公而即位。事見《左傳》隱公元年。　謝承書：書名，即謝承所撰《後漢書》。謝承，三國吳人，官至武陵太守，撰《後漢書》。此書《隋書·經籍志》著錄，宋以後逐漸亡佚，今人周天游有輯本。　王尊：字子贛，涿郡高陽（今河北高陽縣）人，成帝時官至東郡太守。傳見《漢書》卷七六。　唐虞：傳說中的堯舜禹三代時期，漢代儒家認爲唐虞三代是理想中的政治。　河堤謁者：官名。掌治河。

和帝永元元年七月，[1]郡國九大水，傷稼。[2]《京房易傳》曰：[3]“顓事有知，誅罰絕理，厥災水。其水也，而殺人，[4]隕霜，大風，天黃。飢而不損，兹謂泰，厥水水殺人。辟遏有德，兹謂狂，厥水水流殺人，已水則地生蟲。歸獄不解，兹謂追非，厥水寒殺人。追誅不解，兹謂不理，厥水五穀不收。大敗不解，兹謂皆陰，厥水流入國邑，隕霜殺穀。”[5]是時和帝幼，竇太后攝政，[6]其兄竇憲幹事，[7]及憲諸弟皆貴顯，並作威虣虐，嘗所怨恨，輒任客殺之。其後竇氏誅滅。[8]

[1]【今注】和帝：東漢和帝劉肇，公元88年至105年在位。紀見本書卷四。　永元：東漢和帝劉肇年號（89—105）。

[2]【劉昭注】《穀梁傳》曰：“高下有水災曰大水。”

[3]【今注】京房易傳：書名。易傳類術數書，西漢京房撰。該書主要言述災異之說。又京房撰有《京氏易傳》，而《搜神記》等書所引用《京房易傳》的内容與《京氏易傳》不同，學界懷疑二者並不是同一本書。

[4]【今注】案，而，當作“雨”，中華本據《後漢書校

補》改。

[5]【劉昭注】《春秋考異郵》曰"陰盛臣逆，民悲情發，則水出河決"也。

[6]【今注】竇太后：東漢章帝皇后，扶風平陵縣（今陝西咸陽市）人，竇融曾孫女。章帝去世，和帝繼位，尊竇氏爲皇太后，並臨朝攝政。紀見本書卷一〇上。

[7]【今注】竇憲：字伯度，扶風平陵（今陝西咸陽市西北）人。以妹爲章帝皇后，拜侍中、虎賁中郎將。和帝時拜車騎將軍，大破北單于，拜大將軍。傳見本書卷二三。

[8]【劉昭注】《東觀書》曰："十年五月丁巳，京師大雨，南山水流出至東郊，壞民廬舍。"

十二年六月，潁川大水，[1]傷稼。是時和帝幸鄧貴人，[2]陰有欲廢陰后之意，[3]陰后亦懷恚怨。一曰，先是恭懷皇后葬禮有闕，[4]竇太后崩後，乃改殯梁后，葬西陵，徵舅三人皆爲列侯，位特進，賞賜累千金。[5]

[1]【今注】潁川：郡名。治陽翟縣（今河南禹州市）。

[2]【今注】鄧貴人：鄧綏，南陽新野（今河南新野縣）人。東漢和帝第二任皇后。紀見本書卷一〇上。

[3]【今注】陰后：陰麗華，南陽新野人，東漢和帝第一任皇后。紀見本書卷一〇上。

[4]【今注】恭懷皇后：即梁貴人，和帝生母，與章帝竇皇后不睦，爲其所譖，死後追尊恭懷皇后，葬不以禮，竇太后死後乃追服喪制。事見本書卷一〇上《竇皇后傳》。

[5]【劉昭注】《廣州先賢傳》曰："和帝時策問陰陽不和，或水或旱，方正鬱林布衣養奮，字叔高，對曰：'天有陰陽，陰陽有四時，四時有政令。春夏則予惠布施寬仁，秋冬則剛猛盛威行

刑。賞罰殺生各應其時，則陰陽和，四時調，風雨時，五穀升。今則不然，長吏多不奉行時令，爲政舉事干逆天氣，上不郵下，下不忠上，百姓困乏而不郵哀，衆怨鬱積，故陰陽不和，風雨不時，災害緣類。水者陰盛，小人居位，依公營私，讒言誦上。雨漫溢者，五穀有不升而賦稅不爲減，百姓虛竭，家有愁心也。’”

【今注】廣州先賢傳：書名。關於嶺南地方的雜傳。作者陸胤，三國吴人，赤烏十一年（248）平交阯亂，官至交州刺史、安南校尉。傳見《三國志》卷六一。《舊唐書·經籍志》著録該書，後散佚，清王謨有輯本。

　　殤帝延平元年五月，[1]郡國三十七大水，傷稼。董仲舒曰：[2]“水者，陰氣盛也。”是時帝在襁抱，鄧太后專政。[3]

　　[1]【今注】殤帝：劉隆，漢和帝少子，登基時出生剛滿百天，因爲年幼，由皇太后鄧綏臨朝聽政。一歲時夭折，是中國歷史上壽命最短的皇帝，謚號孝殤皇帝。紀見本書卷四。　延平：東漢殤帝劉隆年號（106）。

　　[2]【今注】董仲舒：廣川（今河北棗強縣東）人，西漢武帝時舉賢良對策，爲江都相，又爲膠西王相。治公羊《春秋》，建立起天人感應和陰陽災異論的學說體系，對兩漢政治文化影響深遠。傳見《史記》卷一二一、《漢書》卷五六。

　　[3]【劉昭注】臣昭案：本紀是年九月，六州大水。《袁山松書》曰（山松，大德本作“崧”，本卷下同不注）：“六州河、濟、渭、雒、泲水盛長，泛溢傷秋稼。”【今注】鄧太后：即鄧綏。

　　安帝永初元年冬十月辛酉，[1]河南新城山水疏出，[2]突壞民田，壞處泉水出，深三丈。是時司空周章等以鄧太后不立皇太子勝而立清河王子，[3]故謀欲廢置。十一月，事覺，章等被誅。是年郡國四十一水出，漂没民人。[4]讖曰：“水者，純陰之精也。陰氣盛洋溢者，小人專制擅權，治疾賢者，[5]依公結私，侵乘君子，小人席勝，[6]失懷得志，故涌水爲災。”

[1]【今注】安帝：東漢安帝劉祜，公元 106 年至 125 年在位。紀見本書卷五。　永初：東漢安帝劉祜年號（107—113）。

[2]【今注】虣：同“暴”。突然。

[3]【今注】司空：官名。掌水土事，位次三公。東漢三公包括太尉、司徒、司空。　周章：字次叔，南陽隨（今湖北隨州市曾都區）人。東漢大臣。傳見本書卷三三。　案，皇太子，張森楷《校勘記》認爲劉勝未嘗立爲皇太子，“太”係衍文。

[4]【劉昭注】《謝沈書》曰：“死者以千數。”【今注】謝沈書：書名。即謝沈所撰《後漢書》。《隋書·經籍志》著録，宋以後逐漸亡佚，今人周天游有輯本。謝沈，字行思，會稽山陰（今浙江紹興市）人，晉康帝時官至著作郎。傳見《晉書》卷八二。

[5]【今注】案，治，殿本、汲本作“妒”，是。

[6]【今注】席勝：乘勝。

二年，大水。[1]

[1]【劉昭注】臣昭案：本紀京師及郡國四十有水（有，當作“大”，中華本據《後漢書校補》改）。《周嘉傳》是夏旱，嘉收葬客死骸骨，應時澍雨，歲乃豐稔，則水不爲災也。

　　三年，大水。[1]

[1]【劉昭注】臣昭案：本紀京師及郡國四十一雨水。

　　四年，大水。[1]

[1]【劉昭注】臣昭案：本紀云三郡。

　　五年，大水。[1]

[1]【劉昭注】臣昭案：本紀郡國八。

　　六年，河東池水變色，皆赤如血。[1]是時鄧太后猶專政。[2]

[1]【劉昭注】水變。占曰："水化爲血者，好任殘賊，殺戮不辜，延及親戚，水當爲血。"

[2]【劉昭注】《古今注》曰："元初二年，潁川襄城臨水化爲血（臨，汲本、殿本作'流'，是；'血'字後中華本據《後漢書集解》引惠棟説補'不流'二字）。"京房占曰："流水化爲血，兵且起，以日辰占與其色。"《博物記》曰："江河水赤，占曰泣血（占，殿本作'名'），道路涉蘇，於何以處（何，汲本作'河'，誤。《後漢書校補》認爲'涉蘇於何以處'屬誤文）。"【今注】襄城：縣名。治所在今河南襄城縣。　博物記：張華所撰志怪小説。《隋書·經籍志》著録，佚失脱誤嚴重，今本非其舊帙。張華，字茂先，范陽方城（今河北固安縣方城村）人，晉惠帝時官至司空，領著作，傳見《晉書》卷三六。

延光三年,[1]大水,流殺民人,傷苗稼。是時安帝信江京、樊豐及阿母王聖等讒言,[2]免太尉楊震,[3]廢皇太子。[4]

[1]【今注】延光:東漢安帝劉祜年號(122—125)。

[2]【今注】江京:東漢宦官,任小黃門、中常侍、大長秋。與安帝乳母王聖、中常侍樊豐共同謀廢太子劉保爲濟陰王。安帝去世後,迎立北鄉侯劉懿爲帝,待劉懿病重,江京建議太后閻姬另選諸侯王子即位。宦官孫程等發動政變擁立劉保登基,江京被殺。事見本書卷七八《孫程傳》。 樊豐:東漢宦官,任中常侍,與安帝乳母王聖、江京構陷謀廢太子劉保爲濟陰王。後又詐作詔書,調發錢穀、材木,修建家舍園觀。太尉楊震上書告發,反遭誣陷,被逼自殺。延光四年(125)隨安帝出巡,安帝中途駕崩,回京後,外戚閻顯舉發其與周廣、王聖等人的結黨行徑,樊豐被下獄處死。事見本書卷五四《楊震傳》、卷七八《孫程傳》。 王聖:東漢安帝乳母,得封野王君。鄧太后臨朝時,曾與小黃門李閏進讒離間太后與安帝。其後,又與宦官樊豐、江京譖殺太子劉保乳母王男、厨監邴吉,謀廢劉保爲濟陰王。恃寵而驕、貪贓枉法,譖誅太尉楊震等。劉懿即位後,被閻顯舉發,徙鴈門。事見本書《孫程傳》。

[3]【今注】案,太,紹興本作“大”,二字通。 楊震:字伯起,弘農華陰(今陝西華陰市東)人。傳見本書卷五四。又,楊震碑原刻在河南陝州閿鄉縣,首題“漢故太尉楊公神道碑銘”,碑陰有題名,石佚。碑刻信息見歐陽修《集古録》卷二、《廣川書跋》卷五、洪适《隸釋》卷一二等,翻刻本拓片見《北京圖書館藏中國歷代石刻拓本彙編》冊一(中州古籍出版社1989年版)。

[4]【劉昭注】臣昭案:《左雄傳》順帝永建四年,司冀二州大水,傷禾稼。《楊厚傳》永和元年夏,雒陽暴水,殺千餘人(千,紹興本“十”,誤)。

質帝本初元年五月，[1]海水溢樂安、北海，[2]溺殺人物。是時帝幼，梁太后專政。[3]

[1]【今注】質帝：東漢質帝劉纘，公元145年至146年在位。在位一年，葬於静陵，謚號孝質皇帝。紀見本書卷六。 本初：質帝年號，僅一年（146）。

[2]【今注】樂安：郡名。治臨濟縣（今山東高青東縣南）。此前爲侯國，本初元年五月庚寅徙樂安王爲勃海王，國除爲郡。北海：漢侯國。治劇縣（今山東昌樂縣西）。

[3]【劉昭注】《春秋漢含孳》曰："九卿阿黨，擠排正直（排，大德本作'非'），驕奢僭害，則江河潰決。"《方儲對策》曰："民悲怨則陰類强，河決海潰，地動土涌。"【今注】梁太后：梁妠，安定烏氏（今寧夏固原市東南）人，大將軍梁商之女，東漢順帝皇后。紀見本書卷一〇。 春秋漢含孳：《春秋緯》的一種，成書於漢代，存世佚文見安居香山、中村璋八《緯書集成》。

桓帝建和二年七月，[1]京師大水。去年冬，梁冀枉殺故太尉李固、杜喬。[2]

[1]【今注】桓帝：東漢桓帝劉志，公元146年至167年在位。紀見本書卷七。 建和：東漢桓帝劉志年號（147—149）。

[2]【今注】梁冀：字伯卓，安定烏氏（今寧夏固原市東南）人。梁商之子。傳見本書卷三四。 李固：字子堅，漢中南鄭（今陝西漢中市）人。李合之子。傳見本書卷六三。 杜喬：字叔榮，河内林慮（今河南林州市）人。東漢大臣，歷任南郡太守、東海國相、侍中、光禄大夫、太子太傅、大司農、光禄勳、太尉。傳見本書卷六三。

三年八月，京都大水。是時梁太后猶專政。
永興元年秋，[1]河水溢，漂害人物。[2]

[1]【今注】永興：東漢桓帝劉志年號（153—154）。

[2]【劉昭注】臣昭案：《朱穆傳》云"漂害數千萬戶（千，當作'十'，中華本據《後漢書校補》引錢大昕説改）"。京房占曰："江河溢者，天有制度，地有里數，懷容水澤（懷，紹興本作'壞'，誤），浸漑萬物。"今溢者，明在位者不勝任也，三公之禍不能容也，率執法者利刑罰，不用常法。

二年六月，彭城泗水增長，[1]逆流。[2]

[1]【今注】彭城：侯國。治彭城縣（今江蘇徐州市）。　泗水：河名。源出今山東泗水縣東蒙山，流經今山東、江蘇，注入淮水。

[2]【劉昭注】《梁冀別傳》曰："冀之專政，天爲見異，衆災並湊，蝗蟲滋生（滋，大德本作'兹'），河水逆流，五星失次，太白經天（經，紹興本作'絕'，誤），人民疾疫，出入六年，羌戎叛戾，盜賊略平，皆冀所致。"《敦煌實録》張衡對策曰："水者，五行之首，滯而逆流者，人君之恩不能下及而教逆也。"《潛潭巴》曰："水逆者，反命也，宜修德以應之。"【今注】五星失次：五星即辰星（水星）、太白（金星）、熒惑（火星）、歲星（木星）、填星（土星），五星失次是指五星運行速度相對於其正常運動發生變化，五星提早出現（稱爲"盈"）或遲晚出現（稱爲"縮"）的現象。中國古代天文學認爲五星不失行方能年穀豐昌，失次則是異常現象，應當進行星占。　太白經天：太白即金星，太白經天指金星運行經過天頂至於午位的天文現象。金星是内行星，祇能在距離太陽48度的範圍内運動，因此經過天頂祇能發

生於白晝。在中國古代天文學中，太白屬陰，日屬陽，白晝能看見太白經天意味着陰勝過陽。因此星占一般認爲太白經天是君弱臣逆的凶兆，預示兵災、動亂。《史記·天官書》司馬貞《索隱》引晉灼曰："日，陽也，日出則星没。太白晝見午上爲經天。"　盜賊略平：《後漢書校補》認爲"平"下當有"民"字，諱省。　敦煌實録：書名。劉昞撰，《隋書·經籍志》著録，宋以後散佚，清湯球有輯本。　張衡對策：張衡所上《水災對策》，全文已佚。張衡，字平子，東漢文學家、天文學家、地理學家。歷任太史令、侍中，晚年任尚書。著有《靈憲》《渾儀圖注》《二京賦》等。《隋書·經籍志》著録《張衡集》十四卷，已佚。傳見本書卷五九。　潛潭巴：即《春秋潛潭巴》，《春秋緯》的一種，存世佚文見安居香山、中村璋八《緯書集成》。

　　永壽元年六月，[1]雒水溢至津陽城門，漂流人物。[2]是時梁皇后兄冀秉政，疾害忠直，威權震主。後遂誅滅。

　　[1]【今注】永壽：東漢桓帝劉志年號（155—158）。
　　[2]【劉昭注】臣昭案：本紀又南陽大水。

　　延熹八年四月，[1]濟北水清。[2]九年四月，濟陰、東郡、濟北、平原河水清。[3]襄楷上言："河者諸侯之象，清者陽明之徵，豈獨諸侯有規京都計邪？"[4]其明年，宮車晏駕，[5]徵解瀆亭侯爲漢嗣，[6]即尊位，是爲孝靈皇帝。

　　[1]【今注】延熹：東漢桓帝劉志年號（158—167）。

　　〔2〕【今注】案，據本書卷七《桓帝紀》"北"後當補"河"字。

　　〔3〕【今注】濟陰：郡國名。治定陶縣（今山東菏澤市定陶區）。　東郡：治濮陽縣（今河南濮陽市華龍區西南）。　平原：郡名。治平原縣（今山東平原縣），黃河自西南向東北穿過郡大部。

　　〔4〕【今注】案，襄楷上言的全文見本書卷三〇下《襄楷傳》："案春秋以來及古帝王，未有河清及學門自壞者也。臣以爲河者，諸侯位也，清者屬陽，濁者屬陰。河當濁而反清者，陰欲爲陽，諸侯欲爲帝也。太學，天子教化之宮，其門無故自壞者，言文德將喪，教化廢也。京房《易傳》曰：'河水清，天下平。'今天垂異，地吐妖，人屬疫，三者並時而有河清，猶春秋麟不當見而見，孔子書之以爲異也。""河清"在中國古代政治文化中屬於祥瑞。"河"一般指黃河，《史記》卷六九《蘇秦列傳》中載燕王曾云"吾聞齊有清濟、濁河可以爲固"，可知此時黃河已有"濁河"之稱。東漢時，經學家纔將"河清"與祥瑞聯繫在一起，如京房云"河水清，天下平"，《易緯·乾鑿度》說："天之將降嘉瑞，應河水清三日。""河清"成爲聖人出世的祥瑞之一。但襄楷是從君臣關係的角度來認識這一現象的。水爲陰爲臣，《孝經援神契》曰："五嶽視三公，四瀆視諸侯也。"濁水變清，是陰反陽，即臣子反上，預示着叛亂。

　　〔5〕【今注】宮車晏駕：宮車晚出，喻天子崩逝。

　　〔6〕【今注】解犢：地名。即解犢亭，又作"解瀆亭"，在今河北安國縣。東漢靈帝劉宏登基前及其生父劉萇的封爵皆爲解瀆亭侯。

　　永康元年八月，[1]六州大水，勃海海溢，沒殺人。是時桓帝奢侈淫祀，其十一月崩，無嗣。

　　〔1〕【今注】永康：東漢桓帝劉志年號（167）。

靈帝建寧四年二月，[1]河水清。[2]五月，山水大出，漂壞廬舍五百餘家。[3]

[1]【今注】靈帝：東漢靈帝劉宏，公元168年至189年在位。紀見本書卷八。　建寧：東漢靈帝劉宏年號（168—172）。

[2]【劉昭注】《袁山松書》曰："禱于龍堁。"

[3]【劉昭注】《袁山松書》曰："是河東水暴出也。"

熹平二年六月，[1]東萊、北海海水溢出，[2]漂没人物。

[1]【今注】熹平：東漢靈帝劉宏年號（172—178）。

[2]【今注】東萊：郡名。治黃縣（今山東黃縣東），臨渤海、黄海。

三年秋，雒水出。

四年夏，郡國三水，[1]傷害秋稼。

[1]【今注】案，三水，本書卷八《靈帝紀》作"七大水"。

光和六年秋，[1]金城河溢，[2]水出二十餘里。

[1]【今注】光和：東漢靈帝劉宏年號（178—184）。

[2]【今注】金城河：黃河流經金城的別名。金城，在今甘肅蘭州市西。《水經注》卷二："（金城河）即積石之黃河也。闞駰曰：河至金城縣，謂之金城河，隨地爲名也。"

中平五年，[1]郡國六水大出。[2]

[1]【今注】中平：東漢靈帝劉宏年號（184—189）。

[2]【劉昭注】臣昭案：《袁山松書》曰"山陽、梁、沛、彭城、下邳、東海、琅邪"，則是七郡。【今注】案，六水大出，本書卷八《靈帝紀》作"七大水"。　梁：王國名。治下邑縣（今安徽碭山縣）。　下邳：王國名。治下邳縣（今江蘇邳州市南）。琅邪：王國名。治開陽縣（今山東臨沂市北）。

獻帝建安二年九月，[1]漢水流，[2]害民人。是時天下大亂。[3]

[1]【今注】獻帝：東漢獻帝劉協，公元189年至220年在位。紀見本書卷九。　建安：東漢獻帝劉協年號（196—220）。

[2]【今注】漢水：河名。又稱沔水。北源出今陝西留壩縣西沮水，西源出今陝西寧強縣北，流經今陝西、湖北，注入長江。

[3]【劉昭注】《袁山松書》曰："曹操專政。十七年七月，大水，洧水溢。"

十八年六月，大水。[1]

[1]【劉昭注】《獻帝起居注》曰："七月，大水，上親避正殿；八月、以雨不止，且還殿。"

二十四年八月，漢水溢流，害民人。[1]

[1]【劉昭注】《袁山松書》曰"明年禪位于魏"也。

庶徵之恒寒。[1]

[1]【今注】案，《漢書·五行志中之下》引"說"曰："上偏聽不聰，下情隔塞，則不能謀慮利害，失在嚴急，故其咎急也。盛冬日短，寒以殺物，政促迫，故其罰常寒也。"

靈帝光和六年冬，大寒，北海、東萊、琅邪井中冰厚尺餘。[1]

[1]【劉昭注】《袁山松書》曰："是時群賊起，天下始亂。讖曰：'寒者，小人暴虐，專權居位，無道有位，適罰無法，又殺無罪，其寒必暴殺。'"

獻帝初平四年六月，[1]寒風如冬時。[2]

[1]【今注】初平：東漢獻帝劉協年號（190—193）。
[2]【劉昭注】《袁山松書》曰："時帝流遷失政。"養奮對策曰："當溫而寒，刑罰慘也。"【今注】養奮：字叔高，鬱林（今廣西桂平縣）人，和帝時舉賢良方正。此篇對策另見本卷前文注引《廣州先賢傳》。

和帝永元五年六月，郡國三雨雹，大如雞子。[1]是時和帝用酷吏周紆爲司隸校尉，[2]刑誅深刻。[3]

[1]【劉昭注】《春秋考異郵》曰："陰氣之專精凝合生雹。雹之爲言合也。以妾爲妻，大尊重，九女之妃闕而不御，坐不離前，無由相去之心，同輿參駟，房任之內（任，大德本作'衽'，

汲本、殿本作‘衹’，是），歡欣之樂，專政夫人，施而不傳（傳，當作‘博’，中華本據文義改），陰精凝而見減（減，大德本、汲本、殿本作‘成’，是）。”《易讖》曰：“凡雹者，過由人君惡聞其過，抑賢不易（易，中華本徑改作‘揚’），内與邪人通，取財利，蔽賢，施之，並當雨不雨，故反雹下也。”【今注】易讖：讖書的一種，今佚。陳槃《古讖緯研討及其書録解題》認爲《易讖》即《易緯》（上海古籍出版社 2010 年版）。

［2］【今注】周紆：字文通，下邳徐縣（今江蘇泗洪縣）人。東漢章帝、和帝時期的酷吏，不畏權勢、打擊豪强，歷任洛陽令、御史中丞、司隸校尉、將作大匠等職。傳見本書卷七七。 司隸校尉：官名。監察司隸所轄七郡，統領有軍隊。

［3］【劉昭注】《古今注》曰：“光武建武十年十月戊辰，樂浪、上谷雨雹，傷稼。十二年，河南平陽雨雹，大如杯，壞敗吏民廬舍。十五年十二月乙卯，鉅鹿雨雹，傷稼。永平三年八月，郡國十二雨雹，傷稼。十年，郡國十八或雨雹，蝗。”《易緯》曰：“夏雹者，治道煩苛，繇役急促，教令數變，無有常法。不救爲兵，强臣逆謀，蝗蟲傷穀。救之，舉賢良，爵有功，務寬大，無誅罰，則災除。”【今注】樂（luò）浪：郡名。治朝鮮縣（今朝鮮平壤市）。 上谷：郡名。治沮陽縣（今河北懷來縣東南）。平陽：侯國名。治平陽縣（今山西臨汾市西）。 鉅鹿：漢有鉅鹿郡，治廮陶縣（今河北寧晉縣西南）；亦有鉅鹿縣，在今河北平鄉縣西南。此不詳是郡是縣。 易緯：緯書的一種，《隋書·經籍志》有著録。《易緯》包含《稽覽圖》《乾鑿度》《坤靈圖》《通卦驗》《是類謀》《辨終備》等篇，各篇在東漢以後陸續形成。此段引文不見今本《易緯》，《黃氏逸書考》本《通緯》認爲出自《是類謀》篇，《緯書集成》據此列爲《是類謀》篇佚文。

安帝永初元年，雨雹。二年，雨雹，大如雞子。

三年，雨雹，[1]大如鴈子，傷稼。劉向以爲，[2]雹，陰
脅陽也。[3]是時鄧太后以陰專陽政。

[1]【今注】三年雨雹：本書卷五《安帝紀》作“是歲，京師
及郡國四十一雨水雹”。

[2]【今注】劉向：字子政，本名更生，西漢宗室，官至中壘
校尉。成帝時主持校勘皇室藏書，撰《別録》。又撰有《洪範五行
傳論》，闡述天人感應、陰陽五行理論。傳見《漢書》卷三六。

[3]【今注】陰脅陽：《漢書·五行志中之下》：“劉向以爲，
盛陽雨水，温暖而湯熱，陰氣脅之不相入，則轉而爲雹；盛陰雨
雪，凝滯而冰寒，陽氣薄之不相入，則散而爲霰。故沸湯之在閉
器，而湛於寒泉，則爲冰，及雪之銷，亦冰解而散，此其驗也。故
雹者陰脅陽也，霰者陽脅陰也，《春秋》不書霰者，猶月食也。”
一般認爲此説出自劉向的《洪範五行傳論》。董仲舒最早從陰陽論
的原理角度解説“雨雹”，劉向的解説更進一步。氣象學上，雹和
霰都是天上雨水在下落過程中形成的冰晶，但出現的季節不同。雹
多出現在春、夏，是雨水遇寒瞬間結凍所致，伴雨而落；霰多出現
在冬季，因地面温度較高，降雪消融爲冰水而下。所以在劉向的解
釋裏，雹是“陰脅陽”，霰是“陽脅陰”，雹既爲“陽”，是君，
“雨雹”就是陰氣過盛威脅到陽，預示着后妃專一、權臣專擅局面
的出現。（參見蘇德昌《〈漢書·五行志〉研究》，臺大出版中心
2013 年版，第 341—342 頁）

元初四年六月戊辰，[1]郡國三雨雹，大如杅杯及雞
子，[2]殺六畜。[3]

[1]【今注】元初：東漢安帝劉祜年號（114—120）。

[2]【今注】杅：盛湯漿的器皿。《儀禮·既夕禮》：“用器弓

矢、末耜、兩敦、兩杅、槃匜。"鄭玄注："此皆常用之器也。杅盛湯漿。"

[3]【劉昭注】《古今注》曰："樂安雹如杅，殺人。"京房占曰："夏雨雹，天下兵大作。"

　　延光元年四月，郡國二十一雨雹，大如雞子，傷稼。是時安帝信讒，無辜死者多。[1]

[1]【劉昭注】臣昭案：《尹敏傳》是歲河西大雨雹，如斗。安帝見孔季彥，問其故，對曰"此皆陰乘陽之徵也。今貴臣擅權，母后黨盛，陛下宜修聖德，慮此二者"也。【今注】孔季彥：事見本書卷七九上《孔僖傳》。

　　三年，雨雹，大如雞子。[1]

[1]【劉昭注】《古今注》曰："順帝永建五年（五，大德本、汲本、殿本作'三'），郡國十二雨雹。六年，郡國十二雨雹，傷秋稼。"

　　桓帝延熹四年五月己卯，京都雨雹，大如雞子。是時桓帝誅殺過差，又寵小人。
　　七年五月己丑，京都雨雹。是時皇后鄧氏僭侈，[1]驕恣專幸。明年廢，以憂死，其家皆誅。

[1]【今注】鄧氏：即鄧猛女，南陽新野（今河南新野縣）人。東漢桓帝第二任皇后，和熹皇后鄧綏的侄孫女。紀見本書卷一〇下。

靈帝建寧二年四月，雨雹。

四年五月，河東雨雹。

光和四年六月，雨雹，大如雞子。是時常侍、黃門用權。

中平二年四月庚戌，雨雹，傷稼。

獻帝初平四年六月，右扶風雹如斗。[1]

[1]【劉昭注】　《袁山松》曰（袁山松，大德本作“袁崧書”，殿本作“袁山松書”）：“雹殺人。前後雨雹，此最爲大，時天下潰亂。”

和帝元興元年冬十一月壬午，郡國四冬雷。[1]是時皇子數不遂，皆隱之民間。是歲，宮車晏駕；殤帝生百餘日，立以爲君；帝兄有疾，封爲平原王，[2]卒。皆夭無嗣。[3]

[1]【今注】　案，此屬“鼓妖”。《漢書·五行志中之下》：“君嚴猛而閉下，臣戰栗而塞耳，則妄聞之氣發於音聲，故有鼓妖。”又引西漢李尋曰：“《洪範》所謂鼓妖者也。師法以爲人君不聰，爲衆所惑，空名得進，則有聲無形，不知所從生。”所以鼓妖是莫名的聲音。本志將“冬雷”列於“鼓妖”下，《漢書·五行志中之下》引劉向説：“於《易》，雷以二月出，其卦曰《豫》，言萬物隨雷出地，皆逸豫也。以八月入，其卦曰《歸妹》，言雷復歸。入地則孕毓根核，保藏蟄蟲，避盛陰之害；出地則養長華實，發揚隱伏，宣盛陽之德。入能除害，出能興利，人君之象也。”《南齊書·五行志》引《傳》曰：“雷於天地爲長子，以其首長萬物，與之出入，故雷出萬物出，雷入萬物入。夫雷者人君之象，入則除害，出

則興利。雷之微氣以正月出，其有聲者以二月出，以八月入，其餘微者以九月入。冬三月雷無出者，若是陽不閉陰，則出涉危難而害萬物也。"故雷本不當在冬天發生，"冬雷"象徵着"陽不閉陰"，是君王的不祥之兆。

　　[2]【今注】平原王：劉勝，東漢和帝長子，母不詳。少有痼疾，東漢殤帝延平元年（106）封平原王，爲王八年後薨，葬於京城。傳見本書卷五五。

　　[3]【劉昭注】《古今注》曰："光武建武七年（七，大德本、殿本作'十'），遼東冬雷，草木實。"

　　殤帝延平元年九月乙亥，陳留雷，[1]有石隕地四。[2]

　　[1]【今注】陳留：郡國名。治陳留縣（今河南開封市陳留鎮）。　案，大德本無"雷"字。

　　[2]【劉昭注】臣昭案：《天文志》末已載石隕，未解此篇所以重記。石以雷隕俱者（以，大德本、汲本、殿本作"與"，是），九月雷未爲異，桓帝亦有此隕，後不兼載，於是爲長（長，大德本、汲本、殿本作"常"，是）。《古今注》曰："章帝建初四年五月戊寅，潁陰石從天墜，大如鐵鑕，色黑，始下時聲如雷。"【今注】案，《漢書·五行志》將"隕石"置於《皇極傳》下，本志則置於"鼓妖"下，蓋隕石下落和撞擊地面時均會産生巨大聲響。

　　安帝永初六年十月丙戌，郡六冬雷。[1]

　　[1]【劉昭注】京房占曰："天冬雷，地必震。"又曰："教令擾。"又曰："雷以十一月起黃鍾，二月大聲，八月閟藏。此以春

夏殺無辜，不須冬刑致災。蟄蟲出行，不救之，則冬溫風，以其來年疾病。其救也，率幼孤（率，大德本、汲本、殿本作‘愐’，是），振不足，議獄刑，貰謫罰（謫，大德本、殿本作‘讁’），災則消矣。”《古今注》曰：“明帝永平七年十月丙子，越巂雷。”
【今注】黃鍾：十二律琯中用來表示冬至的位置，對應十一月。《淮南子·天文訓》：“日行一度，十五日爲一節，以生二十四時之變。斗指子則冬至，音比黃鍾。”高誘注：“黃鍾，十一月也。”律琯又稱律管，是古人用以測候季節變化的器具，其具體情形參見本書《律曆志上》。　越巂：郡名。治邛都縣（今四川西昌市）。

七年十月戊子，郡國三冬雷。
元初元年十月癸巳，郡國三冬雷。
三年十月辛亥，汝南、樂浪冬雷。[1]

[1]【今注】汝南：郡名。治平輿縣（今河南平輿縣北）。

四年十月辛酉，郡國五冬雷。
六年十月丙子，郡國五冬雷。
永寧元年十月，[1]郡國七冬雷。

[1]【今注】永寧：東漢安帝劉祜年號（120—121）。

建光元年十月，[1]郡國七冬雷。

[1]【今注】建光：東漢安帝劉祜年號（121—122）。

延光四年，郡國十九冬雷。是時太后攝政，[1]上無所與。太后既崩，阿母王聖及皇后兄閻顯兄弟更秉威權，[2]上遂不親萬機，從容寬仁任臣下。[3]

[1]【今注】案，鄧綏已於東漢安帝建光元年（121）薨，安得於延光四年（125）復言太后攝政，中華本疑"是時"乃"先是"之誤。

[2]【今注】閻顯：河南滎陽（今河南滎陽市東北）人，其妹爲東漢安帝閻皇后。封長社侯，掌禁兵。安帝去世後，與其妹策立北鄉侯劉懿爲帝，是爲少帝。閻后臨朝，閻顯以車騎將軍、儀同三司專斷朝政。少帝病逝，宦官孫程等十九人擁立濟陰王劉保爲帝（順帝），被殺。事見本書卷一〇下《皇后紀下》。

[3]【劉昭注】《古今注》曰："順帝永和四年四月戊午，雷震擊高廟、世祖廟外槐樹。"

桓帝建和三年六月乙卯，雷震憲陵寢屋。[1]先是梁太后聽兄冀枉殺李固、杜喬。

[1]【今注】憲陵：東漢順帝劉保的陵寢。本書卷六《沖帝紀》："九月丙午，葬孝順皇帝於憲陵，廟曰敬宗。"李賢注曰："在洛陽西十五里，陵高八丈四尺，周三百步。"在今河南洛陽市孟津區平樂鄉平樂村北。

靈帝熹平六年冬十月，東萊冬雷。[1]

[1]【今注】案，冬，殿本、汲本作"大"。

中平四年十二月晦，雨水，大雷電，雹。

獻帝初平三年五月丙申，無雲而雷。[1]

[1]【今注】案，就天文氣象而言，是先有雲而後有雷，積雨雲中的電荷達到一定程度後產生閃電，而後纔有雷聲，因此“無雲而雷”屬於異象。《漢書·五行志中之下》將“無雲而雷”附於“鼓妖”之末，又引劉向説：“雷當託於雲，猶君託於臣，陰陽之合也。”無雲而雷，猶當君不得臣子之心，民有怨畔。

四年五月癸酉，無雲而雷。

建安七八年中，長沙醴陵縣有大山常大鳴如牛呴聲，[1]積數年。後豫章賊攻沒醴陵縣，[2]殺略吏民。[3]

[1]【今注】醴陵縣：治所在今湖南醴陵市。　呴（hǒu）：吼叫。

[2]【今注】豫章：郡名。治南昌縣（今江西南昌市東）。

[3]【劉昭注】干寶曰：“《論語摘輔像》曰（摘，大德本、殿本作‘摛’）：‘山亡崩（亡，大德本、汲本、殿本作“土”，是），川閉塞，漂淪移，山鼓哭，閉衡夷，庶桀合，兵王作。’時天下尚亂，豪桀並爭（桀，殿本作‘傑’）：曹操事二袁於河北；孫吳創基於江外；劉表阻亂衆於襄陽，南招零、桂，北割漢川，又以黃祖爲爪牙，而祖與孫氏爲深讎，兵革歲交。十年，曹操破袁譚於南皮；十一年，走袁尚於遼東。十三年，吳禽黃祖。是歲，劉表死。曹操略荊州，逐劉備於當陽。十四年，吳破曹操於赤壁。是三雄者，卒共參分天下（參，大德本、殿本作‘三’），成帝王之業，是所謂‘庶桀合，兵王作’者也。十六年，劉備入蜀，與吳再爭荊州，於時戰爭四分五裂之地，荊州爲劇，故山鳴之異

作其域也。"【今注】論語摘輔像:《論語讖》的一種,又作《論語摘象輔》《論語摘輔相》《論語擇輔象》,旨在闡述聖王選取輔佐之事,以孔子爲素王,以其弟子等同於伏羲六輔、黃帝七輔。存世佚文見安居香山、中村璋八《緯書集成》。 零:零陵郡,治泉陵縣(今湖南永州市)。 桂:桂陽郡,治郴縣(今湖南郴州市)。 漢川:即漢水。 黃祖:東漢末年人。劉表割據荊州時,爲其部下戰將,官至江夏太守。 袁譚:字顯思,汝南汝陽(今河南商水縣西北)人。傳見本書卷七四下。 南皮:縣名。治所在今河北南皮縣北。 遼東:郡名。治襄平縣(今遼寧遼陽市)。 當陽:縣名。治所在今湖北荊門市南。 赤壁:山名。即今湖北武昌西赤磯山。

靈帝熹平二年,東萊海出大魚二枚,長八九丈,高二丈餘。[1]明年,中山王暢、任城王博並薨。[2]

[1]【今注】案,本條屬於劉向《洪範五行傳論》之"魚孽"。《漢書·五行志》引"説"曰:"寒氣動,故有魚孽。雨以龜爲孽,龜能陸處,非極陰也;魚去水而死,極陰之孽也。"

[2]【劉昭注】《京房易傳》曰:"海出巨魚,邪人進,賢人疏。"臣昭謂此占符靈帝之世,巨魚之出,於是爲徵,寧獨二王之妖也!【今注】中山王暢:劉暢,東漢第四代中山王,順帝至靈帝時享國。事見本書卷四二《中山簡王焉傳》。1969年河北定縣北陵頭村西發掘出定縣43號漢墓,即中山王劉暢之墓。 任城王博:即劉博,本爲河間王一系,封户亭侯,因任城王絶嗣,遂繼嗣任城王,有孝行,事見本書卷四二《任城孝王尚傳》。

和帝永元四年,蝗。[1]

[1]【劉昭注】臣昭案:本紀光武建武六年詔稱"往歲水旱

蝗蟲爲災”。《古今注》曰："建武二十二年三月，京師、郡國十九蝗。二十三年，京師、郡國十八大蝗，旱，草木盡。二十八年三月，郡國八十蝗。二十九年四月，武威、酒泉、清河、京兆、魏郡、弘農蝗。三十年六月，郡國十二大蝗。三十一年，郡國大蝗。中元元年三月，郡國十六大蝗。永平四年十二月，酒泉大蝗，從塞外入。"《謝承書》曰："永平十五年，蝗起泰山，彌行兗、豫。"《謝沈書》鍾離意《諫起北宮表》云："未數年，豫章遭蝗，穀不收。民飢死，縣數千百人。"【今注】案，劉歆《五行傳説‧聽傳》下無"魚孽"，代之以"介蟲之孽"，《漢書‧五行志》兼采劉向、劉歆父子之説，既列魚孽，亦列介蟲之孽，後世因之。《漢書‧五行志》引"説"曰："介蟲孽者，謂小蟲有甲飛揚之類，陽氣所生也，於《春秋》爲螽，今謂之蝗，皆其類也。"

八年五月，河內、陳留蝗。[1]九月，京都蝗。九年，蝗從夏至秋。先是西羌數反，[2]遣將軍將北軍五校征之。[3]

[1]【今注】河內：郡名。治懷縣（今河南武陟縣大虹橋鄉土城村）。

[2]【今注】西羌：西北古族名。西漢時羌人散居西北各地，東漢建武以來多次內徙羌人入塞，遷至金城、隴西、漢陽一帶的一支稱爲西羌。傳見本書卷八七。

[3]【今注】北軍五校：東漢禁兵的合稱。西漢禁兵爲北軍八校，東漢精簡爲五校，即屯騎、越騎、步兵、長水和射聲五營，故又稱五營禁兵。五營校尉秩比二千石，多以皇族出任，校尉下有司馬，秩一千石。

安帝永初四年夏，蝗。是時西羌寇亂，軍衆征距，連十餘年。[1]

[1]【劉昭注】讖曰："主失禮煩苛，則旱之，魚螺變爲蝗蟲。"

五年夏，九州蝗。[1]

[1]【劉昭注】京房占曰："天生萬物百穀，以給民用。天地之性人爲貴。今蝗蟲四起，此爲國多邪人，朝無忠臣，蟲與民爭食，居位食祿如蟲矣。不救，致兵起；其救也，舉有道置於位，命諸侯試明經，此消災也。"

六年三月，去蝗處復蝗子生。[1]

[1]【劉昭注】《古今注》曰："郡國四十八蝗。"

七年夏，蝗。
元初元年夏，郡國五蝗。
二年夏，郡國二十蝗。
延光元年六月，郡國蝗。
順帝永建五年，[1]郡國十二蝗。是時鮮卑寇朔方，[2]用衆征之。

[1]【今注】順帝：東漢順帝劉保，公元125年至144年在位。紀見本書卷六。　永建：東漢順帝劉保年號（126—132）。
[2]【今注】鮮卑：古代東胡部落。秦漢之際，東胡被匈奴冒

頓單于擊敗，退居烏桓山和鮮卑山，形成烏桓和鮮卑二族。 朔方：郡名。治臨戎縣（今內蒙古磴口縣北）。

永和元年秋七月，[1]偃師蝗。[2]去年冬，烏桓寇沙南，[3]用衆征之。

[1]【今注】永和：東漢順帝劉保年號（136—141）。
[2]【今注】偃師：縣名。治所在今河南偃師市東。
[3]【今注】烏桓：北方古族名。又名"烏丸""古丸"。傳見本書卷九〇。 沙南：縣名。治所在今內蒙古准格爾旗東北。

桓帝永興元年七月，郡國三十二蝗。是時梁冀秉政無謀憲，[1]苟貪權作虐。[2]

[1]【今注】案，憲，《後漢書校補》疑係"慮"之譌。
[2]【劉昭注】《春秋考異郵》曰："貪擾生蝗。"

二年六月，京都蝗。
永壽三年六月，京都蝗。
延熹元年五月，京都蝗。[1]

[1]【劉昭注】臣昭案：《劉歆傳》"皆逆天時，聽不聰之禍也（禍，汲本、殿本作'過'）"。養奮對策曰："佞邪以不正食禄饗所致。"《謝沈書》曰"九年，揚州六郡連水、旱、蝗害"也。

靈帝熹平六年夏，七州蝗。先是鮮卑前後三十餘犯塞，是歲護烏桓校尉夏育、破鮮卑中郎將田晏、使匈奴中郎將臧旻將南單于以下，[1]三道並出討鮮卑。大司農經用不足，[2]殷斂郡國，以給軍糧。三將無功，還者少半。

[1]【今注】護烏桓校尉：官名。秩比二千石，掌持節領護烏桓。　夏育：初爲段熲部下，東漢靈帝熹平年間爲北地太守，熹平三年（174）擊破鮮卑有功，遷護烏桓校尉，後又授護羌校尉。破鮮卑中郎將：官名。秩比二千石，掌持節領護鮮卑。案，破，殿本作“彼”。　田晏：初爲段熲部下，後爲護羌校尉，靈帝熹平六年授破鮮卑中郎將。　使匈奴中郎將：官名。秩比二千石，掌持節領護匈奴南單于部。　臧旻：廣陵射陽（今江蘇寶應縣）人，初爲揚州刺史，後遷使匈奴中郎將。事見本書卷五八《臧洪傳》注引謝承《後漢書》。

[2]【今注】大司農：官名。西漢武帝太初元年（前104）改置，爲九卿之一，秩二千石，掌管全國租賦收入和財政開支。案，大德本無“司”字。

光和元年詔策問曰：“連年蝗蟲至冬踊，其咎焉在？”蔡邕對曰：“臣聞《易傳》曰：‘大作不時，天降災，厥咎蝗蟲來。’[1]《河圖祕徵篇》曰：‘帝貪則政暴而吏酷，[2]酷則誅深必殺，主蝗蟲。’蝗蟲，貪苛之所致也。”是時百官遷徙，皆私上禮西園以爲府。[3]

[1]【今注】蔡邕：字伯喈，陳留圉（今河南杞縣）人。博學，好辭章、數術、天文，精通音律。有《蔡中郎集》，已佚，今存輯本。傳見本書卷六〇下。

［2］【今注】河圖祕徵篇：緯書的一種，成書於漢代，存世佚文見安居香山、中村璋八《緯書集成》。

［3］【劉昭注】蔡邕對曰："蝗蟲出，息不急之作，省賦斂之費，進清仁，黜貪虐，分損承安，居省別藏（居，大德本、汲本、殿本作'屈'，是），以贍國用，則其救也。《易》曰'得臣無家'，言有天下者何私家之有！"

獻帝興平元年夏，[1]大蝗。是時天下大亂。

［1］【今注】興平：東漢獻帝劉協年號（194—195）。

建安二年五月，蝗。

後漢書　志第十六

五行四

地震　山崩　地陷　大風拔樹　蟓　牛疫

　　《五行傳》曰："治宮室，飾臺榭，内淫亂，犯親戚，侮父兄，則稼穡不成。"[1]謂土失其性而爲災也。又曰："思心不容，[2]是謂不聖。厥咎霧，[3]厥罰恒風，厥極凶短折。[4]時則有脂夜之妖，[5]時則有華孽，[6]時則有牛禍，[7]時則有心腹之痾，[8]時則有黄眚、黄祥，[9]惟金水木火沴土。"[10]華孽，《劉歆傳》爲"蠃蟲之孽"，謂蟓屬也。[11]

　　[1]【今注】案，《漢書·五行志上》引"説"曰："土，中央，生萬物者也。其於王者爲内事。宮室、夫婦、親屬，亦相生者也。古者天子諸侯，宮廟大小高卑有制，后夫人媵妾多少進退有度，九族親疏長幼有序。孔子曰：'禮，與其奢也，寧儉。'故禹卑宮室，文王刑于寡妻，此聖人之所以昭教化也。如此則土得其性矣。若乃奢淫驕慢，則土失其性。有水旱之災而草木百穀不孰，是爲稼穡不成。"

［2］【今注】思心不容：《尚書·洪範》之五事有“五曰思”，至《洪範五行傳》變成“思心”，但意義無甚大變。“容”，或作“睿”。《漢書·五行志下之上》引“説”曰：“思心者，心思慮也；容，寬也。孔子曰：‘居上不寬，吾何以觀之哉！’言上不寬大包容臣下，則不能居聖位。”《漢志》強調王者應有包容寬大之心，否則就會貌言視聽四事盡失，王者昏昧迷惑。五事中“思心”與“土”相配，土居中，地位高於其餘四行，故思心亦主宰其他四事。

［3］【今注】霿：霧氣。《漢書·五行志下之上》引“説”曰：“貌言視聽，以心爲主，四者皆失，則區霿無識，故其咎霿也。”《説文》：“天氣下地不應曰霿。”

［4］【今注】凶短折：《洪範》“六極”之一。極，困也，六極爲凶短折、疾、憂、貧、惡、弱，是六種人世困厄之意。這六極本無序，亦不與五事、皇極相搭配，就現存文獻來看，《洪範五行傳》中纔將三者組合成一個固定搭配的體系，即貌—惡、言—憂、視—疾、聽—貧、思心—凶短折。《漢書·五行志下之上》引“説”曰：“傷人曰凶，禽獸曰短，中木曰折。一曰，凶，夭也；兄喪弟曰短，父喪子曰折。”可知，漢儒也並無統一的解釋。

［5］【今注】脂夜之妖：又稱夜妖。《漢書·五行志下之上》：“在人腹中，肥而包裹心者脂。心區霿則冥晦，故有脂夜之妖。一曰，有脂物而夜爲妖，若脂水夜污人衣，淫之象也。一曰，夜妖者，雲風並起而杳冥，故與常風同象也。”前後兩種解釋的共通之處在於認爲夜妖都是“冥”，衹是在導致“冥”的起因上有分歧，前者認爲是個人心智不聰，後者則歸結爲自然界的風雲變化。中間一種的解釋是照字面意思來理解，即“脂物”在夜間爲妖。從歷代《五行志》所選事例來看，最後一種解釋的例子最多，其次是中間一種，第一種解釋的例子幾乎沒有。

［6］【今注】華孽：《漢書·五行志下之上》云：“劉向以爲於《易》，《巽》爲風爲木，卦在三月四月，繼陽而治，主木之華實。風氣盛，至秋冬木復華，故有華孽。一曰，地氣盛同秋冬復華。一

曰，華者色也，土爲內事，爲女孽也。”前兩種都是指樹木“秋冬復華”，與草妖類似，不過一是因爲風氣盛，一則是地氣盛。第三種是《洪範五行傳》的解釋，《洪範五行傳》曰：“華者，猶榮華容色之象也。以色亂國，故謂華孽。”即通常說的“紅顏禍水”之類。嚴格來說，這些怪異都不能歸入孽類。《漢書》以下都沒有這方面的事例，直到《隋書·五行志》纔有，而且這三種說法都得到了采用。

[7]【今注】牛禍：與牛相關的怪異現象。《漢書·五行志下之上》引“說”曰：“於《易》，《坤》爲土爲牛，牛大心而不能思慮，思心氣毀，故有牛禍。一曰，牛多死及爲怪，亦是也。”五行之“土”與“地”關係密切，《周易·說卦》有“坤，地也”“坤爲牛”之說，這樣“土”就與“牛”聯繫起來。

[8]【今注】心腹之痾：《漢書·五行志下之上》引“說”曰：“及人，則多病心腹者，故有心腹之痾。”猶心腹之疾，指人體感官臟器的疾病或精神意識層面的“喪心”。

[9]【今注】黃眚黃祥：眚祥一般連用，指生物界以外的有形世界的怪異，主要根據顏色來判斷：木—青、金—白、火—赤、水—黑、土—黃。

[10]【今注】案，水木，大德本作“木水”。

[11]【今注】案，《洪範五行傳》“華孽”之說已如上所釋，在現實世界中難以找到完全相合的災異事例，故班固捨劉向說而采劉歆“贏蟲之孽”說，本志沿用。劉歆在“孽”名目的設置上與劉向相差較大，他的解說其實受到了《月令》思想的影響，按照《月令》的圖式：貌屬東，爲鱗蟲；視屬南，爲羽蟲；言屬西，爲毛蟲；聽屬北，爲介蟲；思屬中，爲倮蟲（即贏蟲），劉歆大體遵循了這一圖式，祇是具體內容有所變化。贏蟲指無鱗甲毛羽的蟲類，如螟、螣之類。

世祖建武二十二年九月,[1]郡國四十二地震,南陽尤甚,[2]地裂壓殺人。其後武谿蠻夷反,[3]爲寇害,至南郡,[4]發荆州諸郡兵,[5]遣武威將軍劉尚擊之,[6]爲夷所圍,復發兵赴之,尚遂爲所没。[7]

[1]【今注】世祖：東漢光武帝劉秀,公元25年至57年在位。謚號光武,廟號世祖。紀見本書卷一。　建武：東漢光武帝劉秀年號（25—56）。

[2]【今注】南陽：郡國名。治宛縣（今河南南陽市臥龍區）。

[3]【今注】武谿蠻夷：即武陵郡五溪的少數民族。本書卷二四《馬援傳》：“二十四年,武威將軍劉尚擊武陵五溪蠻夷。”李賢注曰：“酈元注《水經》云：‘武陵有五溪,謂雄溪、橫溪、酉溪、潕溪、辰溪,悉是蠻夷所居,故謂五溪蠻。’皆槃瓠之子孫也。土俗‘雄’作‘熊’,‘橫’作‘朗’,‘潕’作‘武’,在今辰州界。”

[4]【今注】南郡：郡國名。治江陵縣（今湖北荆州市荆州城西北）。

[5]【今注】荆州：下轄南陽、南郡、江夏、零陵、桂陽、武陵、長沙七郡。轄境約相當於今湘、鄂二省及豫、桂、黔、粵的一部分。

[6]【今注】武威將軍：官名。東漢始置,掌征伐。　劉尚：初任郡縣地方官,後任大司馬吳漢之副將,官至武威將軍,參與過平定隗囂、公孫述的西征,也多次平定西北羌族和西南蠻夷的叛亂。後在平定南郡蠻夷時陣亡。

[7]【今注】案,西漢以降,儒者多從天人感應的角度來解釋地震的成因,納入陰陽氣論或《洪範》五行災異説的體系中。《漢書·五行志下之上》將地震歸入《洪範五行傳·思心傳》“金水木火沴土”一目下,與“土”搭配,引“説”曰：“凡思心傷者病土氣,土氣病則金木水火沴之,故曰‘時則有金木水火沴土’。不言

'惟' 而獨曰 '時則有' 者，非一衝氣所沴，明其異大也。" 五行
相沴是《洪範五行傳》的發明，打破了先秦以來五行並列相生相勝
的關係，將五行依方位對衝重新搭配。木金東西對衝相沴，火水南
北對衝相沴，土居中爲五行之主，故土氣傷則四方金木水火之氣乘
而沴之，所引發的災異爲地變之極，如地震、山崩、地陷、川竭
之類。

章帝建初元年三月甲申，[1]山陽、東平地震。[2]

[1]【今注】章帝：東漢章帝劉炟，公元 75 年至 88 年在位。
紀見本書卷三。　建初：東漢章帝劉炟年號（76—84）。　甲申：
本書《章帝紀》作 "甲寅"，中華本校勘記以爲，是年三月癸卯
朔，無甲申，當據改。

[2]【今注】山陽：郡國名。治昌邑縣（今山東巨野縣城南昌
邑村）。　東平：郡國名。治無鹽縣（今山東東平縣）。

和帝永元四年六月丙辰，[1]郡國十三地震。《春秋
漢含孳》曰："女主盛，臣制命，則地動坼，畔震起，
山崩淪。"[2]是時竇太后攝政，[3]兄竇憲專權，[4]將以是
受禍也。後五日，詔收憲印綬，兄弟就國，逼迫皆
自殺。

[1]【今注】和帝：東漢和帝劉肇，公元 88 年至 105 年在位。
紀見本書卷四。　永元：東漢和帝劉肇年號（89—105）。

[2]【今注】春秋漢含孳：讖緯書，《春秋緯》之一，亦名
《春秋緯漢含孳》，無名氏撰，宋均曾爲其作注，宋以後散佚。該書
以孔子作《春秋》，爲漢制法，獲麟爲漢家受命之瑞，預示着劉邦

繼起爲王，漢室孳生，故名《漢含孳》。

[3]【今注】竇太后：扶風平陵（今陝西咸陽市西北）人，竇融曾孫女。東漢章帝皇后，章帝去世，和帝繼位，尊竇氏爲皇太后，並臨朝攝政。紀見本書卷一〇上。

[4]【今注】竇憲：字伯度，扶風平陵（今陝西咸陽市西北）人。傳見本書卷二三。

五年二月戊午，隴西地震。[1]儒說民安土者也，將大動，行大震。九月，匈奴單于於除鞬叛，[2]遣使發邊郡兵討之。

[1]【今注】隴西：郡國名。治狄道縣（今甘肅臨洮縣南）。

[2]【今注】匈奴單于：匈奴君主稱號。　於除鞬：中華本據《後漢書集解》引錢大昕、惠棟説，認爲“難”係衍文。於除鞬，本爲東漢時期匈奴北單于之弟，任谷蠡王。東漢王朝與匈奴金微山之戰後，北單于被打敗逃亡不知所踪，於除鞬自立爲北匈奴單于，在蒲類海“款塞乞降”。後東漢派遣軍隊將其消滅。

七年九月癸卯，京都地震。儒說奄官無陽施，[1]猶婦人也。是時和帝與中常侍鄭衆謀奪竇氏權，[2]德之，因任用之，及幸常侍蔡倫，[3]二人始並用權。

[1]【今注】奄官：宦官。　陽施：焕發男子的亢陽之氣。

[2]【今注】中常侍：官名。皇帝寵幸近臣，掌顧問應對，東漢時多由宦官擔任。　鄭衆：字季產，南陽犨（今河南魯山縣東南）人。宦官。東漢宦官用權，自衆始。傳見本書卷七八。

[3]【今注】蔡倫：字敬仲，桂陽（今湖南郴州市）人。宦

官。傳見本書卷七八。

九年三月庚辰，隴西地震。[1]閏月，塞外羌犯塞，殺略吏民，使征西將軍劉尚擊之。[2]

[1]【今注】隴西：古地區名。泛指今甘肅隴山以西地區。古代以西爲右，故又稱“隴右”。

[2]【今注】征西將軍：官名。東漢光武帝時始置，爲四征將軍之一。　劉尚：與前文武威將軍劉尚非同一人，此爲朝陽侯劉浮之弟。事見本書卷一四《宗室四王二侯傳》。

安帝永初元年，[1]郡國十八地震。李固曰：[2]“地者陰也，法當安靜。今乃越陰之職，專陽之政，故應以震動。”是時鄧太后攝政專事，[3]訖建光中，[4]太后崩，安帝乃得制政，於是陰類並勝，西羌亂夏，連十餘年。

[1]【今注】安帝：東漢安帝劉祜，公元106年至125年在位。紀見本書卷五。　永初：東漢安帝劉祜年號（107—113）。

[2]【今注】李固：字子堅，漢中南鄭（今陝西漢中市）人。李合之子。傳見本書卷六三。

[3]【今注】鄧太后：即鄧綏，南陽新野（今河南新野縣）人。東漢和帝第二任皇后。紀見本書卷一〇上。

[4]【今注】建光：東漢安帝劉祜年號（121—122）。

二年，郡國十二地震。
三年十二月辛酉，郡國九地震。

　　四年三月癸巳，郡國四地震。

　　五年正月丙戌，郡國十地震。

　　七年正月壬寅，二月丙午，[1]郡國十八地震。

　　[1]【今注】案，二月丙午，中華本據是年四月丙申晦，推定二月無丙午，疑此四字乃後人妄增。

　　元初元年，[1]郡國十五地震。

　　[1]【今注】元初：東漢安帝劉祜年號（114—120）。

　　二年十一月庚申，郡國十地震。

　　三年二月，郡國十地震。十一月癸卯，郡國九地震。

　　四年，郡國十三地震。

　　五年，郡國十四地震。

　　六年二月乙巳，京都、郡國四十二地震，或地坼裂，涌水，壞敗城郭、民室屋，[1]壓人。冬，郡國八地震。

　　[1]【今注】案，壞敗，大德本、汲本、殿本作“敗壞”。

　　永寧元年，[1]郡國二十三地震。

　　[1]【今注】永寧：東漢安帝劉祜年號（120—121）。

　　建光元年九月己丑，郡國三十五地震，或地坼裂，壞城郭室屋，壓殺人。是時安帝不能明察，信宮人及阿母聖等讒云，[1]破壞鄧太后家，於是專聽信聖及宦者，中常侍江京、樊豐等皆得用權。[2]

　　[1]【今注】阿母聖：王聖，東漢安帝乳母，得封野王君。鄧太后臨朝時，曾與小黃門李閏進讒離間太后與安帝。其後，又與宦官樊豐、江京譖殺太子劉保乳母王男、厨監邴吉，謀廢劉保爲濟陰王。恃寵而驕、貪贓枉法，譖誅太尉楊震等。劉懿即位後，被閻顯舉發，徙雁門。事見本書卷七八《孫程傳》。　案，云，中華本據何焯校本改作“言”。

　　[2]【今注】江京：東漢宦官，任小黃門、中常侍、大長秋。與安帝乳母王聖、中常侍樊豐共同謀廢太子劉保爲濟陰王。安帝去世後，迎立北鄉侯劉懿爲帝，待劉懿病重，江京建議太后閻姬另選諸侯王子即位。宦官孫程等發動政變擁立劉保登基，江京被殺。事見本書《孫程傳》。　樊豐：東漢宦官，任中常侍，與安帝乳母王聖、江京構陷謀廢太子劉保爲濟陰王。後又詐作詔書，調發錢穀、材木，修建家舍園觀。太尉楊震上書告發，反遭誣陷，被逼自殺。延光四年（125）隨安帝出巡，安帝中途駕崩，回京後，外戚閻顯舉發其與周廣、王聖等人的結黨行徑，樊豐被下獄處死。事見本書卷五四《楊震傳》、卷七八《孫程傳》。　案，用，大德本、殿本作“擅”。

　　延光元年七月癸卯，[1]京都、郡國十三地震。九月戊申，郡國二十七地震。

　　[1]【今注】延光：東漢安帝劉祜年號（122—125）。

　　二年，京都、郡國三十二地震。

　　三年，京都、郡國二十三地震。是時以讒免太尉楊震，[1]廢太子。[2]

　　[1]【今注】楊震：字伯起，弘農華陰（今陝西華陰市東）人。好學博覽，歷任荊州刺史、東萊太守、太僕、太常、司徒、太尉。爲官正直，多次上書進諫。傳見本書卷五四。又，楊震碑原刻在河南陝州閿鄉縣，首題“漢故太尉楊公神道碑銘”，碑陰有題名，石佚。碑刻信息見歐陽修《集古錄》卷二、《廣川書跋》卷五、洪适《隸釋》卷一二等，翻刻本拓片見《北京圖書館藏中國歷代石刻拓本彙編》冊一（中州古籍出版社1989年版）。

　　[2]【今注】廢太子：延光三年（124），安帝乳母王聖、大長秋江京、中常侍樊豐誣陷皇太子劉保乳母王男、厨監邴吉，將他們殺死，太子數次歎息。王聖等人懼怕太子繼位後報復，乃構陷太子。九月丁酉，廢皇太子劉保爲濟陰王。

　　四年十月丁巳，[1]京都、郡國十六地震。時安帝既崩，閻太后攝政，[2]弟兄閻顯等並用事，[3]遂斥安帝子，更徵諸國王子，未至，中黃門遂誅顯兄弟。

　　[1]【今注】案，十月，本書卷六《順帝紀》作“十一月”，中華本校勘記以爲，延光四年十月乙酉朔，無丁巳。當據改。

　　[2]【今注】閻太后：閻姬。河南滎陽（今河南滎陽市東北）人，東漢安帝皇后。紀見本書卷一〇下。

　　[3]【今注】案，弟兄，大德本、殿本作“兄弟”。　閻顯：河南滎陽人，其妹爲安帝閻皇后。封長社侯，掌禁兵。安帝去世後，與其妹策立北鄉侯劉懿爲帝，是爲少帝。閻后臨朝，閻顯以車

騎將軍、儀同三司專斷朝政。少帝病逝，宦官孫程等十九人擁立濟陰王劉保爲帝（順帝），被殺。事見本書卷一〇下《皇后紀下》。

順帝永建三年正月丙子，[1]京都、漢陽地震。[2]漢陽屋壞殺人，地坼涌水出。是時順帝阿母宋娥及中常侍張昉等用權。[3]

[1]【今注】順帝：東漢順帝劉保，公元 125 年至 144 年在位。紀見本書卷六。　永建：東漢順帝劉保年號（126—132）。

[2]【今注】漢陽：郡名。治冀縣（今甘肅天水市西北）。

[3]【今注】宋娥：又稱宋阿母，是東漢順帝劉保的乳母。時太子劉保被廢爲濟陰王，宋娥與孫程等宦官共同擁立劉保即位，得封山陽郡，邑五千户。順帝陽嘉二年（133），有地震等災，李固進言認爲宋娥所得封爵等恩賞太過。順帝永和二年（137），宋娥與李元等宦官相互賄賂，事發，被奪爵歸田舍。事見本書卷七八《孫程傳》。　張昉：即張防，宦官。東漢順帝時官至中常侍，執掌權柄，後爲虞詡上書彈劾，被流放邊疆。

陽嘉二年四月己亥，[1]京都地震。是時爵號宋娥爲山陽君。

[1]【今注】陽嘉：東漢順帝劉保年號（132—135）。

四年十二月甲寅，京都地震。

永和二年四月庚申，[1]京都地震。是時宋娥構姦誣罔，五月事覺，收印綬，歸田里。十一月丁卯，京都地震。是時太尉王龔以中常侍張昉等專弄國權，[2]欲奏誅之，時龔宗親有以楊震行事諫之止云。

[1]【今注】永和：東漢順帝劉保年號（136—141）。　案，庚申，本書《順帝紀》作"丙申"，中華本校勘記按，是年四月戊寅朔，無庚申。當據改。

[2]【今注】王龔：字伯宗，山陽高平（今山東鄒城市西南）人。世爲豪族。傳見本書卷五六。

　　三年二月乙亥，京都、金城、隴西地震，[1]裂城郭，室屋多壞，壓殺人。閏月己酉，京都地震。十月，西羌二千餘騎入金城塞，爲涼州害。

[1]【今注】金城：郡國名。治允吾縣（今甘肅永靖縣）。

　　四年三月乙亥，京都地震。
　　五年二月戊申，京都地震。
　　建康元年正月，[1]涼州都郡六，[2]地震。從去年九月以來至四月，凡百八十日震，[3]山谷坼裂，壞敗城寺，傷害人物。三月，護羌校尉趙沖爲叛胡所殺。[4]九月丙午，京都地震。是時順帝崩，梁太后攝政，[5]欲爲順帝作陵，制度奢廣，多壞吏民家。尚書欒巴諫事，[6]太后怒，癸卯，詔書收巴下獄，欲殺之。丙午地震，於是太后乃出巴，免爲庶人。[7]

[1]【今注】建康：東漢順帝劉保年號（144）。

[2]【今注】涼州：州名。治隴縣（今甘肅清水縣北）。　案，

都郡，中華本據《後漢書集解》引陳景雲説改作"部郡"。

[3]【今注】案，百八十日震，本書卷六《順帝紀》作"地百八十震"，中華本據《後漢書校補》改作"百八十地震"。

[4]【今注】護羌校尉：官名。駐守涼州令居縣（今甘肅永登縣），主西羌，持節監領護西羌。 趙沖：東漢順帝時爲武威太守，參與鎮壓羌人起事。漢安元年（142）遷護羌校尉。沖帝時爲羌人襲殺。

[5]【今注】梁太后：梁妠，安定烏氏（今寧夏固原市東南）人。大將軍梁商之女，東漢順帝皇后。紀見本書卷一〇下。

[6]【今注】樂巴：字叔元，魏郡内黄（今河南内黄縣西北）人。傳見本書卷五七。 案，諫事，王先謙《後漢書集解》疑"事"爲"争"之誤。

[7]【今注】案，此事見載於本書卷五七《樂巴傳》："會帝崩，營起憲陵。陵左右或有小人墳冢，主者欲有所侵毁，巴連上書苦諫。時梁太后臨朝，詔詰巴曰：'大行皇帝晏駕有日，卜擇陵園，務從省約，塋域所極，裁二十頃，而巴虚言主者壞人冢墓。事既非實，寢不報下，巴猶固遂其愚，復上誹謗。苟肆狂瞽，益不可長。'巴坐下獄，抵罪，禁錮還家。"

桓帝建和元年四月庚寅，[1]京都地震。九月丁卯，京都地震。是時梁太后攝政，兄冀持權。至和平元年，[2]太后崩，然冀猶秉政專事，至延熹二年，[3]乃誅滅。

[1]【今注】建和：東漢桓帝劉志年號（147—149）。
[2]【今注】和平：東漢桓帝劉志年號（150）。
[3]【今注】延熹：東漢桓帝劉志年號（158—167）。

三年九月己卯，地震，庚寅又震。

元嘉元年十一月辛巳，[1]京都地震。

[1]【今注】元嘉：東漢桓帝劉志年號（151—153）。

二年正月丙辰，京都地震。十月乙亥，京都地震。

永興二年二月癸卯，[1]京都地震。

[1]【今注】永興：東漢恒帝劉志年號（153—154）。

永壽二年十二月，[1]京都地震。

[1]【今注】永壽：東漢桓帝劉志年號（155—158）。

延熹四年，京都、右扶風、涼州地震。[1]

[1]【今注】右扶風：政區名。治槐里縣（今陝西興平市東南）。三輔之一。

五年五月乙亥，京都地震。是時桓帝與中常侍單超等謀誅除梁冀，[1]聽之，[2]並使用事專權。又鄧皇后本小人，[3]性行無恒，苟有顏色，立以爲后，後卒坐執左道廢，以憂死。

[1]【今注】單超：河南（今河南洛陽市）人。宦官。東漢桓帝初爲中常侍，幫助桓帝誅滅梁冀及宗親黨羽，封新豐侯，爲“五

侯”之一，後拜車騎將軍。傳見本書卷七八。

[2]【今注】案，聽，大德本作“德”。中華本疑當改作“德”。

[3]【今注】案，鄧皇后即鄧猛女，南陽新野（今河南新野縣）人。東漢桓帝第二任皇后，和熹皇后鄧綏的侄孫女。紀見本書卷一〇下。皇，大德本作“太”。

八年九月丁未，京都地震。

靈帝建寧四年二月癸卯，[1]地震。是時中常侍曹節、王甫等皆專權。[2]

[1]【今注】靈帝：東漢靈帝劉宏，公元 168 年至 189 年在位。紀見本書卷八。　建寧：東漢靈帝劉宏年號（168—172）。

[2]【今注】曹節：字漢豐，南陽新野（今河南新野縣）人。宦官。傳見本書卷七八。　王甫：宦官。靈帝時爲黃門令，與曹節等將兵殺竇武、陳蕃，遷中常侍。又與節誣奏勃海王劉悝謀反，殺之，以功封冠軍侯。操縱朝政，父兄子弟皆爲貴官。後爲司隷校尉陽球奏誅。事見本書《曹節傳》。

熹平二年六月，[1]地震。

[1]【今注】熹平：東漢靈帝劉宏年號（172—178）。

六年十月辛丑，地震。

光和元年二月辛未，[1]地震。四月丙辰，地震。靈帝時宦者專恣。

［1］【今注】光和：東漢靈帝劉宏年號（178—184）。

二年三月，京兆地震。

三年自秋至明年春，酒泉表氏地八十餘動，[1]涌水出，城中官寺民舍皆頓，縣易處，更築城郭。

［1］【今注】酒泉：郡名。治禄福縣（今甘肅酒泉市）。　案，氏，本書卷八《靈帝紀》作“是”，二字通。

獻帝初平二年六月丙戌，[1]地震。

［1］【今注】獻帝：東漢獻帝劉協，公元189年至220年在位。紀見本書卷九。　初平：東漢獻帝劉協年號（190—193）。

興平元年六月丁丑，[1]地震。

［1］【今注】興平：東漢獻帝劉協年號（194—195）。

和帝永元元年七月，會稽南山崩。[1]會稽，南方大名山也。《京房易傳》曰：[2]“山崩，陰乘陽，弱勝強也。”劉向以爲山陽，君也；水陰，民也；君道崩壞，百姓失所也。[3]劉歆以爲崩猶地也。[4]是時竇太后攝政，兄竇憲專權。

［1］【今注】會稽南山：會稽山在會稽郡山陰縣（今浙江紹興市）之南。《史記》卷二《夏本紀》：“禹會諸侯江南，計功而崩，

因葬焉，命曰會稽。會稽者，會計也。"

[2]【今注】京房易傳：易傳類術數書，西漢京房撰。該書主要言述災異之說。又京房撰有《京氏易傳》，而《搜神記》等書所引用《京房易傳》的內容與《京氏易傳》不同，學界懷疑二者並不是同一本書。

[3]【今注】案，從現代科學角度解釋，山崩原本是地震的次生災異，但在古代則被賦予了極其深刻的政治象徵意義。古者天子纔有權力祭祀天下名山大川，是君權神授的重要體現，所以名山象徵着君權的穩固。《國語‧周語上》載伯陽父云："山崩川竭，亡之徵也。""山崩"成了君權淪喪、國家傾覆的表徵。此處所引劉向說出自《漢書‧五行志》成公五年"夏，梁山崩"條，劉向是從陰陽氣論來理解"山崩"。劉向，字子政，本名更生，西漢宗室，官至中壘校尉。成帝時主持校勘皇室藏書，撰《別錄》。又撰有《洪範五行傳論》，闡述天人感應、陰陽五行理論。傳見《漢書》卷三六。

[4]【今注】劉歆：劉向之子，字子駿，西漢宗室，官至太中大夫，協助劉向校點西漢皇家藏書，精通天文曆法、史學、詩等，編制《別錄》《三統曆譜》。圖謀誅殺王莽，事敗自殺。傳見《漢書》卷三六。案，劉歆《五行傳說》也是解釋《洪範五行傳》之作，與其父的《洪範五行傳論》有較大差異，班固在《漢書‧五行志》中多所采用。此條劉向歆父子的解說就頗不同，劉向說如上文，《漢書‧五行志》引劉歆說曰："梁山。晉望也；崩，弛崩也。古者三代命祀，祭不越望，吉凶禍福，不是過也。國主山川，山崩川竭，亡之徵也。"　案，地，中華本據《後漢書校補》改作"弛"。

七年七月，趙國易陽地裂。[1]《京房易傳》曰："地裂者，臣下分離，不肯相從也。"是時南單于衆乖離，[2]漢軍追討。

[1]【今注】趙國：郡國名。治邯鄲縣（今河北邯鄲市）。易陽：縣名。治所在今河北邯鄲市永年區。

[2]【今注】南單于：南匈奴王稱號。東漢初年，匈奴再次分裂爲南北二部，南部匈奴依附於漢廷，内遷於河套地區，其首領稱南單于。

　　十二年夏，閏四月戊辰，南郡秭歸山高四百丈，[1]崩填谿，殺百餘人。明年冬，至蠻夷反，[2]遣使募荆州吏民萬餘人擊之。

[1]【今注】南郡：治江陵縣（今湖北荆州市荆州城西北）。秭歸：縣名。治所在今湖北秭歸縣。

[2]【今注】案，至，中華本據《後漢書校補》改作“巫”。

　　元興元年五月癸酉，[1]右扶風雍地裂。是後西羌大寇涼州。

[1]【今注】元興：東漢和帝劉肇年號（105）。

　　殤帝延平元年五月壬辰，[1]河東恒山崩。[2]是時鄧太后專政。秋八月，殤帝崩。

[1]【今注】殤帝：劉隆，漢和帝少子，登基時離出生剛滿百天，因爲年幼，由皇太后鄧綏臨朝聽政。一歲時夭折，是中國歷史上壽命最短的皇帝，謚號孝殤皇帝。紀見本書卷四。　延平：東漢

殤帝劉隆年號（106）。

　　[2]【今注】河東：郡國名。治安邑縣（今山西運城市東部）。案，恒，本書卷四《殤帝紀》作“垣”，中華本據改。

　　安帝永初元年六月丁巳，河東楊地陷，東西百四十步，南北百二十步，深三丈五尺。
　　六年六月壬辰，豫章員谿原山崩，[1]各六十三所。

　　[1]【今注】豫章：郡名。治南昌縣（今江西南昌市東）。

　　元初元年三月己卯，日南地坼，[1]長百八十二里。其後三年正月，蒼梧、鬱林、合浦盜賊群起，[2]劫略民吏。[3]

　　[1]【今注】日南：郡國名。治西卷縣（今越南廣治省東河市）。
　　[2]【今注】蒼梧：郡國名。治廣信縣（今廣西梧州市附近）。鬱林：郡國名。治布山縣（今廣西貴港市）。　合浦：郡國名。治合浦縣（今廣西合浦縣）。
　　[3]【今注】案，民吏，大德本、汲本、殿本作“吏民”，是。

　　二年六月，河南雒陽新城地裂。
　　延光二年七月，丹陽山崩四十七所。[1]

　　[1]【今注】丹陽：郡國名。治宛陵縣（今安徽宣城市宣州區）。

　　三年六月庚午，巴郡閬中山崩。[1]

　　　[1]【今注】巴郡：郡國名。治江州縣（今重慶市江北區）。
閬中：縣名。治所在今四川閬中市。

　　四年十月丙午，蜀郡越嶲山崩，[1]殺四百餘人。丙
午，天子會日也。是時閻太后攝政。其十一月，中黃
門孫程等殺江京，[2]立順帝，誅閻后兄弟，明年，閻
后崩。

　　　[1]【今注】蜀郡：郡國名。治成都縣（今四川成都市）。
越嶲：郡國名。治邛都縣（今四川西昌市東南）。
　　　[2]【今注】孫程：字稚卿，涿郡新城（今河北保定市徐水區
西）人。宦官。卒後養子壽襲封，開宦官養子襲爵之例。傳見本書
卷七八。

　　順帝陽嘉二年六月丁丑，雒陽宣德亭地坼，長八
十五丈，近郊地。時李固對策，以爲“陰類專恣，將
有分離之象，所以附郊城者，事上帝示象以誡陛下
也”。[1]是時宋娥及中常侍各用權分爭，後中常侍張
逵、蘧政與大將軍梁商爭權，[2]爲商作飛語，欲陷之。

　　　[1]【今注】案，事，殿本、汲本作“是”，是。
　　　[2]【今注】張逵：宦官。東漢順帝時官至中常侍，因誣陷梁
商及中常侍曹騰、孟賁被下獄而死。事見本書卷三四《梁商傳》。
　　蘧政：宦官。東漢順帝時官至中常侍，因誣陷梁商及中常侍曹
騰、孟賁被下獄而死。事見本書《梁商傳》。　梁商：字伯夏，安
定烏氏（今寧夏固原市東南）人。東漢外戚、大臣，女爲順帝皇
后。傳見本書卷三四。商，大德本作“商”，下句同，不另出校。

桓帝建和元年四月，郡國六地裂，水涌出，井溢，壞寺屋，殺人。時梁太后攝政，兄冀枉殺李固、杜喬。[1]

[1]【今注】杜喬：字叔榮，河內林慮（今河南林州市）人。東漢大臣。針對梁冀家族的擅權行爲，多次上書彈劾，因而遭梁冀忌恨。後被宦官誣陷、梁冀打壓，卒於獄中。傳見本書卷六三。

三年，郡國五山崩。
和平元年七月，廣漢梓潼山崩。[1]

[1]【今注】廣漢：郡國名。治雒縣（今四川廣漢市）。　梓潼：縣名。治所在今四川梓潼縣。

永興二年六月，東海朐山崩。[1]冬十二月，泰山、琅邪盜賊群起。[2]

[1]【今注】朐山：山名。位於東海郡朐縣的山。朐，縣名。治所在今山東連雲港市西南。
[2]【今注】琅邪：王國名。治開陽縣（今山東臨沂市北）。

永壽三年七月，河東地裂，時梁皇后兄冀秉政，桓帝欲自由，内患之。
延熹元年七月乙巳，左馮翊雲陽地裂。[1]

　　［1］【今注】左馮翊：郡國名。治高陵縣（今陝西西安市高陵區）。　雲陽：縣名。治所在今陝西淳化縣。

　　三年五月戊申，[1]漢中山崩。[2]是時上寵恣中常侍單超等。

　　［1］【今注】案，戊申，本書卷七《桓帝紀》作“甲戌”，中華本校勘記以爲，是年五月甲子朔，有甲戌，無戊申。當據改。
　　［2］【今注】漢中：郡名。治南鄭縣（今陝西漢中市漢臺區）。

　　四年六月庚子，泰山、博尤來山判解。[1]

　　［1］【今注】博：縣名。治所在今山東泰安市泰山區。　尤來山：山名。即徂徠山，位於泰山東南，爲泰山支脈。

　　八年六月丙辰，緱氏地裂。[1]

　　［1］【今注】緱氏：縣名。治所在今河南偃師市東南。

　　永康元年五月丙午，[1]雒陽高平永壽亭、上黨泫[2]氏地各裂。[3]是時朝臣患中常侍王甫等專恣。冬，桓帝崩。明年，竇氏等欲誅常侍、黃門，不果，更爲所誅。

　　［1］【今注】永康：東漢桓帝劉志年號（167）。
　　［2］【劉昭注】工玄反。【今注】高平：縣名。治所在今山東微山縣。　上黨：郡國名。治長子縣（今山西長子縣）。
　　［3］【今注】泫氏：縣名。治所在今山西高平市。

靈帝建寧四年五月，河東地裂十二處，裂合長十里百七十步，廣者三十餘步，深不見底。

和帝永元五年五月戊寅，南陽大風，拔樹木。[1]

[1]【今注】案，《漢書·五行志下之上》引"說"曰："思心者，心思慮也，容，寬也。孔子曰：'居上不寬，吾何以觀之哉！'言上不寬大包容臣下，則不能居聖位。貌言視聽，以心爲主，四者皆失，則區霿無識，故其咎霿也。雨旱寒奧，亦以風爲本，四氣皆亂，故其罰常風也。"《洪範》"思"對應咎徵"恒風"，所以風自然成爲雨、旱、寒、奧四種咎徵之本，四氣亂則有恒風之罰。"大風拔樹"即是"恒風之罰"的一種。

安帝永初元年，大風拔樹。是時鄧太后攝政，以清河王子年少，號精耳，[1]故立之，是爲安帝。不立皇太子勝，[2]以爲安帝賢，必當德鄧氏也；後安帝親讒，廢免鄧氏，令郡縣迫切，死者八九人，家至破壞。此爲霿霿也，[3]是後西羌亦大亂涼州十有餘年。

[1]【今注】案，中華本疑"耳"係"聰"之譌。
[2]【今注】皇太子勝：劉勝，東漢和帝長子，母不詳，少有痼疾。傳見本書卷五五。
[3]【今注】霿（kòu）霿：鄙吝，心不明。

二年六月，京都及郡國四十大風拔樹。[1]

[1]【今注】案，大德本、殿本"四十"後有"八"字。

三年五月癸酉，京都大風，拔南郊道梓樹九十六枚。

七年八月丙寅，京都大風拔樹。

元初二年二月癸亥，京都大風拔樹。

六年夏四月，沛國、勃海大風，[1]拔樹三萬餘枚。[2]

[1]【今注】沛國：治相縣（今江蘇淮北市）。 勃海：郡名。治南皮縣（今河北南皮縣東北）。

[2]【今注】案，三，大德本作"二"。

延光二年三月丙申，河東、潁川大風拔樹。[1]六月壬午，郡國十一大風拔樹。是時安帝親讒，曲直不分。三年，京都及郡國三十六大風拔樹。

[1]【今注】潁川：郡名。治陽翟縣（今河南禹州市）。

靈帝建寧二年四月癸巳，京都大風雨雹，拔郊道樹十圍已上百餘枚。其後晨迎氣黃郊，[1]道於雒水西橋，逢暴風雨，道鹵簿車或發蓋，百官霑濡，[2]還不至郊，使有司行禮。迎氣西郊，亦壹如此。

[1]【今注】迎氣黃郊：五郊迎氣祭祀禮儀之一，在祭祀黃帝的地方迎接時氣。該國家祭祀禮儀始於東漢明帝，本書卷二《明帝紀》："是歲，始迎氣於五郊。"本書《祭祀志中》："迎時氣，五郊之兆。自永平中，以《禮讖》及《月令》有五郊迎氣服色，因采

元始中故事，兆五郊于雒陽四方。”相關禮儀參本書《禮儀志中》：
“先立秋十八日，郊黃帝。是日夜漏未盡五刻，京都百官皆衣黃。
至立秋，迎氣於黃郊，樂奏黃鍾之宮，歌帝臨，冕而執干戚，舞雲
翹、育命，所以養時訓也。”黃，殿本、汲本作“東”，誤。

　　〔2〕【今注】霑濡：沾濕。

　　中平五年六月丙寅，[1]大風拔樹。

　　〔1〕【今注】中平：東漢靈帝劉宏年號（184—189）。

　　獻帝初平四年六月，右扶風大風，發屋拔木。
　　中興以來，脂夜之妖無録者。

　　章帝七八年間，郡縣大螟傷稼，語在《魯恭傳》，
而紀不録也。是時章帝用竇皇后讒，害宋、梁二貴
人，[1]廢皇太子。[2]

　　〔1〕【今注】宋梁二貴人：宋貴人，即東漢章帝劉炟敬隱皇
后。永平末年選入太子宮，章帝即位立爲貴人，生皇太子劉慶，不
久被讒言所害自殺。後其孫安帝劉祜即位，追尊其爲敬隱皇后。梁
貴人，和帝生母，與章帝竇皇后不睦，爲其所譖，死後追尊恭懷皇
后，葬不以禮，竇太后死後乃追服喪制。二人事均見本書卷一〇上
《章德竇皇后紀》。
　　〔2〕【今注】廢皇太子：宋貴人生皇太子劉慶，梁貴人生劉
肇。竇皇后無子，乃以讒言日毀之。建初六年（81），竇皇后誣陷
宋貴人左道，宋貴人自殺，章帝廢皇太子劉慶爲清河王，立劉肇爲
皇太子。

　　靈帝熹平四年六月，弘農、三輔螟蟲爲害。[1]是時靈帝用中常侍曹節等讒言，禁錮海内清英之士，謂之黨人。

　　[1]【今注】弘農：郡名。治弘農縣（今河南靈寶市）。　三輔：京兆尹、左馮翊和右扶風三個郡級行政區的合稱，因治所同在長安城中，故稱"三輔"。《太平御覽》卷一六四引《三輔黄圖》："武帝太初元年改内史爲京兆尹，以渭城以西屬右扶風，長安以東屬京兆尹，長陵以北屬左馮翊，以輔京師，謂之三輔。"

　　中平二年七月，三輔螟蟲爲害。

　　明帝永平十八年，[1]牛疫死。是歲遣竇固等征西域，[2]置都護、戊己校尉。[3]固等適還而西域叛，殺都護陳睦、戊己校尉關寵。[4]於是大怒，[5]欲復發興討，會秋明帝崩，是思心不容也。

　　[1]【今注】明帝：東漢明帝劉莊，公元57至75年在位。紀見本書卷二。　永平：東漢明帝劉莊年號（58—75）。
　　[2]【今注】竇固：字孟孫，扶風平陵（今陝西咸陽市西北）人。竇融之從子。章帝時位至衛尉。卒謚文。傳見本書卷二三。
　　[3]【今注】都護：官名。即西域都護。掌管西域的最高軍政長官，西漢宣帝時始設，東漢明帝班超平定西域三國後重設，治所大致位於今新疆輪臺縣。　戊己校尉：官名。西漢元帝時在車師始設，東漢明帝時班超平定西域三國後重設，受西域都護節制，主要職責爲屯田積穀。
　　[4]【今注】陳睦：東漢明帝時爲西域都護，明帝駕崩，焉耆

國與龜兹國乘大喪之機，攻殺陳睦。 關寵：明帝時爲戊己校尉，明帝駕崩，北匈奴乘大喪之機，圍困關寵於柳中城，後戰死。

[5]【今注】案，中華本疑"於是"下脱"帝"字。

章帝建初四年冬，京都牛大疫。是時竇皇后以宋貴人子爲太子，寵幸，令人求伺貴人過隙，以讒毁之。章帝不知竇太后不善，厥咎霧也。或曰，是年六月馬太后崩，[1]土功非時興故也。

[1]【今注】馬太后：名字失載，扶風茂陵（今陝西興平市東北）人，伏波將軍馬援的小女兒，東漢明帝劉莊的皇后。紀見本書卷一〇上。